本书系教育部中外语言交流合作中心
2021 年国际中文教育研究课题《新时代国际中文传播体系研究》
（项目批准号：21YH02A）成果

中国故事国际传播路径与方法研究

THE ROUTES AND WAYS OF CHINESE STORIES
IN THE CONTEXT OF INTERNATIONAL COMMUNICATION

赵　晖——著

辽宁人民出版社

图书在版编目（ＣＩＰ）数据

中国故事国际传播路径与方法研究 / 赵晖著 . — 沈
阳：辽宁人民出版社，2023.4
　　ISBN 978-7-205-10745-1

　　Ⅰ . ①中… Ⅱ . ①赵… Ⅲ . ①中华文化—文化传播
—研究 Ⅳ . ① G125

中国国家版本馆 CIP 数据核字（2023）第 061763 号

出版发行：辽宁人民出版社
　　　　　地址：沈阳市和平区十一纬路 25 号　邮编：110003
　　　　　电话：024-23284321（邮　购）　024-23284324（发行部）
　　　　　传真：024-23284191（发行部）　024-23284304（办公室）
　　　　　http://www.lnpph.com.cn
印　　刷：辽宁新华印务有限公司
幅面尺寸：170mm×240mm
印　　张：21.75
字　　数：340千字
出版时间：2023年4月第1版
印刷时间：2023年4月第1次印刷
责任编辑：郭　健　张婷婷
装帧设计：留白文化
责任校对：吴艳杰
书　　号：ISBN 978-7-205-10745-1

定　　价：98.00元

前　言

　　自习近平总书记在十九大报告中强调，要讲好中国故事，展现真实、立体、全面的中国，提高国家文化软实力，到如今党的二十大的胜利召开，国际传播已上升到国家战略传播层面，而讲好中国故事是最佳的国际传播方式，以此实现国际传播影响力，中华文化感召力，中国形象亲和力，中国话语说服力，国际舆论引导力。特别是面对西强我弱的国际传播形势的种种挑战，以及国外民众对中国文化了解的需求日益增强，讲好中国故事，让更多地国外民众通过文化体验与交流认识真实客观的中国，认同中国方案的价值观念，这成为我们面临的重要任务之一。

　　以"发出中国声音、彰显文化自信"为基调，结合国际传播的理论与范式，针对如何讲好中国故事提出新的路径与方法，特别是在对中国故事国际传播的背景与内涵进行深入挖掘的基础上，结合当下复杂多变的传播形势以及网络化、社交化的传播环境，建立中国故事国际传播的理论范式与实践路径。尤其提出中国故事国际传播要更多地彰显民间立场，针对国外普通民众，以生活化、情感化的内容与方式进行传播，以此增强形成共同的意义空间，让更多地国外民众关注、参与到中国故事的讲述与传播中来，由此提升我国国家形象和中国文化的国际传播效果。

　　"讲好中国故事，传播中国声音"已成为我国国际传播的重要责任和担当。从传播理念到传播方式，从传播目标到传播策略，特别是从国家战略传播体系构建的角度来认识国际传播中出现的各种问题，对中国故事的内涵，如何讲好中国故事展开较为系统的研究，形成对讲好中国故事多方面的理解与认识，以此构建讲好中国故事的学术话语体系。

　　研究中在突出传播主体作用的同时，也有对传播客体的关注，既有社交媒体语境下的故事讲述方式的分析，也有从传播范式上对讲好中国故事进行方法论的研究。针对讲好中国故事的理论构建的同时，也十分注重实践性，研究中结合大量国际传播案例进行分析，既有经验的总结，也有相应策略的提出，以期能对讲好中国故事的传播实践提供参考与借鉴。

2022 年 10 月 6 日

目　录

contents

第一章　中国故事国际传播的背景及其内涵

　　面对"百年未有之大变局"，中国在政治、经济、科技、文化、社会、生态等多方面取得了举世瞩目的成就，从"一带一路"倡议的提出与推进到人类命运共同体的构建，从中国文化走出去战略的实施到负责任大国形象在国际社会上的彰显，中国正愈加深入地参与到全球治理之中，并且伴随着中国政治、经济等实力的不断提升，中国政府和人民持续为全球发展贡献中国方案和中国智慧。但是西方一些国家面对中国的崛起，提出"中国威胁论"，并持续不断地制造国际舆论，对中国形象进行恶意传播，严重影响到中国在国际社会中的形象塑造。在此背景下，中国将国际传播上升到国家战略层面，从顶层设计到战略推进，从传播理念的转变到传播能力的提升，从传播内容的完善到人才队伍的建设，中国的国际传播事业正迅速发展，以适应不断变化的全球局势。

第一节　中国故事国际传播的背景

　　讲好中国故事作为中国国际传播面对当下复杂多变的国际形势和日新月异的传播环境而提出的新方式，在大量传播实践中广泛应用，取得了一定的成果，对于在国际社会上塑造可信、可爱、可敬的中国国家形象具有重要价值与现实意义。以讲好中国故事为重中之重的中国国际传播，一方面需要国家在政策制定上为其指明方向，另一方面需要以中央主流媒体的宣传实践作为重要参考。

一、讲好中国故事的政策支撑与媒体实践

讲好中国故事是一个系统性工程，与国际传播、公共外交等多方面发生关联，因此，讲好中国故事需要从国家发展战略出发，构建相应的传播理念与策略，以我国外宣媒体作为主要突破口开展大量优质的传播实践，以此形成讲好中国故事的理论与实践体系。

（一）中共中央关于国际传播战略发展的方针政策

我国政府一向十分重视国际传播事业，从新中国成立之初，面对当时中国被封锁排除在以西方为主导的传播体系之外的严峻国际形势，就善于利用各种外交活动和机会宣传社会主义国家形象，反对霸权主义，让世界听到中国声音。改革开放之后，我国国际传播的任务也伴随着国际形势与国内环境的改变而进行调整，更集中于向世界传播改革开放的国家政策和思想以及社会主义建设所取得的辉煌成果，让世界看到中国快速的发展进程和对全球发展的重大作用。进入 21 世纪以来，全球化进程加速，世界多极化发展，中国加入世界贸易组织，成功举办 2008 年北京奥运会……这些都在向世界证明中国在政治、经济等多方面综合国力不断提升，由此需要在国际事务中发出中国的声音与主张，共同参与到全球治理之中，并且中国有责任也有能力对全球发展贡献中国力量。然而，伴随中国的崛起，"中国威胁论"也在国际舆论场中愈演愈烈，这给我国国际传播带来前所未有的挑战。因此，我国政府在多项方针政策中提出对国际传播的指导意见与发展战略，以此促进我国国际传播事业适应全新的国际形势，在国际舞台上塑造与中国国力相适应的国家形象，实现广泛的全球合作共赢。

　　早在 2002 年，党的十六大明确提出了中国文化走出去的战略。在党的十六届四中全会上明确表述为：推动中华文化更好地走向世界，提高国际影响力。2011 年 10 月召开的十七届六中全会通过了《中共中央关于深化文化体制改革推动社会主义文化大发展大繁荣若干重大问题的决定》，重点突出了中华文化走向世界的意义，将推动中华文化走向世界作为文化体制改革的关键抓手，通过开展多层次的对外文化交流，增强中华文化的世界影响力。2012 年 11 月，党的十八大报告提出全面建成小康社会和全面深化改革开放的目标之一就是"文化软实力显著增强"，其要素之一就是"中华文化走出去迈出更大步伐"。在 2013 年 11 月，党的十八届三中全会上具体指出了文化走向世界的实施主体和具体实施战略，即坚持政府主导、企业主体、市场运作、社会参与，扩大对外文化交流，加强国际传播能力和对外话语体系建设，推动中华文化走向世界。由此可见，中国国际传播进入新的发展阶段，向全世界彰显中华文化的力量，以实现在全球化发展之中"以文化人"。

　　不仅如此，中共中央不断加强对国际传播的领导力和引导力。在 2013 年全国宣传思想工作会议上，习近平总书记指出要精心做好对外宣传工作，阐释好中国特色，讲好中国故事，传播好中国声音。2016 年 2 月，习近平总书记在党的新闻舆论工作座谈会上提出 48 字方针，其中包括"联接中外，沟通世界"。2017 年 10 月，习近平总书记在十九大报告中强调，要讲好中国故事，展现真实、立体、全面的中国，提高国家文化软实力。在 2018 年全国宣传思想会议上再次强调，要贯彻落实"讲好中国故事"论述，做好新形势下的宣传思想工作，主动宣介中国的最新理论成果，主动讲好中国故事，自觉承担起举旗帜、聚民心、育新人、兴文化、展形象的使命任务，增强"四个意识"、坚定"四个自信"。2021 年 5 月 31 日，第十九届中央政治局第三十次集体学习中，习近平总书记提出要加强国际传播能力，对外传播上升到国家战略传播，构建具有鲜明中国特色的战略传播体系，确定"五力"定位目标，即国际传播影响力、中华文化感召力、中国形象亲和力、中国话语说服力、国际舆论引导力。

从历年来我国政府制定的国际传播相关的各项方针政策来看，"讲好中国故事，传播中国声音"已成为我国国际传播的重要责任和担当。从传播理念到传播方式，从传播目标到传播策略，给予我国国际传播事业全方位指导，特别是从国家战略传播体系构建的角度来认识国际传播中出现的各种问题，对于在复杂的国际形势下进行有效的国际传播意义重大。

首先，融通中外国际传播理念的确立，习近平总书记强调，宣传思想工作要注重对外宣传方式的创新，要着力打造融通中外的新概念新范畴新表述。其次，以中国对外话语体系和叙事方式构建为主的国际传播方式的转变，"要积极主动地用全世界都能听懂的'中国话'讲述真实的中国"。再次，进一步明确了国际传播的目标所在，即"正确引导外部世界全面客观地认识新时代的中国"，进而加强中国与其他国家的交流合作，既为我国发展提供良好的国际环境，提升中国文化软实力，塑造可信、可爱、可敬的中国国家形象，又在国际事务中传播中国观点和立场，为全球发展贡献中国力量。

（二）中央媒体讲好中国故事传播实践

我国国际传播任务一直以中央主流媒体为主承担，因此，讲好中国故事，也就成为中央媒体的重要职责。早在新中国成立初期就"依托我国主流媒体传播平台进行宣传推广，如《人民日报》《红旗》等，在海外取得了积极成效"[①]。同时，根据当时的实际情况，确立了新华社及海外分社作为中国国际传播的主要渠道，并创办了一系列对外宣传杂志。之后伴随改革开放的发展，我国综合国力不断提升，中国国际传播平台不断丰富和发展，如《人民日报》创办海外版、第一份英文日报《中国日报》的创办、中国国际广播电台打造海外记者网络、中央电视台成立"对外部"，开设中文国际频道、英语纪录频道等，这些外宣媒体的发展不断拓宽国际传播的广度和深度。特别是

---

① 丁一．对外传播中国家形象的发展与传播策略［J］．全媒体探索，2022（03）．

互联网在全球的普及，对外传媒加速媒介融合的进程，"承担对外传播功能的中央媒体，如新华社英文客户端、《人民日报》、CGTN、《中国日报》等媒体在国际传播工作中发挥重要作用。中央广播电视总台设立后，对外启用'中国之声'呼号，集中优势资源打造宣传'旗舰'，为提升国际传播能力注入动力。[1]"中央媒体勇于担当提升国际传播影响力的重任，特别是在讲好中国故事方面守正创新，开展了多种多样的传播实践，奋力打造具有强大引领力、传播力、影响力的国际一流新型主流媒体。

打造全球舆论新生态，向世界阐述中国观点和主张。中国国家形象在国际社会上的塑造与传播长年来是处于以西方主流媒体为主导的舆论环境之中的，这就形成了西方社会对中国形象普遍存在的偏见与误读。为了变"他塑"为"自塑"，改变国际舆论场域中的中国负面形象，中央媒体对一些西方媒体的恶意言论进行有力反击，澄清事实真相，阐述中国立场。与此同时，中央媒体主动出击，代表中国发声，特别是在国际事务中中国声音愈来愈强。针对国际社会普遍关注的热点问题，中央媒体立足国际视野，鲜明地表达中国立场。不仅要敢于发声、更要善于发声，通过对外国受众思维习惯的把握，选取精当的报道视角，既传播中国主张，又能被国际社会所接受和认可，由此取得显著的传播效果。同时，面对全球化发展中出现的各种问题，中国积极参与到全球治理之中，提出了一系列中国方案。2013 年中国提出"一带一路"倡议，加速与其他国家间的合作交流，中国日报"推出《带路连心》专栏，聚焦'一带一路'故事，通过中老铁路等经济项目和博物馆交流等人文故事，阐述'一带一路'建设成果惠及世界"[2]。习近平总书记在多个国际场合提及中国构建人类命运共同体思想，实现不同文明的交流互鉴，促进全球发展，贡献中国力量。为了更好地传播中国智慧，中国日报成立"画"时代工作室，举办人类命运共同体主题国际漫画插画大展，致力于为世界和平发

---

① 丁一.对外传播中国家形象的发展与传播策略［J］.全媒体探索，2022（03）.
② 曲莹璞.联接中外、沟通世界，推动国际传播高质量发展［J］.新闻战线，2022（05）.

展营造良好氛围。国际形势风云变幻，这就给中央媒体国际传播提出了更高的要求，如何把握时代脉搏，为中国发展打造有利的全球舆论生态成为重中之重。

创新中国故事叙事体系，向世界展示真实、立体、全面的中国。讲好中国故事，首先要明确谁在讲中国故事。以往的故事多是由西方媒体在讲，这是在西方意识形态影响下的中国故事传播，由此也带来关于中国大量的负面信息，这不利于世界全面客观地认识中国。因此，中央媒体变被动为主动，积极传播中国故事。其次，要讲什么故事，哪些故事可以作为国际传播的主要内容。国际社会上"中国威胁论"经久不衰，而中国参与全球治理的立场与主张不被认同，这就需要讲述反映中国特色社会主义思想的故事，中国共产党百年辉煌的故事，中华文明悠久灿烂的故事……以此向世界展示中国道路自信和文化自信，也向世人说明我们一向秉承的原则"己所不欲，勿施于人"。如 CGTN 策划制作的《经典里的中国智慧——平"语"近人（国际版）》，全球触达超 6 亿人次。庆祝建党百年相关报道跨媒体总触达超 122 亿人次，直播信号和新闻素材被全球 1000 多家主流媒体转载转播，创下我国重大庆典对外传播国际主流媒体采用时间最长、海外落地覆盖最广等多项历史新高[1]。最后，讲好中国故事还要考量对谁讲故事的问题。中央媒体国际传播中十分重视不同国家、不同民族受众的观念与喜好，采用分众传播，特别是针对国外青年群体的传播较为重视，如中国日报"创立以全球'Z 世代'为主体和对象的双语新媒体节目《少年会客厅》，以'有趣'的形式和'有用''有意义'的价值输出，引导全球青年展开深入讨论，宣传阐释中国智慧，受到全球媒体界、学术界的广泛关注，并在全球'Z 世代'中引发强烈反响"[2]。

搭建中国故事传播平台，深化人文传播效果。中央媒体十分善于利用举

① 中央广播电视总台党组、编务会议.奋力提升国际舆论引领力、传播力、影响力［EB/OL］.2022-08-01［2022-09-01］.求是网.
② 曲莹璞.联接中外、沟通世界，推动国际传播高质量发展［J］.新闻战线，2022（05）.

世瞩目的重大活动作为传播契机，在国际上讲好中国故事。例如中央广播电视总台在 2022 年北京冬奥会期间将科技与文化、体育融合，向世界展示了一个自信从容的中国。"圆满完成首次奥运会开闭幕式 8K 国际公用信号制作，实现首次奥运会赛事全程 4K 制播，打造全球首个高铁列车 5G 超高清移动直播演播室，开播上线奥林匹克频道及其数字平台，北京冬奥会成为收视率最高的一届冬奥会。①"并且，冬奥会中融入大量中国文化元素，特别是富有民族特色的非遗文化与体育盛会的结合，让更多的外国民众参与体验，感受中国传统文化的魅力。同时，中央媒体发展融媒体平台建设，广泛利用社交媒体与国外民众交流沟通。如中国日报继续"深耕推特、脸谱、图享、优兔、TikTok 和微博、微信、B 站、抖音等社交媒体平台，打造一系列高品质、高黏性精品栏目，信息流平台和视频流平台账号矩阵总粉丝数达到 3 亿，与 2020 年底相比增长 11%。在优化和整合报社优势资源基础上创新国际传播模式，推出《大家热评》《重磅财经》《淡定科技》《科学对话》《CD 电台》等融媒体栏目，受到网友热捧"②。

二、讲好中国故事所面临的国际传播新形势

讲好中国故事作为重要的国际传播思路与方式，需要将其理念落到实处，也就是要思考我们的出发点和落脚点，这就有必要将讲好中国故事与当下的国际传播形势紧密结合，使我们的故事讲得富有针对性和实效性。

（一）国际国内传播环境的新发展

从国际社会看，全球化的发展带来不同国家和文化之间的交流与碰撞，这势必需要国与国之间相互沟通协作程度不断加深，特别是涉及人类共同问题，如气候变化、国际金融体系改革、世界遗产保护等，这些都需要各国协

① 中央广播电视总台党组、编务会议 . 奋力提升国际舆论引领力、传播力、影响力［EB/OL］.2022-08-01［2022-09-01］. 求是网 .
② 曲莹璞 . 联接中外、沟通世界，推动国际传播高质量发展［J］. 新闻战线，2022（05）.

商共处，以此维护人类共同的家园。但是一些西方国家以自身利益为出发点，面对全球化发展浪潮，依然奉行霸权主义，掌握并主导国际舆论环境，发布敌视和偏见言论，恶意抹黑中国国家形象，这对我国在国际社会中地位的确立与作用的发挥带来了较大的威胁。可以说，如今的世界竞争，不再限于传统的政治、军事等硬实力，更多是取决于文化软实力。一些西方国家长期利用各种文化产品输出自己的价值观，在全球范围产生深远影响。中国的崛起不是像一些西方国家那样，要以"西方文明为中心"，而是要在中华文明与世界其他文明的交流互鉴中提供中国智慧，发挥中国作为地球村的成员，作为负责任的大国应有的作用。那么，如何提升中国文化软实力，让世界听到中国的声音，让其他国家的民众了解并认同中国的价值观，这就要求中国要在国际事务中掌握话语权，这已成为当下中国国际传播面临的重要挑战。

中华民族已经进入从站起来到富起来，如今到强起来的发展阶段，党中央提出全面实现社会主义现代化强国的发展目标，2035 年基本实现社会主义现代化，本世纪中叶把我国建成富强民主文明和谐美丽的社会主义现代化强国，由此实现中华民族的伟大复兴。中国正在经历百年未有之大变局，已有的经验让中国更加坚定地走中国特色社会主义道路，中国解决了自己的问题正是对世界的巨大贡献。因此，我们需要在新的时代向世界展示充满活力和自信的中国形象，这就需要我们在国际传播中讲好中国故事，由原来的"被动回应"变为"主动出击"，让世界各国人民了解真实的中国，理解中国的立场与主张。

不仅如此，伴随全球化进程的发展，我们已进入全球化交往的新时代，中国更需要和世界各国多沟通多交流，扩大朋友圈，实现更大范围的合作与共赢。不断发展变化的全球形势，越来越需要中国智慧、中国方案和中国声音，中国有能力也有责任为世界发展作贡献。面对"世界怎么了、我们怎么办"的时代之问，中国提出了一系列新理念新主张，从"一带一路"合作倡议的提出到"人类命运共同体"的建设，这些中国方案同各国一道为解决全人类共同问题发挥作用。这都需要我们通过多种渠道、多元方式、多个平台讲好中国故事，将这些倡议与主张广泛传播，获得更广泛的认可与支持，从而为世界发展贡献中国力量。

（二）国外主流媒体的负面故事讲述

信息社会，大众媒体不仅成为人们获取信息的重要渠道，同时大众媒体通过对信息的筛选、过滤、编辑、发布等一系列环节向受众传达某种价值观念，对人们关于特定问题的认知形成深刻影响。正如李普曼所讲的"拟态环境"一样，传媒环境已成为人们认知世界的一面镜子。伴随中国国力的提升，与"中国"相关的新闻报道成为国外主流媒体的关注焦点。但是在这些国际上具有权威性和影响力的媒体中，中国国家形象却更多的是以负面的形象示人，如中国经济力量的快速发展被塑造成"急于扩张"的形象，中国政治立场的合理表达被塑造成"破坏国际秩序"的形象，中国的对外文化交流如孔子学院在世界各地的发展被污名为"文化渗透"，等等，这些长期的对于中国形象的负面讲述不断强化着西方社会对中国形象的误读，使得"中国威胁论"经久不衰，日益加深对于中国发展不利的国际舆论环境中的敌意与偏见。

之所以会形成当前的国际舆论环境，分析起来有以下三方面的原因，其一主要是来自于中西方意识形态的对立，这种对立已由曾经的军事对抗、"冷战"转变为如今的信息战和舆论战。西方一些国家出于自身的政治立场，利用传媒的力量在国际舆论中为自己摇旗呐喊，同时对对手恶意污蔑，新闻传播中的"双重标准"屡见不鲜，以此获得国际社会的支持，借此排挤其他国家特别是发展中国家。应当说，这种做法长此以往是不利于全球合作和人类社会发展的。其二在于西方一些国家如美国、英国等拥有国际社会的话语权，具有强大的传媒体系，如英国广播公司、美国有线新闻网等国际传播平台不仅历史悠久，同时也在国际社会上积累了较强的引导力，像《纽约时报》《华盛顿邮报》等媒体在国际上具有根深蒂固的位置，对国际受众认知的影响力较强。但是这些媒体无法摆脱固有思维，以先入为主的价值观为导向，选取支持其已有观念的事实，却对与他们想法不符的事实避而不谈，打着"客观、公正"的新闻专业主义旗号，在传播中不断制造偏见，加深隔阂。其三是国外主流媒体善于使用制造故事的技巧，国内很多学者针对这些国际影响力强的媒体的涉华报道进行了详细而深刻的分析，如安利利认为"在对华立场上，《华盛顿邮报》选题中的负面性特征较为明显"[①]。以《华盛顿邮报》为代表的国外主流媒体利用媒介框架的设置从多方面对以中国为核心的议题进行倾向性报道，以此引导国际舆论对中国的负面评价。外媒对于中国的外交、人权、民生、宗教等问题极为关注，但是这些议题的报道来源却很少采用中国媒体报道，而更多是来源于本国的记者、学者、作家等，可见，这是通过对于信息的筛选来进行议程设置，从而影响受众对议题的关注与思考，进而影响受众对该议题的认知。并且"《华盛顿邮报》选取的事件多为中美'对立'的焦点事件，报道态度多为负面或中立……通过文字、修辞、情感、态度等对报道对象进行细节层面的呈现，从而引导受众感知报道对象，以潜移默化的形式完成对报道主题的形塑"[②]。

由此可见，像《华盛顿邮报》的故事制造方式在国外媒体中十分普遍，以利益框架作为媒体传播的运作逻辑，看似在摆事实，讲道理，实际上却是在按自身主观意图植入西方国家的价值观，以此误导国际受众。正是鉴于国外主流媒体长期的媒介符号建构中国负面形象的客观现实，我们要深刻了解国外这些媒体的观点和做法，有针对性地讲好中国故事，充分发挥我们的外宣媒体的特点，主动发声，给外媒针对中国的负面讲述以有力反驳，同时向国际受众展示真实、立体的中国形象，改变国际社会上对中国的刻板印象。

---

①② 安利利，王晶莹. 中国形象的"他者"镜像——《华盛顿邮报》涉华报道分析（2015～2019）［J］. 国际传播，2020（04）.

（三）国外民众对中国文化了解的需求日益增强

在一些西方国家利用媒体大量制造关于中国的负面舆论的同时，中国悠久灿烂的历史文化魅力也在不断吸引着越来越多的国外民众愿意了解中国，学习和传播中国文化。特别是伴随着中国政治、经济实力的不断提升，中国产品和品牌走进国际市场，中国对外文化交流活动也越发频繁，这让更多国家的人们感知到中国文化的独特性和中国人的生活方式。而中国大量举办国际性赛事和活动，在世界舞台上获得展示自身文化的机会，这都使得国际社会对中国文化的关注热情持续高涨。

早在汉代中国文化就沿着丝绸之路从当时的长安出发，远播到如今的欧洲地区，开启了中国文化对外传播的历程，不仅如此，中国的东南沿海地区借助海路将丝绸、瓷器等带到更广阔的世界之中。可以说，中国很早就开始与世界其他文明的交流对话，特别是当下的全球化语境之下，伴随着中国文化走出去的步伐不断加快，越来越多的国外民众对中国十分感兴趣，渴望了解中国。这些年来在国际上兴起的"汉语热"便是典型表现。语言是一个国家历史、传统、风俗、思维方式和生活方式等的重要表现，学习汉语脱离不开对中国文化的了解与认知。"国家汉办数据表明，除中国外全球平均每31个人中就有1个人曾学习和使用中文；同时，全球超过四分之一的国家（地区）将汉语教学纳入国民教育体系，美国、俄罗斯、爱尔兰等国还将汉语列为高考科目。[①]""汉语热"的背后实质上是中国综合国力的增强，为汉语推广奠定了坚实基础，汉语也成为世界了解中国的重要渠道。如今，很多国家和地区与中国的合作不断加深，汉语由此也就成为重要的沟通方式。同时伴随中国企业在全球市场的发展，学习汉语可以带来更多的就业机会和更好的发展前景，特别是在"一带一路"合作倡议推行之后，很多"一带一路"沿线国家的民众参与到汉语学习的热潮之中，甚至很多国家留学生到中国来学习中文

---

① 全球"汉语热"到底有多热？中国网友：老外中文说得比自己还溜！［EB/OL］. 央视新闻，2021-04-23［2022-09-01］. https://baijiahao.baidu.com/s.

和其他科学技术，再把所学带回到自己的国家，参与到国家建设之中。所以"汉语热"像一面镜子一样映射出全球化趋势之下世界发展的焦点正在汇聚于中国这一现实情况，中国理应以充满文化自信、负责任的大国形象参与到全球治理之中，由此更需要我们讲好中国故事，回应国外民众对中国文化的需求。与此同时，不仅是"汉语热"成为国外民众接触中国文化的方式，还有很多中国文化在国际上被追捧，如中国的武术、中餐、中医药等，这些与中国人几千年的生活方式密切相关的文化结晶都成为国外民众了解中国的重要渠道。因此，讲好中国文化的故事，让更多的国外民众通过文化体验与交流认识真实客观的中国，认同我们的价值观念，成为我们面临的重要任务之一。

（四）以"他塑"为主的国际传播格局中融通中外的传播效果尚未达成

面对复杂的国际舆论环境，讲好中国故事成为国际传播实现融通中外传播效果的重要方式，但是在实际操作中，中国故事的讲述过程却存在着一系列的问题，如中国主流媒体还未能在国际社会中形成较强的影响力和引导力；故事选择中对国外民众的喜好与态度把握不够精准；传播过程中政府、主流媒体占据主导位置，其他相关企业、公众等民间力量参与程度还较低等，国家形象的塑造往往都是在"自塑"与"他塑"互动中形成的，但是由于上述问题的存在导致我们的"自塑"传播力不足，这都在制约着国际传播效果，从而影响到真实客观的中国国家形象的传播。

首先，中国故事的讲述很大程度上依赖中国主流媒体在海外的传播效果，但是目前来讲，中国主流媒体在国际上的影响力还有待提高。我国传媒技术不断发展进步，媒体在全球的覆盖率实现较大突破，这为我国国际传播的发展提供了良好的技术支撑。传媒在国际传播中的作用一方面是将中国故事带到世界各地，让更多的国家民众听到看到，提高接触效果；另一方面是发挥媒介的建构作用，通过媒介信息产品和文化产品的输出在不同国家和地区传播中国的价值观念，进而获得国外民众的广泛认同。我国主流媒体经过多年的建设虽已形成较为完整的传播格局，但是在国际上有效的影响与引导效果还未成型，在国际事务中，中国主流媒体的声音未能在众声喧哗中脱颖而出，甚至是被西方一些国家经营传统悠久的媒体所掩盖，因此，中国故事国际传播的模式和体系亟须加强和改进。

其次，面对具有不同历史文化背景的国外民众，中国故事传播中缺乏针对不同的受众群体的更为细致的研究和划分，这直接影响到我们的传播效果。当下的传播不再是以传者为主导的时代，传播另一端的受众作为核心要素成为效果能否实现的关键。由于中国对外传播中精准度不足，对受众的文化背景等因素了解不够，传播方式和内容较为同质化，针对性欠缺，这些都在传播中反而制造了隔阂，我们所讲的中国故事被西方媒体和当地的民众曲解和误会。因此，中国故事国际传播的策略和方式需要根据国别、受众的实际情况及时调整，以适应国外民众对于中国信息与中国文化的需求。

再次，国际传播不仅仅是传媒的职责，它是一个综合性的工程，与外交活动、国际贸易、民间交流等关系紧密，因此，我们在讲述中国故事的过程中要充分发挥这些主体的力量。国家形象的认知一方面来自于传媒的符号建构，另一方面还来自于民众对国家文化的体验与交流，而国外民众对于中国的认知渠道目前也在不断拓展，如日益频繁的文化交流项目，既有中国政府主导的活动，也有民间组织进行的交流项目，这些都在向国际社会讲述中国的真实情况，特别是民间层面的交流更多侧重于人与人之间的直接沟通，中国文化的体验性与情感力量较容易发挥作用，自然传播效果就会提升。因此，中国故事国际传播需要综合发挥更多主体的力量，相互协调，形成合力，以此达到融通中外的传播效果。

第二节　故事传播在跨文化传播中的优势

"跨文化传播既指代来自不同文化背景的社会成员之间的交往与信息传播活动，也涉及各种文化要素在全球社会中迁移、扩散、变动的过程，及其对不同群体、文化、国家乃至人类共同体的影响。①"而国际传播依据哈米德·莫拉纳的定义具有跨文化传播的突出特点，"通过个人、群体、政府和技术，在不同国家和文化之间传递价值观、态度、观点和信息的研究领域。②"关世杰在《国际传播学》一书中指出国际传播和跨文化传播关系日益密切。在当今，"跨文化传播不考虑政治、经济和技术因素是天真的，也是不现实的；在当前的国际背景下，跨文化传播也不是发生在真空里。国际传播如果不考虑文化和语言背景，也无法真正理解国际传播。③"讲好中国故事是中国国际传播的最佳方式，而故事传播从其产生的历史渊源、形成的传播机理与效果生成等方面具有独特优势，对于国际传播中实现具有不同语言和文化背景的国家、民众之间的沟通与交流具有重要价值。

一、打破文化交流的壁垒

伴随全球化的发展，国家与国家之间的联系日益密切，这其中既有政治、经济的利益合作与冲突，也有不同文化的交流与碰撞，那么，如何在跨文化传播中求同存异，实现各自的目标与利益就成为国际传播中需要解决的重要问题，而国与国之间相互交流中的大多问题都与文化差异具有紧密联系，由此而来的关键就在于如何打破文化交流中的壁垒。可以说，自古以

①② 孙英春.跨文化传播学［M］.北京：北京大学出版社，2015：14.
③ 关世杰.国际传播学［M］.北京：北京大学出版社，2004：4.

来，文化壁垒天然存在。其一，不同国家和地区处于各自的地理位置和自然环境之中，不同的地域特征也就造就了相互迥异的生活方式和风俗习惯，"一方水土养育一方人""百里不同风，千里不同俗"，东西方文明的起源与发展都与相应的地理环境有着密切关系，如欧洲的高加索山拥有众多冰川，由此孕育了几十个不同民族。希腊所处的地理位置属于地中海气候，适宜户外运动，因此，古希腊时期的"广场"成为重要的交流中心，露天演出，街道上的辩论，还有奥林匹克运动的起源，都深受它所具有的自然环境的影响。中国处于较为封闭的大陆，气候温和，适宜发展农业，因此，中国形成以农耕文明为主的社会形态。其二，不同国家和地区之间的重要差异体现在语言上的不同，语言是人类重要的交流工具，而语言的诞生也在文明起源中发挥着重要作用，特别是语言是人类思维的产物，因此，不同的语言环境也就形成了不同的思维方式。如东方语言文化中的委婉含蓄的表达与西方语言文化中的较为直接的交流方式就有很大的不同，由此也形成了东西方文化的显著差异。其三，不同国家和地区经历了各自的历史进程，因此也形成了不同的发展理念和道路，特别是近代以来盛行的西方中心主义，这都对跨文化传播形成重要影响。其四，近代以来，大众传播不断发展，虽然带来了信息传播的革命，时空限制在一定程度上被打破了，但是大众传播也给人和人之间的交流与沟通带来了难度，这在无形之中又扩大了原有的交流壁垒。上述众多因素综合作用于文化交流与传播之中，由此而形成的多方面阻碍与隔阂也就显而易见了。

中国文化走出去的过程中一直在遭遇"文化壁垒"，为了实现融通中外的目标，我们做了很多努力，习近平总书记提出的"讲好中国故事"思想为跨文化交流提供了重要指导。"讲故事"产生于人类的口语传播时代，语言的发展为故事的讲述，人和人之间的直接交流提供了重要渠道。沃尔特·翁指出，

"口语文化中的人类用行动的故事来储存、组织和交流大部分知识。① "人们通过面对面的口耳相传的方式实现相互的沟通交流和意义的表达，人类社会组织得以形成并发展，这种原始而古老的沟通方式一直延续至今，特别是在当下的互联网时代，社交媒体提供了不同区域、不同国家人们之间可以即时共享信息，平等交流的机会，由此打破了关山阻隔、语言文化等因素形成的交流壁垒，为跨文化传播提供了新的契机与发展空间。由于互联网的发展，世界在很大程度上可以做到"天涯共此时"，不同文化区域的信息可以在网络上共时呈现，人们接触异质文化的数量和频率都在不断增加。由此，借助网络的力量人们又充满了回归到早期的简单直接的交流方式的渴望之中。"讲故事"对于个人而言是个体将自己的观念和对世界的理解与外界关联的过程，也是个人与社会建立新的联系与意义的过程，每个人都生活在曾经、当下和未来的故事之中。故事传播可以更好地拉近中国与世界的距离，把中国人的生活状态、中国文化的兼容并蓄传达给全世界，让更多的国家和民众了解中国的历史与当下，认知中国对世界发展作出的贡献，打破以西方为中心的固有观念。

随着近年来 YouTube、Twitter 等社交平台的迅猛崛起，我国外宣媒体也在积极布局海外社交媒体矩阵的建设与内容输出。社交平台传播更接近于跨文化传播的本质，强调人和人之间直接的交流，传受双方的共同参与和即时反馈，故事在你来我往中共同讲述。中国文化在海外传播中十分需要利用社交平台的优势与国外民众进行深度沟通交流。曾经在 YouTube 平台火爆的李子柒的短视频正是体现了故事传播对于文化交流的重要性。海外民众对于中国文化充满因神秘感而形成的文化壁垒，而在李子柒的短视频中却让他们看到了中国文化的东方意蕴与独特美感。一方面，李子柒在短视频中体现的是中国人传统的亲近自然的日常生活，既朴素真实又富有韵味；另一方面，

---

① ［美］沃尔特·翁．口语文化与书面文化——词语的技术化［M］．何道宽，译．北京：北京大学出版社，2008：107.

短视频中的酿酒、养蚕、刺绣、木工等传统技艺比比皆是，这些文化符号与真实的生活场景融为一体，让人如临其境，中国文化的意蕴体验较为明显，特别是短视频在音乐的运用、意境的营造中以柔和细腻的视听语言为主，加之主人公的勤劳朴素形象，这些细小之处皆在讲述中国文化的大美之意，因此，李子柒短视频的中国文化故事传播为我们提供了重要启示，文化交流中的壁垒固然存在，但是"故事不仅存储着人类生活的共同经验，还将关注的焦点从宏大叙事转向朴实、细腻的日常生活"。[①] 从中国文化的细节入手，从中国人的鲜活生活中寻找灵感去讲故事，自然会有倾听者和追随者。

二、营造共通的意义空间

跨文化传播中的传受双方来自不同的文化背景和立场，在思想观念、思维方式、生活方式等方面存在不同程度的差异，这不免形成传播隔阂。社会传播需要传受双方经过编码和解码的环节而实现相互沟通。传者将所要表达的内容经过编码过程转化为可以传播的具体符号，而接受者则要对此进行解码，转化为自身可以理解的内容，在编码与解码的过程中传者与受者的主观愿望、已有经验等因素都在其中发挥着重要作用，这由此也形成了传受双方的信息偏差。"双方信息重叠达到70%的可算同文化传播，双方信息低于70%的则是跨文化传播"[②]。同时，传播又是利用特定的符号系统进行信息交流的过程，而传受双方因为符号系统的差异又会在信息交流中出现障碍，由此可见，跨文化传播中十分需要传播者与接受者拥有共通的意义空间。"共通的意义空间，意味着传受双方必须对符号意义拥有共通的理解，否则传播过程本身就不能成立，或传而不通，或导致误解。"[③]

故事传播在跨文化传播中更易于从传受双方的生活经验和文化背景中寻

---

① 印心悦. "美好生活"的中国表达：媒介化视域中的"讲故事"［D］. 合肥：安徽大学，2019：22.

② 孙英春. 跨文化传播学［M］. 北京：北京大学出版社，2015：14.

③ 郭庆光. 传播学教程［M］. 北京：中国人民大学出版社，2011：5.

找共同点，从而实现相互理解与共鸣。人们常常经由"讲故事"的实践来诠释、评估、预测人我关系和社群环境，从而在故事的分享中实现联结、沟通，促成社会共识。正如心理学者哈沃德·加德纳所说，故事论述生命，亦联结我们的世界，将我们聚集①。"讲故事"是维系社会共同体的重要实践方式，代代传承的传说寓言共同构建了国家或民族的共同想象空间，使得社会成员拥有共同的文化体验，不断进行的社会实践活动中的参与各方相互共享信息，即时沟通，互动交流，这又使得社会成员之间协调分工，达成共识，共同发展。"讲故事"是人与人建立相互联系的重要沟通方式，就"讲故事"的过程来看，是传者和受者共同完成的传播实践活动，双方在共同的场景之中，通过语言、表情、动作等进行对话，受者会对传者的讲述即时反馈，参与到故事的创作中来，而传者亦会根据受者的感受即时调整故事的节奏，因此，故事传播需要传受双方共同协作，从而共情共理，实现共振共融。

故事传播中的"共通意义空间"的营造之于传播效果十分重要，而要寻找到共通之处，特别是当中国文化海外传播中面临着较大的文化差异时，就更加需要了解受众，通过对受众文化认知心理的把握和文化需求的洞察来实现传播中的共鸣，从而使其将中国文化的感知与体验纳入到自身已有经验之中，进而产生兴趣与好感。正如习近平总书记所指出的，要用海外读者"乐于接受的方式"和"易于理解的语言"进行国际交流②。根据爱德华·霍尔的高低语境理论，中国属于典型的高语境文化国家，在交际中更倾向于借助非语言符号传情达意，因此中国文化中强调意会与体悟，在表达方式上侧重含蓄内敛。而一些低语境文化的国家则是更依赖于语言符号传达信息，表达方式较外显直白。陈先红曾对讲好中国故事提出"两个共享叙事观"的建

①印心悦.“美好生活”的中国表达：媒介化视域中的“讲故事”［D］.合肥：安徽大学，2019：22-23.
②习近平就人民日报海外版创刊30周年作出重要批示 用海外乐于接受方式易于理解语言 努力做增信释疑凝心聚力桥梁纽带［N］.人民日报，2015-05-22（01）.

设，一是共享语境观，二是共享价值观①。中国文化在海外传播中就要对受众所处的文化语境有所了解，针对其文化特质来进行故事的讲述。以往我们的国际传播更多忽视对于共享语境的把握，经常以自我文化为中心，由此造成文化传播中的隔阂和误读。2019 年成都市委宣传部举办"用童真牵手以音乐对话——'熊猫之声'成都国际童声合唱周"，依托"熊猫故乡"成都独特文化，汇聚中外小使者，天籁之音文明对话，通过"音乐"这一世界通用语言，传递天府城市之美，实现心灵相通，呈现丰厚积淀的中华文化②。由此证明，只有在共同的意义空间中才能让更多的海外受众感受到中国文化的魅力，进而认知到中国所提出的全球治理方案是对世界发展的推动，以及我们所倡导的人类命运共同体的构想对于世界的重要价值与意义，实现从"共享语境"到"共享价值观"的建设。

三、建立民众的情感认同

当一种文化与另一种文化相遇的时候，首先遇到的是"认同"问题③。跨文化传播的目标在于实现对象国家的民众对异质文化的认同，讲好中国故事的出发点和落脚点也在于让更多国家的民众消除对中国文化的偏见与误解，只有真正理解中国文化的核心观念，才能更好地理解和接受全球化发展中的中国方案。海外受众对中国文化的态度包括认知、情感、认同三个层面，其中情感因素在态度的形成中发挥着重要作用，积极的情绪情感体验和参与对人的注意、知觉、记忆、思维等方面影响较大。因此，讲好中国故事要发动起受众的情感机制，奠定对"中国故事"的理解和认同的基础。

故事传播的核心在于"人"，而人与人社会关系的建立与发展中情感占据重要地位。人不同于动物的重要特征在于人是具有情感体验的，"人类情感在

① 陈先红，宋发枝."讲好中国故事"：国家立场、话语策略与传播战略［J］.现代传播，2020（01）.
② 荆江.讲全国各地精彩故事 展新时代中国新形象——"2019 年度对外传播十大优秀案例"发布［J］.对外传播，2019（12）.
③ 赵永华.文化认同视角下"一带一路"跨文化传播路径选择［J］.国际新闻界，2018（12）.

调节个体内在认知过程、搭建个体间互动之心理勾连，以及整合复杂共同体结构并维系其凝聚性等过程中皆可发挥显著效用。基于相似情感体验唤起的'共同情感'成为人类保持可沟通性的有效介质，同时也为共同体形态的凝结提供潜在动力。[①] 跨文化传播中对于文化的表达往往流于符号化和标签化，这无法对受众产生真正的影响力，甚至产生"文化折扣"和"文化误读"。但是如果我们在传播中注重挖掘故事中的相似的情感经验，给对方以直接感性的体验，可以在较短的时间内令对方消除对异质文化的陌生感，从而产生共情与共鸣。徐明华引用爱德华·铁钦纳在心理学研究中对"共情现象"的解释，"认为共情是通过'内在模拟'想象地重建他人境遇、形成心理意象的体验和过程"[②]。中国故事本身具有丰富的情感元素，如《舌尖上的中国》《人间风味》等美食文化题材纪录片在国外传播中获得较好的效果，这与影片中浓郁的情感氛围关系密切。民以食为天，不同国家的特色食物都凝聚着本国的深厚文化意蕴与情感体验，这具备了可以在不同国家受众中产生共情的基础，同时，影片在讲述与美食有关的故事时重点体现的是共同的饮食方式将祖先与现代人，父母与游子联结在一起，即使时空错位，但是共同的味道成为打开人们情感闸门的钥匙。例如《风味人间》把相似的生活场景与不同国家和地区的食物、人们的生活状态进行联结，形成了较好的共情效果。其中很多故事人文意味深厚，如以聚会为主题的内容设计中，既有中国家庭的团团围坐，也有安第斯山脉深处的家庭聚会、瑞典郊区的朋友相聚等，在这里美食作为人类共同情感的载体，实现不同文化的交流与交融。

故事传播具有口语传播的特性，口语交流中的天然的亲近性和感染力作为"讲故事"过程中的情感发挥作用的重要源泉，乔纳森·特纳认为"情感

① 徐明华，李丹妮.情感畛域的消解与融通："中国故事"跨文化传播的沟通介质和认同路径[J].现代传播，2019（03）.

② 徐明华，李丹妮.情感畛域的消解与融通："中国故事"跨文化传播的沟通介质和认同路径[J].现代传播，2019（03）.

是把人们联系在一起的黏合剂，可生成对广义社会与文化的承诺"①。因此，国际传播中的媒介生产特别是社交媒体充分发挥故事传播的贴近受众生活与情感的优势，为了更好地与海外受众进行情感上的沟通交流，邀请外国友人讲中国故事。2021 年 9 月 CGTN 进行多语种全球直播泉州古城，全方位展示泉州文化元素，在直播中邀请在华的英国小哥讲述对中国文化的体验故事，真情实景中拉近了海外受众与中国文化的距离，更容易以对方的视角看待和理解问题，以此展示真实生动的中国形象。不仅如此，北京曾举办环球云赏北京中轴之美的直播活动，通过线上直播，虚拟云游的方式，特别是外籍主播的加入，让北京故事"国际化"，实现融通中外的传播目标。重庆邀请在渝的外国人讲述重庆的城市故事、生活体验、文化感知、与重庆人的交往与情谊等，这些来自于生活中的共同情感，具有人文关怀的巨大感染力，在主流媒体和社交媒体传播后，获得很多海外受众的关注与感动，外国人成为助力中国城市故事国际传播的重要力量，在取得十分可观的传播效果的同时，也给我们运用"共情"的力量讲好中国故事带来重要启示。

第三节　国内学者对讲好中国故事内涵的理解

习近平同志在 2016 年 2 月 19 日党的新闻舆论工作座谈会上的讲话中指出，讲故事是国际传播的最佳方式。讲好中国故事，就是要讲好中国特色社会主义的故事，讲好中国梦的故事，讲好中国人的故事，讲好中国优秀文化的故事，讲好中国和平发展的故事。讲故事就是讲事实、讲形象、讲情感、

---

① ［美］乔纳森·特纳，简·斯戴兹.情感社会学［M］.孙俊才，文军，译.上海：上海人民出版社，2007：1.

讲道理，讲事实才能说服人，讲形象才能打动人，讲情感才能感染人，讲道理才能影响人①。在此思想指导下，近年来国内学者对中国故事内涵、如何讲好中国故事展开了较为系统的研究，形成对讲好中国故事多方面的理解与认识，以此构建讲好中国故事的学术话语体系。

一、以马克思主义为出发点探讨讲好中国故事的理论源头

此方面的探讨主要是从政治学和马克思主义中国化研究视角出发，铸牢讲好中国故事思想的理论根基。师蔷薇认为"马克思主义经典作家的群众观及外交理念是该思想形成的最深层的理论基础，中国历届领导集体的相关政策措施为其思想的形成提供了直接借鉴，中国传统文化是该思想形成的文化渊源"②。2013 年全国宣传思想工作会议上，习近平总书记针对外宣工作首次提出"讲好中国故事"，在此之后，学界就此话题展开了热烈讨论。李云雷在2014 年发表于《人民日报》的文章虽然是从文学创作的角度在对"中国故事"进行解读，但是他所认为的"中国故事是指凝聚了中国人共同经验与情感的故事"③ 这一阐述被广泛接受。马克思主义肯定历史的创造者是人民群众，讲好中国故事强调的也正是要以基层群众为出发点，讲好中国人的故事，讲他们的奋斗进取，讲他们的喜怒哀乐，由此才会让世界了解更真实生动的中国。因此，讲好中国故事是对马克思主义人民群众观的继承与发展，也是将马克思主义理论与中国所面临的国际国内形势充分结合的产物。基于此，一些学者侧重于从社会主义主流价值观和中国梦的解读中进一步探讨中国故事和讲好中国故事的本质所在。"通过中国故事情节的恰当描述，可以如实地呈现出当下社会出现的事情、现象、问题，也就是可以引领人民群众去认识当下世界，解释当下世界；通过中国故事的正确讲解，人民群众明白应该信仰

---

① 习近平同志在党的新闻舆论工作座谈会上的讲话［EB/OL］.2016-02-19［2022-09-02］.https://www.12371.cn/special/ddxwllgzzth/bj=d5y4t.
② 师蔷薇.习近平"讲好中国故事"思想研究［D］.太原：太原理工大学，2016：6.
③ 李云雷.何谓"中国故事"［N］.人民日报，2014-01-01（24）.

什么，拒绝什么，也就是促使人民群众树立正确的价值观。"①

中国故事实质上是在中华民族形成和发展过程中不断创造的，凝结着中华文明的多方面成就，既是从历史中发展而来，又与当下的时代紧密结合，既承载了中华民族悠久传统，又书写着中国的社会现实。那么，讲好中国故事也就关系到中国未来的发展问题。蔡名照认为：随着中国的快速发展，国际社会越来越关注中国"从何处来、向何处去"的问题，讲好中国故事，就要回答这个问题，解疑释惑，使国际社会全面、客观、理性地看待和认识中国。要讲清楚中国的发展进步，介绍改革开放以来中国经济取得的巨大成就以及中国人民精神面貌发生的深刻变化，深入阐释中国发展进步的路径、轨迹和原因，用事实说明中国政治制度、经济政策、民生安排的正当性、合理性②。王晚英认为，讲好中国故事就要阐释"中国特色"，着重讲好中国特色社会主义、中国梦、中国人、中华优秀文化、中国和平发展的故事，同时还要讲好新时代的马克思主义③。2018年全国宣传思想会议上习近平总书记再次强调要贯彻落实"讲好中国故事"，2021年5月，习近平总书记指出要提升国际传播能力，如何讲好中国故事也一直作为学界关注的焦点问题在持续探讨。郭晗认为："讲好中国故事与构建新时代中国化马克思主义话语权休戚相关，更关系到中华民族的伟大复兴。马克思主义中国化的理论成果伴随其成功实践已获得了实质性的进展，但面对西方国家对我国思想文化渗透、意识形态咄咄逼人的态势，务必抓好意识形态工作。当今形势，中国实力与日俱增，由国际舞台的政治边缘日益向中心接近，新时代下讲好中国故事，从战略制高点争取意识形态斗争的主动权，构建中国化马克思主义的话语权毋庸置疑。"④

① 刘静. 讲好中国故事在传播社会主义核心价值观中的作用［D］. 上海：华中师范大学，2017：10.
② 蔡名照. 讲好中国故事 传播好中国声音——深入学习贯彻习近平同志在全国宣传思想工作会议上的重要讲话精神［J］. 对外传播，2013（11）.
③ 王晚英. 习近平"讲好中国故事"思想的生成逻辑与主要内涵［J］. 新闻研究导刊，2019（01）.
④ 郭晗. 讲好中国故事 构建中国化马克思主义话语权［J］. 吉首大学学报（社会科学版），2019（06）.

二、基于叙事学的讲好中国故事的理论构建

20 世纪 80 年代，西方叙事学理论被译介到中国，进入 90 年代，中国本土叙事学不断发展，在这一过程中，有学者将符号学中的话语研究方法与中国新闻传播研究相关联，也有学者从叙事视角、叙事结构、叙事时间、叙事空间等研究框架出发针对中国传播现象进行梳理与建构。对于讲好中国故事的研究主要集中于两个层面，一方面是从"故事"本身入手进行叙事学的分析，典型的做法在于针对"故事"文本的研究，从主题、叙事手法、表达方式等微观层面入手进行细致梳理，以期探讨"故事"的内核与深远意义。特别是叙事学与新闻传播研究结合，探讨"新闻故事"的叙事方式，这与新闻传播中的框架理论等形成一定的交叉。另一方面的研究在于针对"讲故事"来进行，从文本分析跨越到传播实践的研究。赵永华引用修辞学家沃尔特·费舍尔（Walter Fisher）的观点，认为一个"好的故事"必须具备两个基本特性：一是内容须真实可信；二是在信息传递中能达成共识，即价值可取[①]。陈冠合认为"叙事作为一种话语，并不是对事实的简单再现，而是在一定社会环境和意识形态背景下对特定事实的选择和塑造。从本质上看，讲故事的目的是为特定主题服务"[②]。

陈先红从中国故事与中国话语的叙事关系入手，提出讲好中国故事的元叙事策略。"故事相当于一种话语媒介，用以强化道德范式，探究事物的形貌和意义，并使身份和地位的概念具象化。而话语则具有表现社会互动、人际交流、权力宰制、上下文情景化、社会意指过程等多重属性。"[③]"讲好中国故事的实践过程，既是西方元叙事的解构与重构过程，也是中国话语体系的合法化过程。元叙事可以为中国故事话语体系奠基，为讲好中国故

① 赵永华，孟林山.叙事范式理论视域下讲好中国故事的路径分析［J］.对外传播，2018（08）.
② 陈冠合.讲好中国故事的叙事策略研究［D］.南京：南京大学，2020：52.
③ 陈先红.用中国话语讲好中国故事的回顾与前瞻［J］.对外传播，2017（01）.

事实践立法，为讲好中国故事实践提供方法论指引。"① 而对于如何讲好中国故事即中国故事叙事策略，陈先红认为："应围绕神话—原型—隐喻—价值观四个维度，开展合法化和去合法化的元叙事博弈，坚持建立一种总体性的历史叙事框架，确立中国故事国际传播的'道'与'术'。"② 周庆安则是站在国际传播的维度上探讨中国叙事的构建逻辑，提出要将中国叙事与世界体系深入融合。"我们应当在讲好中国故事的过程中传递清晰的理念，每一个国家的叙事，都是全球文化认同的多元组成部分。一个良性的全球文化，应当是多种文化认同的综合体……一个更加积极的国际传播叙事，是将一个国家的政治、经济和文化描述，嵌入到世界体系中，让全球提升对本国文化的认同度。"③

三、从传播学视角探索讲好中国故事的实践路径

根据拉斯韦尔的传播过程模式，社会传播由五个环节构成，即传播者、传播内容、传播媒介、受众和传播效果。讲好中国故事作为国际传播的重要方式涉及的传播要素主要包括：谁在讲，讲什么，通过什么渠道和方式讲，讲给谁，取得的效果如何等。众多学者依据传播的基本模式对其进行探讨，以期在传播过程的各个环节上的解析来寻找讲好中国故事的有效途径。高宪春从传播的 5W 模式入手提出了对外传播中讲好中国故事的"五化"原则，即传播视角的"全球化"、传播策略"当地化"、传播方式"柔式化"、传播渠道"多元化"、传播内容"包容化"④。陈先红提出"讲好中国故事要遵循正确的导向性、协同创新性、鲜明的主题性、强烈的感染力以及成果转化性五大原则……让讲好中国故事真正成为一种生动的说话方式，一种情感的沟通方式，一种信任的建立方式，一种引领世界的中国方式"⑤。并且，陈先红、

---

① ② 陈先红. 讲好中国故事的元叙事方法论 [J]. 公关世界，2022（07）.
③ 周庆安. 国际传播的中国叙事逻辑和构建优势 [J]. 对外传播，2021（07）.
④ 高宪春. 对外传播中讲好中国故事的"五化"原则 [J]. 中国记者，2015（06）.
⑤ 陈先红. 讲好中国故事的五个基本原则 [J]. 公关世界，2020（06）.

于运全探讨了中国好故事评价指标体系的构建原则、方法、内容、测验与结构优化、指标权重赋值等，构建了一、二、三级共计95个指标[1]。中国道路、中国制度、中国理论是由一系列自洽的概念体系构成的，这些在借鉴人类先进文明以及本土理论和实践结合基础上的概念，是中国故事背后的价值和逻辑支撑。我们将其一步步梳理清楚，中国故事无论在对内还是对外言说上，都会有更强的传播力度。[2]

一些学者是将讲好中国故事包含的传播要素进行综合分析，指出一系列通过讲好中国故事进行国际传播、国家形象传播的多重方式与路径。而有的学者则在某一具体方面提出解决当下讲好中国故事的关键问题。郑若麟认为"讲好中国故事，首先当然是媒体人，其次是艺术家、外交官，以及在海外工作、学习的每一个中国人，甚至可以说，每一个中国人都应把对外讲好中国故事作为不可推卸的责任"。并且，他还将中国故事的讲述进一步深化，提出"'中国故事'本身，应该包括'中国观点'。没有对'中国观点'的介绍，实际上'中国故事'就是不完整的"。由此可见，中国作为参与国际事务的大国理应为全球发展提供中国方案和智慧[3]。严文斌在传播内容这一环节上认为我们所倡导的"中国故事，国际表达"，"不宜多讲中国利益、中国元素，以免给所谓'中国威胁论'等留下口实，要多阐述命运共同体、合作共赢等这些新话语，积极反映中国对人类共同命运和全球事务的认识、思考和担当，以展现中国包容开放、豁达大度、责任担当的大国形象。"[4] 明安香早在2009年针对中国国家形象传播渠道的问题就提出要树立大传播观念，这给当下的讲好中国故事带来很大的启示。"不能仅仅局限于报纸、广播、电视、互联网等新闻传播媒介领域，还必须扩大到报纸杂志、图书出版、电影乃至动漫、录音、录像、电子游戏等所有泛大众传播媒介领域，善于运用这个媒介大传

① 陈先红，于运全.中国好故事评价指标体系的建构 [J].新闻与写作，2019（07）.
② 苏长和.用中国概念讲好中国故事 [J].人民论坛，2012（09）.
③ 郑若麟.中国怎么看？——从讲好中国故事到讲好中国观点 [J].对外传播，2018（11）.
④ 严文斌.融通话语体系 讲好中国故事 [J].对外传播，2014（09）.

播的立体网络来树立国家形象、传播国家形象。国家形象的大传播还有第二层意思：不仅要注重充分运用新闻媒介和泛大众传播媒介的大传播，还要高度重视国家政策、国家行为、实物传播和人际传播领域的大传播。"[①] 这里的大传播观念拓宽了传统的故事传播媒介思路，指导故事讲述的多元化媒介体系的构建，从而使得中国故事在更广阔和深入的层面实现传播效果。当下的传媒环境瞬息万变，社交媒体的人际传播优势与互动体验效果也在不断更新讲好中国故事的传播方式。印心悦认为"媒介技术的革新使得'故事'拥有了图片动画、视频直播、虚拟现实等丰富的叙事形态"。[②] 而伴随着新兴媒介形态的发展，讲好中国故事的传播方式也与传统的国际传播有了较大改变，黄也平认为社会的传播技术和传播环境的"软化"，对中国的国家传播也必然性地提出了一个"转型"要求。如何放下自己长期形成的"硬传形象"，如何改变自己的"硬传脾气"，如何适应"软传社会"的需要和要求，如何在"互动传播"中做好传播工作[③]，这一系列问题都需要讲好中国故事传播实践来作解答。新的传播生态提出的"软传播"要求，本质上就是要改变传统的传者为主的视角，学会倾听和沟通，重视国际受众的意愿与文化背景，强调在国际社会中的精准化传播。胡正荣认为"在对外话语表达和故事的选择讲述时，可以根据不同的性别、宗教、年龄以及兴趣爱好等进行用户分群，更加精准、更具个性化地生产内容"。[④] 他"从结构化的分析视野入手，尝试从分层传播、分类传播、分群传播三个维度进行理论联系实际的分析，构建新时代中国国际传播的话语体系，探索中国国际传播新导向"[⑤]。

① 明安香.关于中国国家形象大传播战略的思考［J］.新闻爱好者，2009（02）.
② 印心悦."美好生活"的中国表达：媒介化视域中的"讲故事"［D］.合肥：安徽大学，2019：35.
③ 黄也平.软传播：新世纪中国"国家传播"的方式选择［J］.吉林大学社会科学学报，2013（07）.
④⑤ 胡正荣，田晓.新时代中国国际传播话语体系的构建：分层、分类与分群［J］.中国出版，2021（16）.

四、多学科融合研究丰富讲好中国故事的发展体系

在当下的传播语境中，我们可以看到讲好中国故事涉及多个领域和层面，故事本身就蕴含在社会生活的方方面面，那么讲故事自然也就有多个角度，形成多维生态。在对讲好中国故事的研究中也形成了多学科融合发展的状态，这为讲好中国故事提供了广阔的研究空间与实践价值。

首先，讲好中国故事更强调中国文化的对外传播，因此，基于国际中文教育发展的相关研究很多针对中国文化故事的讲述而进行。杨薇提出要基于"受众优先"的原则，充分考虑学习者的可接受程度，发掘相对容易进行内化的文化元素，努力实现中国文化教学将古代文化与现代文化有机结合，宏观介绍与微观描述相辅相成，叙述提炼与真实体验情景交融，用丰富的形式与生动的案例，展示优雅、智慧、开放、包容的现代中国。[①] 朱琪"从引进叙事教育手法、重视中国故事载体的综合应用两个方面，对在国际中文教育中讲好中国故事的内容与方法展开研究，以'循循善诱'的方式，将故事导入教育课堂，以此提高中国故事的融通性"[②]。国际中文教育的发展与中国国家形象在国际社会上的塑造与传播息息相关，如何立足于国际中文教育事业的发展讲好中国故事，梁宇在"国际中文教材国家形象自塑的二元表述"中提出了一个重要观点：在当今时代背景下，我国的国际中文教育教材应该着力塑造好"内刚外柔"的中国形象，做到"内在刚性"与"外在柔性"的对立统一，既要"自信、坚定、强大"，又要"柔和、温暖、亲切"，这也是中国传统文化中"外圆内方"理念的现代性阐释。这对于中国文化真正走出去和走进去具有重要的启发意义。[③]

[①] 杨薇.国际传播视域下国际中文教育文化教学的内容选择［J］.天津师范大学学报（社会科学版），2022（04）.
[②] 朱琪.国际中文教育中讲好中国故事的内容与方法探讨［J］.汉字文化，2021（22）.
[③] 崔希亮.新时代国际中文教育面临新的课题［J］.云南师范大学学报（哲学社会科学版），2022（05）.

其次，影视媒介因其所具有的独特的符号传播特性而成为当下国际传播的重要渠道，因此，众多学者从影视创作出发，结合跨文化传播、媒介文化等视角对影视作品讲好中国故事进行深入探讨。李诺然认为："电影作为一种特殊的艺术表现形式，其立体性和直观性在传递文化蕴含、表达思想情感上，具备鲜明的优势。发展电影产业，尤其是推动华语电影的国际传播，对于传扬中国文化、树立国家形象有重要的影响。"① 吴迪从电影民俗学的研究视角入手，探索基于中国电影与民俗文化符号结合的中国传统文化的表达方式，特别是探寻在国际社会中的中国文化讲述的出发点，他比较中国几代导演的影视作品之后认为：我们不妨借鉴李安导演对民俗的"他者化"表现，站在"他者"视角凝视本族文化，找到中国民俗文化中与国际价值观的"重合点"，将中国传统文化以一种柔和的姿态呈现出来。近年来，随着中国纪录片的快速发展，以中国文化、中国发展、中国人的生活等为主题的纪录片层出不穷，甚至有一些在海外传播中形成了较强的影响力，学者们针对纪录片讲好中国故事方面开展了较为系统的研究。一方面，在纪录片的研究中强调对中国文化内涵的提炼与表达。刘如良认为随着中外文化交流领域的不断拓展，纪录片的外宣功能正在日益增强。外宣纪录片是塑造国家形象的一种有效形式。当下一些对外宣传纪录片，主要是通过具有中国传统文化特色的典型元素进行叙事，以故事性架构凸显作品主题，以新技术与新手段创新呈现形态，以多元话语体系实现立体化传播，由此来对国家形象进行塑造。② 另一方面，以某类纪录片为典型案例进行有针对性的研究。李古淞选取了2013年到2020年国际传播奖中全部纪录片为研究样本，以内容分析法和案例分析法对纪录片中塑造的中国国家形象进行了总结与分析，并从选题策略、内容叙事策略及视听叙事策略三个方面进行研究，提出中国纪录片的国际传播策略。影视创作在发展过程中不断融合新的媒介技术，而新兴媒介也与影视相

---

① 李诺然. 华语电影如何讲好中国故事 [J]. 青年记者, 2016（12）.
② 刘如良. 外宣纪录片传播策略与叙事手段研究 [J]. 视听, 2021（05）.

结合，如当下具有强大传播力和渗透力的短视频平台已成为重要的信息传播
媒介和沟通交流方式。短视频也成为中国国际传播的重要舞台。针对此方面
的研究呈现出井喷式发展状态，显然，学界和业界都在致力于发现利用短视
频讲好中国故事的有效方法。一方面，研究主要集中于主流媒体在海外社交
平台开设账号的内容分析，通过对大量自制短视频内容讲述的中国故事进行
收集整理，更多是基于国家视角讲述中国改革开放的发展故事、脱贫攻坚的
中国人的奋斗故事、蕴含中国文化思想的历史故事等，以此在全球视野中提
供中国方案和中国智慧；另一方面，研究主要集中于短视频创作的个人视角
对于中国故事的讲述，这不同于国家叙事的宏大与深刻，而是生活化和多元
化的特征明显。如李子柒的短视频在海外传播过程中将中国文化中的人与自
然的关系彰显出来，激发很多国际受众对于中国文化的热情与喜爱。不仅如
此，中国海外留学生群体、喜欢中国文化的国际友人、海外华人等都成为中
国故事的讲述者，将中国的美食、美景、民族特色、地域风情等在短视频中
进行多角度全方位的呈现，形成了一个真实、直观、生动的中国形象。

再次，中国文学作为中国对外交流的重要渠道，一直以来都是学界关注
的重点，中国文学走出去对于我国加强文化自信，提升文化软实力，塑造当
代中国新形象具有重大意义。从文学理论、创作实践、文化译介的视角针对
中国文学的海外传播进行研究，以此透视中国文学讲好中国故事的现实状
况。姜智芹指出中国文学海外传播研究呈现新趋向，随着中国文化"走出
去"战略的全面深入实施，中国文学海外传播研究逐渐成为学术界的显学。
学者们对译介主体、译介内容、译介方法、传播途径、传播机制、传播效果
进行深度探讨，同时针对存在的问题、面临的困境提出对策建议。[①] 姚建彬
在对中国文学海外传播进行反思的基础上，提出"我们可以从开展中国文学
表达自我与倾听域外世界他者之间的对话、以高度的前瞻性眼光推动中国当

---

① 姜智芹.中国文学海外传播研究呈现新趋向［N］.中国社会科学报，2022-04-26（008）.

代儿童文学在海外世界的传播、充分重视持续保持对东亚儒家文化圈的影响力并扩大中国文学在这个文化圈内的传播与辐射、将全球孔子学院等打造成中国文学海外传播的桥头堡和轻骑兵等十个方面，积极谋划并推进中国文学的海外传播"[①]。南帆认为："从文学的角度讲述中国故事，必须将个人的特殊经验、感觉和整个民族的历史联系起来，将过去的历史和现在的历史串联起来，以生动、具体的中国化生活细节填补文学作品，使中国文学更加具有世界性"[②]。而中国文化和中国文学的海外传播离不开中国翻译话语体系的构建，正如吴思锋所讲的，"'好的故事'也应根据不同国家的文化背景进行选择。'译是为了不译'，只有译作让受众看懂，感兴趣，继而使受众对中国文化产生兴趣，并由此开始学中文阅读原著，翻译才会起到抛砖引玉的作用，这才是翻译的终极目标，这才是中国文化真正产生吸引力的时候，才是中国软实力真正提高的时候。[③]"

五、基于个案研究的讲好中国故事的实践分析

讲好中国故事本身就是中国国际传播的典型案例。近年来中国国际传播中既有成功案例，也有失败经验，对其进行分析整理，既可以梳理中国国际传播的发展历程，也可以从中总结经验，对未来的发展提供借鉴。这其中以中国主流媒体作为典型个案进行深入研究的不在少数，主要表现在以外宣媒体如《人民日报》海外版、CGTN 等的内容生产为主要研究对象，探讨中国媒体在国际传播中的发展经验与进一步讲好中国故事的对策建议。芈韫婧使用新闻框架理论针对《人民日报》海外版的编辑形态进行分析，得出结论认为其在报道时坚守着坚定的国家立场……用海外华侨华人易于理解的语言进行国际表达。在中国立场方面，用议程设置展现立场，利用评论文章先发制

---

① 姚建彬.对中国文学海外传播的反思与建议［J］.外国语文，2020（04）.

② 新时代文学如何讲好中国故事？［EB/OL］.［2022-09-09］.https://shanghaiacademy.shu.edu.cn/info/1342/5022.htm.

③ 吴思锋."讲好中国故事"思想观照下中国文化外译研究［J］.文化学刊，2016（12）.

人。在国际表达方面，将美的概念融入版面语言，把人类共同的情感融入故事，恰当借用西方表达方式打动读者。[①] 杨福庆认为"CGTN 作为中国对外传播的主力军，力争准确把握世界发展和国际传播大方向和大趋势，站在推动文明多样性，推动建立更加公正、合理的国际信息秩序的高位，做好'大传播'，践行'巧外宣'，不仅讲好中国的故事，也讲好世界的故事，讲好中国与世界关系发展变化的故事。CGTN 不断增强'好感传播'和舆论斗争本领、传播策略、理念、技巧和品牌影响力都得到大幅提升"[②]。

目前的国际传播格局中中国故事的"自述"声音依然处于弱势，国际社会中的中国故事更多是在"他述"中呈现，这其中存在大量的文化偏见和刻板印象，一些学者对焦于西方主流媒体的政治倾向和内容生产逻辑，以期对中国国际传播的应对策略提供借鉴价值。早在 2006 年刘继南、何辉等学者以西方主流媒体针对中国议题的报道为研究样本，考察其中对中国国家形象的塑造，其研究模式对后续的相关研究形成了重要影响。张昆、张明新等学者每年发布中国国家形象传播报告，通过"国别与地区篇、专题篇、案例篇"等研究中国国家形象在海外媒体、精英和民众中的建构与传播。另外，张鑫选取了 2000 年到 2019 年 BBC 拍摄的 32 部中国题材的纪录片作为研究对象，发现 BBC "他者"视角下中国形象呈现"一体两面"的特征，政治统一性与威胁性并存、发展与问题并存、对传统文化的高度认可与对现代文化的刻意忽视，这种基于西方强势话语下的"割裂"以及充满矛盾感的"双重"构建导致 BBC 纪录片中塑造的中国形象缺乏连贯性。[③] 刘国荣探讨既为"镜"又为"像"的他者自媒体如何在国家形象的构建中实现其价值，以及他者自媒体的传播实践对于我们讲好中国故事有何借鉴。在对"他者"视角进行深入分析的过程中，我们在明确"他者"视野的出发点与逻辑的同时，也更进一

① 芈楄婧.中国故事，国际表达：《人民日报》海外版编辑形态研究［D］.北京：北京外国语大学，2016.

② 杨福庆.擦亮 CGTN 品牌 讲好中国和世界的故事［J］.国际传播，2021（06）.

③ 张鑫.BBC 纪录片中"被割裂"的中国形象［J］.青年记者，2020（05）.

步明晰讲好中国故事的更为合理的目标与方式，以此促进中国国际传播的发展和中国声音的国际影响力。

中国故事涉及中国社会发展的多个层面，其中改革开放后中国产品和品牌走出国门、走向世界成为中国文化输出和中国国家形象传播的重要体现，因此，借助中国品牌的海外传播来讲好中国故事也成为学者们关注的重点案例所在。严文斌指出"一些西方媒体借中国制造来抹黑中国，指责我们用廉价劣质的产品抢夺世界市场，掠夺全球资源，有些甚至将中国妖魔化为'凶猛贪婪、不讲道义的经济动物'……中国品牌成为海外受众了解中国的重要途径，而品牌本身则被赋予新的精神内核。这些标志性品牌背后的企业精英和其他代表性人物蕴藏着许多人们爱听愿听的故事，这些人就是我们向海外讲述中国梦的基本要件"。[1] 中国品牌参与到国际社会的生产生活之中，品牌传播的符号特性对于国家形象构建具有较强的适用性，范红认为"国家形象的研究也应该从品牌化的角度出发，将商业传播的模式与技巧融入中国叙事，将国家形象凝练为鲜明的、个性化的品牌符号来传播"。[2]

2022 年冬奥会举办之际，基于国际性体育赛事的中国故事的传播也成为值得关注的重点案例。早在 2008 年前后，基于北京奥运会的举办就兴起了国家形象传播研究的热潮。冯惠玲、胡百精认为"北京奥运提供了传播文化中国国家形象的最广阔的时空语境，提出北京奥运与文化交流中的'三个相遇'，一是在文化的核心价值层面相遇，展示那些能够代表中国文化特质的要素、载体和路线；二是在'生命的初级地带'相遇，即强调体验，重视细节，让海外公众在参与和分享中增进对中国的理解；三是在传统与现代的均衡中相遇"。[3] 2022 年 2 月，中国社会科学网邀请专家以"利用冬奥契机讲好中国故事"为议题展开讨论，薛文婷认为：从北京夏奥会到北京冬奥会，这 14 年

① 严文斌. 用中国品牌讲好中国故事 [J]. 中国记者，2015（05）.
② 范红. 系统重构与形象再塑：中国国际传播新形势、新任务、新战略 [J]. 对外传播，2021（07）.
③ 冯惠玲，胡百精. 对话与双赢：北京奥运语境下的文化中国国家形象传播研究 [J]. 电视研究，2008（02）.

来，传播生态和对外传播渠道方面发生了巨大变化。2022 年北京冬奥会，中国已经走近世界舞台的中央，已建立起高度自信，也更具有国际视野。开幕式也从讲"我"到讲"我们"，从"讲历史"到"向未来"，希望用更国际化的语言和世界对话，传递人类命运共同体的价值理念。谢婷认为"自媒体能带来更多微观层面的体验性视角。在同质化的赛事镜头之外，普通民众的创作会体现出更多的冬奥赛事社会价值。普通民众也是讲好中国故事的重要组成部分"。① 廖秉宜指出北京冬奥会基于国际形势以及媒介融合背景，创新性地利用数字技术与多元介质，使用丰富的传播语态建构富有创意、全面的奥运内容生态，以此实现跨时空、跨文化、破圈层、正形象的国际传播效果。②

第四节　外媒讲述中国故事的方式

　　现代社会，传媒已成为人们观照现实世界的重要渠道，格伯纳的培养分析理论认为大众传媒提示的"象征性现实"对人们认识和理解现实世界发挥着巨大影响，由于大众传媒的某些倾向性，人们在心目中描绘的"主观现实"与实际存在的客观现实之间正在出现很大的偏离。同时，这种影响不是短期的，而是一个长期的、潜移默化的"培养"过程，它在不知不觉中制约着人们的现实观。③ 中国国家形象在国际社会中的建构很大程度上是通过国外主流媒体的塑造而实现的。国外媒体以其在国际事务中强大的话语权和影响力，长期针对中国进行议程设置，对中国议题进行刻意的呈现与传播，对

① 李想策划：利用冬奥契机讲好中国故事 [EB/OL]. 中国社会科学网，2022-02-18 [2022-09-12]. http://www.cssn.cn/gjgxx/gj_bwsf/202202/t20220218_5394622.shtml.
② 廖秉宜. 北京冬奥会国际传播路径与策略创新 [J]. 对外传播，2021（11）.
③ 郭庆光. 传播学教程 [M]. 北京：中国人民大学出版社，2011：205.

此形成国际社会中的"中国形象"。显然，此种中国国家形象的塑造背后是政治、经济、文化等多方力量作用的结果，但是对于真实、客观的中国，国外民众却了解不多，甚至很多在外媒关于中国大量负面报道中生活的人来到中国后，面对真实的中国情况往往会不敢相信。这也让我们看到了外媒对中国国家形象塑造的真实情况，因此，国家从发展战略角度提出要加强国际传播能力，以此改变国际话语权中中国与西方国家的力量差距，我们要发出自己的声音，讲好中国故事。而为实现此目标，就需要我们从多方面了解外媒对于中国国家形象的建构与传播是如何进行的，以此进行有针对性的回击甚至主动出击，从而赢得国际舆论场。

美国学者约瑟夫·奈曾说，"软实力"的关键在于"谁的故事赢（而不是谁的军队赢）"。如今的国际竞争早已不再是政治、经济等硬实力比拼，而是转移到文化、传播等方面的"软实力"的较量。当下的国际形势对讲好中国故事提出了更高的要求。应当说，外媒在讲故事方面具有悠久的传统。20 世纪 60 年代以来，美国新闻界受到新新闻主义的影响由"信息的生产者和发布者"向"故事的生产者和传播者"转变。《华尔街日报》的头版撰稿人曾指出读者对于新闻信息的需求已经发生了改变，"给我讲一个故事，看在老天的份上，让它有趣一点。"① 也就是说在新闻专业主义占据主流的情况之下，美国新闻界所提倡的"客观性"受到了前所未有的挑战。"美国新闻界被指对剧烈变动的社会现实和层出叠现的社会问题刻意回避……新新闻学强调将写作者的'主观认知'和'职业敏感'纳入新闻实践之中，要求以浓烈的情感、直接的体验以及深刻的见解等小说式的笔法去揭示被遮蔽的现实问题。"② 20 世纪 80 年代，普利策新闻奖的评选也顺应"讲故事"的潮流，将文学性和创造性纳入到评价标准之中。《华尔街日报》十分重视在新闻报道中"讲故事"，认为记者应当成为"讲故事的人"，这在很大程度上改变了新闻专业主义强调

① ［美］威廉士·布隆代尔.《华尔街日报》是如何讲故事的［M］.徐扬,译.北京：华夏出版社,2006：5.
② 印心悦."美好生活"的中国表达：媒介化视域中的"讲故事"［D］.合肥：安徽大学,2019：24.

"客观性"而带来的种种问题，特别是对读者需求的忽视。伴随新闻媒体的不断发展，读者不单纯于满足只是了解事件发生的时间、地点等信息，而是在大量信息需求即时满足的同时更希望能获得信息背后的深入解读和人文关怀。因此，"新闻从业者以讲故事为职业，不仅需要罗列事实，而且必须建构出一个个故事，从而产生意义"。①

故事本身蕴含着讲述者的价值观念和传播意图，国外媒体通过讲故事的方式传播自身的价值观，站在自身的政治立场来解读和阐释各种国际事务和国际关系，因其多年在国际舆论场中的强大影响力和塑造力，所以传播中国国家形象的过程中外媒的声音在国际社会上占据主导，因此，我们有必要对外媒塑造中国国家形象的方式方法进行分析，从而给我们在国际舞台上讲好中国故事提供必要的准备。

一、擅长平民化的叙事视角

外媒在中国故事讲述中经常使用平民化的叙事视角，以普遍人的生活经历、状态等作为故事主体来进行表达。这与西方国家所秉持的价值观关系紧密，西方文化中对于个人价值十分关注，奉行个人主义，他们认为每个人应该被重视，并保持各自的独立性，鼓励自我实现，个体更能显示出生命的活力。因此，媒体在进行新闻报道、节目创作等传播活动的时候很自然地会聚焦于独立的个体。外媒里的中国故事以中国普通人为故事的主角十分常见。同时，西方新闻传播业以受众为本位，在信息传播过程中对于受众的需求把握较为深入，而对于受众来讲，在信息接受过程中更愿意以与自身相通相近的内容与体验为主，所以基于普通人的喜怒哀乐的平民表达就成为外媒注重的叙事视角，这在一定程度上也形成了对于受众心理的满足与观念的引导。

外媒普遍存在的基于平民视角的叙事风格具有较强的代入感，容易使故

---

① 印心悦.“美好生活”的中国表达：媒介化视域中的“讲故事”［D］.合肥：安徽大学，2019：25.

事的倾听者融入其中，因此这些平民故事往往具有可信性和说服力，在潜移默化中实现了故事的意义建构与传播。例如，BBC拍摄的以中国故事为题材的纪录片中有很多是以中国普遍人的生活为讲述对象的，《中国新年》和《中华的故事》就是其中的典型代表。这两部纪录片在中国传统文化的视角下，都是将目光转向了最普通的中国人，如出租车司机、火车站的服务人员、凿冰的工人等，关心他们平淡的生活际遇与体验，外籍主持人在片中融入到中国老百姓的生活中，与他们一起回家过春节，一起祭祀祖先，一起一日三餐……休戚与共，用镜头去记录中国人生活的日常与琐碎，感动与烦忧。这两部纪录片在国外播出时取得了较好的传播效果，激发起国外民众对中国文化的极大兴趣，正如伍德所说："故事的真正主角是普通人"，即便是再宏大的主题，也必须要落到这些具体的人和事上面来。[1] 这些观照普遍民众的中国故事具有较为鲜活的感染力和生命力，通过对平民生活的直观反映，很容易唤起国外民众的同理心，从而制造故事主人公与故事倾听者的共通意义空间，让人感同身受，从而贴近受众的生活经验。平民叙事充满了故事讲述者对社会生活的关心与思考，人文气息浓郁，在很大程度上更具有思想的深度，也更能在思想观念上感染人和影响人。

二、以情感诉求为主导的表达方式

情感是人类永恒的主题，外媒在常讲的平民故事中注入情感元素，以唤起人们的共同情感体验，在跨文化传播中"共情"可谓是重要的有效的沟通交流方式。人类共同的情感可以穿越空间的阻隔，抵挡时间的流逝，可以将具有不同文化和语言背景的人们聚集于同一语境之下，实现相互的理解与认可。因此，外媒讲述中国故事时情感诉求是不可或缺的重要方式。大到家国情怀，小到个人情绪，国外媒体利用情感故事输出相应的价值观，达到故事

---

[1] 常梦轩.BBC涉华纪录片对"文化中国"形象的建构研究——以《中国新年》和《中华的故事》为例 [D].武汉：湖北大学，2018：37.

讲述者的意图与目的。日本 NHK 电视台拍摄的中国纪录片可以说是这方面的典型代表。在日本，媒体非常注重对民众的教化，纪录片则是教养类节目的最重要组成部分。[①] 因此，日本纪录片十分注重文化解读与人文关怀，以温情的叙述风格打通大众情感，例如，在 1980 年 NHK 拍摄的《丝绸之路》，以 80 年代日本人的视角，解读了一直存在于日本历史书中的"丝绸之路"，给一代人留下了深刻的情感烙印，完善了他们对"丝绸之路"的情感记忆。[②]

共同的情感来自于日常生活和最基本的家庭关系之中。BBC 拍摄的《中华的故事》就是在中国人的日常情感呈现中讲述中国文化的独特魅力。如《中华的故事》中曾讲到清明时节中国人回乡祭祖的活动，春节时全家团聚的年夜饭，给国外民众展现了中国人对于亲情的重视以及对于故土的深深眷恋，而在中国传统文化之中正是一个又一个和谐美好的小家庭构成了整个中国。这些普遍存在于人类共同记忆中的情感体验是跨文化传播中的密码，不同国家和地区的民众会因为共同的情感而产生共鸣和共振，进而对于媒体故事中所承载的价值观念也就会自然而然地接纳和认可。从中国人日常生活情感细节入手的外媒故事成为中国国家形象和中国文化在国外获得有效传播的重要体现。

但是外媒在讲述中国故事的过程中，并不都是客观公正的，有很多是在特定的政治经济意图的作用之下对中国进行负面讲述，而这其中也不乏对平民视角和情感故事的使用，以此加深国外民众对中国国家形象的偏见和误解。因此，在外媒所讲述的中国故事中我们不仅要关注其讲述方式，更要看到故事背后的传播意图和事实真相。

---

① 雷建军，杨慧. 从 NHK《历史秘话》看日本当代商业化纪录片的风格特点[J]. 电视研究，2010（02）.
② 李智，黄新新. 媒体外交视域下日本 NHK 涉华纪录片话语框架流变研究［J］. 视听理论与实践，2022（02）.

三、以纪录片建构中国的视觉故事

进入 20 世纪以后，以电影、电视为代表的大众传媒发展迅速，"媒介成为人的延伸"，正如麦克卢汉所讲的那样，人们对于世界的观看与联系越来越依赖于影像媒介。特别是互联网在全球范围风起云涌之后，读屏时代已经与现代人共存多时。全球民众都在通过各种各样的屏幕联络他人，认识世界，而给人较强参与感和体验感的影像信息成为了屏幕的主角。因此，国际各大主流媒体大量利用图片、影像进行信息的传达与观念的引导，而这其中纪录片和短视频成为媒体的主力军，同时更是受众们乐于接受的视觉形式。

在这种情况之下，外媒在讲述中国故事的时候对于纪录片的传播形式十分情有独钟。早在上个世纪 80 年代，日本的 NHK 电视台就派出拍摄团队，到中国走访丝绸之路，探寻中国的历史文化故事，引发本国民众对中国文化的关注。英国著名纪录片制片人和主持人迈克尔·伍德是一位热爱中国文化的历史学家，拍摄了一系列中国题材作品，被西方认为是"最会讲故事的人"。其中 2016 年，伍德创作的《中华的故事》在英国 BBC 播出时掀起了一阵热潮，很多人因此而对中国产生了极大的兴趣，这部纪录片从西方文化的视角解读中国，同时也向西方世界重塑了真实的中国形象。之后，2018 年，伍德联合解读中国工作室，共同策划推出纪录片《中国改革开放的故事》。2019 年 1 月，该片率先在中国的网络平台播出，仅仅是预告片，观看量就已超过 1 亿人次，堪称高口碑作品。2019 年 2 月《中国改革开放的故事》在 BBC 平台上播出，伍德说："西方人要想真正了解中国的现在和未来，就必须了解中国过去 40 年发生了什么。"2020 年，伍德担当撰稿人和主持人制作了纪录片《杜甫：中国最伟大的诗人》。[①] 这部纪录片从更深的层面探寻中国文化和中国人的精神内核，讲述超越中西方文化差异的共同的人性。迈克尔·伍

---

① 把中国故事一直讲下去——不戴有色眼镜的英国导演伍德［EB/OL］.2021-09-18［2022-9-14］. https://www.sohu.com/a/490604442_115479.

德的纪录片作品最大的特征就在于他以"同理心"来看待不同国家地区之间的文化差异，尊重文化的多样性，从全人类共同价值的视角来讲述中国，采用西方国家民众乐于接受的方式呈现中国故事，以此减少文化隔阂，实现异质文化的真正交流。不仅如此，美国国家地理频道根据央视纪录频道龙年春节播出的 5 集纪录片《春晚》及 3600 多分钟的素材，以小故事为切口，利用多元交叉的叙事线索，采用戏剧化的叙事编排，精编成一部 50 分钟的国际版纪录片《透视春晚：中国最大的庆典》。2016 年 2 月 10 日，通过央视纪录频道、美国国家地理频道（亚洲）所属的 26 个国家和地区电视频道同步播出，并向全球传播，产生广泛影响力。① 纪录片自诞生以来就以纪实性、故事性和人文性而被人们所青睐，通过使用特有的叙事手段，运用镜头的起承转合，既可以记录真实的生活，又可以在视听语言符号中引发人们的思考与想象。因此，纪录片在建构国家形象中成为重要传播载体。外媒针对中国题材制作了播出了大量纪录片，一方面满足了本国民众对于中国的好奇心；另一方面也是通过使用一系列视觉符号建构西方视野里的"中国"。像迈克尔·伍德一样的本着相互尊重不同文化的"同理心"在讲中国故事的创作者，对中国文化和国家形象的建构与传播起到十分积极的作用，他们可以向世界传播一个真实、客观、生动的国家形象。但是还有很多纪录片延续西方世界对中国的偏见和刻板印象，甚至"丑化中国"，通过看似真实的镜头的展示，主持人的夸张语言表达，先抑后扬的手法的运用以及一些特定符号的隐喻等将暗含的意识形态意图展露无遗。"从微观的视听话语分析到宏观主题选择与价值倾向构建，BBC 中国题材纪录片虽有对中国形象的正面认同，但这些认同多集中在对中国历史文化的叙述层面，而在经济、政治、科技等方面西方媒体对中国的刻板印象与价值倾向相对来说并没有发生太大的变化。"②

---

① 王洪，张斌.用多重视角的影像叙事"讲好中国故事"——以中国纪录片的国际传播为例［J］.新闻战线，2021（09）.
② 赵树金.跨文化视域下涉华纪录片的价值构建研究——以 BBC 中国题材纪录片为例［J］.视听，2019（12）.

第五节　中外媒体故事讲述方式的差异比较

李普曼"拟态环境"的环境化理论指出大众媒介拥有着引导社会舆论导向的影响力和控制力，受众接受大众媒介传播的信息之后会将这些信息和思想情感取向作为构建外部客观环境的基础和参考。[①] 外媒在长期的传播实践中充分利用讲故事的方式建构特定意义，以此向本国民众和国际舆论场输出西方中心主义的价值观念，从而对中国的崛起形成舆论上的压制。因此，我们在国际传播中寻求如何通过讲好中国故事的方式来应对和回击，甚至主动进行议程设置，来扭转"西强我弱"的传播形势，让中国声音在国际社会能被听到，并发挥国际影响力，基于此，我们通过对比中外媒体在讲故事的方式运用上的差异，从中总结国际传播的经验与教训，以此更好地促进中国国际传播的影响力、中华文化的感召力、中国形象的亲和力、中国话语的说服力和中国国际舆论的引导力的实现与提升。

一、国家立场与平民视角

进入 20 世纪以后，以电影、电视为代表的我国媒体在国际传播中担负着塑造中国政治、经济形象等一系列重要宣传任务，因此，在传播中常以国家立场讲改革开放故事、中国共产党百年故事等，以此向世界展现中国从站起来到富起来再到强起来的发展历程，展现中国道路和中国制度的先进性以及中国作为负责任的大国形象。讲述中国治国理政的理念，政治建设方面的"全过程民主"，全球治理方面的"人类命运共同体""全人类共同价值"，以

---

① 韩玉花.西方媒体涉华报道中的议程设置［J］.重庆交通大学学报（社科版），2007（02）.

及在生态环境保护与治理、减少贫困等世界议题方面的经验与发展模式，这些不仅是中国积极参与全球发展和治理的重要体现，更是为全球发展和造福人类社会提供的中国方案。以此为主题的故事可以让世界了解中国共产党带领中国人民克服重重困难，寻求适合于中国实际的社会发展道路与模式，这对于中国自身发展具有重要意义，对于当今世界的发展也是具有重要的参考借鉴价值。讲述中国经济发展的故事，特别是改革开放的伟大成果，中国在经济方面的增长与发展不仅是解决了中国社会的自身问题，同时也是在解决世界问题，这些年来中国共产党在经济建设中摸索出来的发展模式彰显了中国治理的实力与智慧。

　　立足于国家立场的中国故事讲述与外媒的平民视角的运用形成了一定的差异。因此，我们的外宣媒体在国家叙事中尝试融入普通人的视角和普通人的故事，以小切口与大主题进行融合传播。例如，"主流媒体在国际传播中大量播发关于普通党员的故事，包括快递员、高铁乘务员、居委会大妈、扶贫村官、乡村教师等典型职业，从小切口讲述普通共产党员在各行各业开拓进取、潜心钻研、改革创新的鲜活故事，塑造了一个个温暖可及而又感人至深的共产党员形象，真实、生动地展现了中国共产党员'为人民服务'的行为理念。对外讲好中国共产党普通党员的故事贵在平凡和鲜活。每一位普通共产党员都是中国共产党的一个缩影，一个个小故事汇聚在一起就是中国共产党的宏大叙事，能向海外受众充分展示和有力说明中国共产党带领人民不断向前的道德感召力与行动号召力。"① 由此可见，立足于平民视角的故事在讲述中更有情感的张力，以中国人的日常生活入手讲述中国人民生活富裕和精神气质的故事在国际社会更易于被接受。例如，广西柳州为了提升城市的国际传播效果，以当地文化符号螺蛳粉作为传播主角，柳州日报社与《中国日报》联合推出英文短视频《粉红天下———一碗中国米粉的逆袭》，通过对当地

---

① 李宇.新形势下对外讲好中国共产党故事的叙事层次与策略［J］.2022（02）.

人生活元素的挖掘讲地方美食故事，从而被国际社会所认可。"从策划、采访，再到剪辑制作，柳州日报社创作团队始终立足国际视野讲好中国故事，以不同国家、不同肤色的'洋面孔'为视角进行讲述，不断丰富柳州螺蛳粉的国际传播内涵⋯⋯已获《中国日报》、人民网、新华网、《国际日报》、中国网、《北欧时报》、《香港商报》、香港《经济导报》、香港《紫荆》杂志、欧盟国际城市与区域合作项目（IURC）官方网站、广西文旅厅海外官方账号Facebook 主页等近 200 家媒体转载刊播。"①由柳州通过当地人日常饮食来讲国际故事的这一尝试，我们可以发现平民化传播视角因为聚集中国普通人的生活事物与体验，更有说服力，更易于唤起不同国家民众的共同情感，进而激发对中国文化的兴趣与好感。

综上所述，国家立场与平民视角并不矛盾，立足于国计民生的国家发展大趋势和时代背景，引入中国人物质生活的改变，生活方式的变迁，进而走进中国人深层的精神世界，国家的发展与个人的命运紧紧地联系在一起，中国人的家国情怀跃然纸上，这对于世界认知真实全面的中国更有意义。

二、宏大叙事与日常表达

新时代，中国在国际社会中的地位日益突显，需要与之相匹配的国际话语权的确立，这已经成为中国媒体在国际传播中的重要职责所在。因此，体现中国思想与发展成果的重大主题报道作为媒体在对外宣传中的主阵地而存在。近年来，重大主题如建党百年、改革开放、生态文明、脱贫攻坚、冬奥会等的报道策划都充分展示了宏大叙事下中国在全球治理中的大国形象与责任担当。例如，中国日报紧紧围绕迎接、宣传、贯彻党的二十大这条主线，以"十年改变中国"视角，深入推进"奋进新征程 建功新时代"大型主题采访报道，积极开展"伟大变革""领航中国新时代""老区新貌"等全媒体报

---

① 黎寒池，谢耘.用好美食文化流量 提高国际传播声量［N］.柳州日报，2022-06-01（01）.

道，充分展现党的十八大以来的历史性成就、历史性变革。①

　　在不断变幻的国际形势下做好重大主题报道，将中国声音真正传播出去，在国际舆论场中实现影响力，这给主流媒体的国际传播提出了更高要求。重大主题国际报道主要以传播中国发展思想观念为主，是需要在价值观层面被国外民众理解与接纳的，因此，越是重大的主题报道，越要"硬新闻软着陆"才好，将大主题、大题材的传播做实和做深。所以，重大主题在国际传播中不仅要以宏大叙事讲好中国故事，更要在日常生活中寻找到适合的讲述方式，以此更接近国外民众的心理体验与思维习惯。中国媒体在国际传播中通常是以严肃端正的姿态对外进行观点的宣讲，在一定程度上体现了大国的理性与负责，但是在社交媒体越发活跃的当下，过于严肃的传播，一味的道理宣讲，效果并不理想。反观在社交媒体上，民众们基于生活体验的点评与互动，对于国家形象的塑造与传播具有十分积极的影响。例如，云南象群迁徙事件的报道就充分体现了在宏大叙事中也可以通过生活化的讲述取得融通中外的理想效果。郭镇之认为无论是中国还是西方，主流媒体的报道方式多是客观的、轻松的，报道态度多是中性的、平和的。尤其是西方报道少见对中国事务习惯性的尖酸刻薄。总体看来，象群迁徙报道传播了"可爱中国"的正面形象，扩大了中国在全球的影响。② 之所以会取得如此的效果，一方面，象群迁徙事件在传播中涉及到动物保护、生态环境、善待动物等主题，这些都是全球可以接受的具有普世意义的价值观，使得中外民众之间形成了"共通的意义空间"；另一方面，也是特别重要的层面，在于这次故事的讲述方式较为活泼、接地气，很多都是来自于生活化的表达。特别是在社交媒体上的网民们的评论主导着事件报道的氛围，"无论是网络世界的调侃玩笑、还是主流媒体的密切追踪，都反映了中国人对大象生存环境的深切关怀，这是西方世界通常认为只有他们才具备的道德高度。同时，包括网友娱

---

① 曲莹璞. 联接中外、沟通世界，推动国际传播高质量发展 [J]. 新闻战线，2022（05）.
② 郭镇之. 从云南象群迁徙事件看"可爱中国"的对外传播 [J]. 对外传播，2021（07）.

乐化的表达方式和地方政府在应对人象矛盾中的手忙脚乱，有意无意中体现的却正是中国人可信的生活方式。"① 由此看来，中国主流媒体通常侧重的深沉的思考与严肃的宣讲可以向日常生活化的讲述方式转换，以此可以更好地实现与国外民众的沟通交流，产生令人信服的效果。

在国际传播中的日常生活故事讲述这方面，日本 NHK World TV 制作的 Japanology 节目的做法值得借鉴。这档节目是日本面向海外观众播放的英语系列节目，主要以纪录片的形式传播富有日本民族特色的文化艺术，以此表达其中蕴含的日本人的生活观念。这些纪录片都使用了精细化选题的讲述方式，首先在生活的衣食住行细节处选题，十分贴近人们的日常生活，这可以在国内外形成较为普遍的兴趣点。日常生活更多集中于表达浅层文化，而对于本国属于深层文化的哲学艺术，则在价值观传播中寻找不同国家的人们可以共享的价值观。例如，日本的文化遗产传承中总是强调在现实生活中的受欢迎程度，而不是曲高和寡，这与中国遗产文化纪录片的讲故事方式就有所不同。由于在传播中强调对于人们日常生活的表达，很多具有不同文化背景的受众接触了之后就会产生较为浓厚的兴趣，想着去尝试和体验，于是这成为了文化认同的首要一步，同时，生活中的日常讲述本身就是一种润物无声的渗透方式，在自然的文化交流中实现了观念的融通。

三、自说自话与"他者"效果

传播主体作为信息活动的发起者有自身的传播意图与目标，试图通过各种方式与手段对传播客体施加影响，这个过程中，传播者往往会站在自身的立场，以各种方式和手段输出想要传达的价值观念，虽然这种方式可以体现传播者的主导意识，但却经常会陷入到以传播者为中心的窠臼，给对方以自说自话的感觉，反而降低了传播效果。② 从这个案例中，我们不难发现国际

---

① 郭镇之. 从云南象群迁徙事件看"可爱中国"的对外传播 [J]. 对外传播，2021（07）.
② 桂琪玉. 从 NHK 涉华纪录片看中国国家形象建构 [D]. 武汉：中南民族大学，2012：6.

传播中作为传播主体的"我"与客体"他者"之间具有不同的讲述方式，"我"因为对于自身的文化特质和思想观念十分熟识，也十分迫切地要将价值观传播出去，因此，在讲述时更倾向于站在自己的立场，进行自我宣传。而"他者"的介入，反而给国际传播带来了不同视角，"他者"对于异质文化有新鲜感，同时也会加入自身的理解与想象来讲故事，这就使得故事有了新的表现方式，而这种方式可能会更接近接受方的口味与喜好。"'他者'视镜中的'自我'作为社会集体想象物，可以为考量国家形象提供新的理论和维度。传播者可以借'他者'之力，转沉浸式情感为朴素情感，实现理性思考，减少自我感动式的形象宣传策略，以内外平衡国家形象，收获额外的国际传播效果。"

日本 NHK 和中国合作拍摄纪录片《新丝绸之路》，两个摄制组对同一个题材进行了不同角度的拍摄和制作，由此呈现了两个不同的版本在 CCTV 和日本 NHK 播出。"NHK 将视角放在丝绸之路的新变化上，聚焦沿途普通百姓的生活和人文景观；CCTV 则把视角放在丝绸之路的文化和历史古迹上。最后形成了中国组和日本组两个不同的版本，中国组的版本中借鉴的 NHK 的素材只占到总比例的百分之五。同样是丝绸之路上的新发现和新变化却展现了两个不同的叙述方式和不同的历史视角，也体现了各自的价值取向。"[①] 例如，日本的纪录片《关口知宏之中国铁道大纪行》记录了艺人知宏 2007 年坐火车探访全中国的旅途，在日本播出后引发日本民众热烈的讨论。关口知宏的中国之旅跨越春秋两季，坐火车从西藏拉萨启程经陕西西安，再到达新疆喀什，行程跨越几省，非常之长。全部过程只是简单的旅行和旅途的所见所闻。但节目在电视台播出后收视率一直名列同类节目的前几名。日本观众感动于中国百姓的质朴无华，留恋于中国的秀美河山，更惊讶于现实的差异以及以往对于中国存在的误解。[②]

---

① 杨蓉．"中国形象"的媒体传播与"他者"视域思考［J］．传媒，2015（04）．
② 桂琪玉．从 NHK 涉华纪录片看中国国家形象建构［D］．武汉：中南民族大学，2012：6．

在中国故事国际传播中，借力"他者"，改变原有的自说自话的思维习惯与讲述方式，以此增强与受众的贴近性，缩短心理距离和文化差异。特别是在当下的以互动性和参与性为主的传播环境中，如果要想达到良好的传播效果，就要有针对性地传播，做到传播的精准性。如今的国际传播强调分众，分层传播，由此转变原来的传者为中心的自说自话的讲述方式，而是强调针对特定的受众选择不同的方式。例如国际传播中会面对的受众包括海外侨民和国外民众，这就需要我们分层沟通，海外侨民具有相近或相似的文化背景，因此在交流沟通中可以将国内的传统生活与故乡情怀作为拉近距离的方式，而对于国外民众则要从其心理需求入手，借助外籍人士的体验，在文化或生活中找到共同点，以此实现交流对话的真正目的。当然，我们在强调"他者"效果的同时，也要警惕"他者"在讲故事中存在的刻板印象而对中国国家形象带来的负面影响。

第二章　中国故事国际传播的内容

好的故事并不一定会成为好的内容，而好的传播内容却一定具备好的硬核故事。在今天这样一个信息爆炸的时代，讲故事更是成为一种文化征候——现实热点总是速朽，故事却常常永恒。这是因为故事并非单纯意义上的简单文本，故事链接的是讲述主体、故事传播的场域等因素，讲故事的最终价值追求在于通过意义文本来达到时间和空间上的意义交换和互动，自塑或他塑故事场域中的他者或个体形象。同样，对于一个国家来说，国家的故事在国际上传播，已然与这个国家的形象和民族文化发生意义关联。在中国故事国际传播的语境下，故事内容为王始终成为构建话语体系和塑造国家形象的重要因素之一，也是国际传播场域中颠扑不破的价值真理。

第一节　故事的类型

故事的类型是关于故事的基本定位问题，指的是一个故事具体讲述的是什么，大致围绕什么来进行讲述，并且形成了一些常见类型的故事模式。类型概念的提出借鉴的是国外概念，原本来源于一个法语词汇 genre，意指文学艺术作品的流派或者是某一类风格。在语言类型学中，类型的判定需要个体属性来确立，这些属性之间虽为排斥关系，但必然又需要组合排列成一个类型的集合，这种分类归组的方法因利于论证和探索成为事物类型划分的重要途径。传统意义上故事类型大致包括爱情、神鬼、童话、神话、民间等不同的类别，但是在故事场域之中，随着人类生产和交往活动的不断扩展和进步，故事类型也在不断丰富。在讲好中国故事的语境之下，故事的内涵和外延不断被传播实践所丰富和发展，本书大致将中国故事国际传播的故事类型分为生存型故事、想象型故事、情感型故事和共识型故事。

一、生存型故事

生存是人类永恒的话题，围绕生存而产生的故事总是引发人们的关注。人类之所以能够生存，主要依靠的便是对自然和人类社会的生产性改造，以达到一种使个体舒适且安全的生活状态。如果说生存主要依靠的是人类生产方式和生产关系的变革，那么生产类故事便成为反映这种关系存在的精神性投射，依靠生产变革而发生现实转向的生活方式理所应当地成为人类生存的真实写照，生活类的故事也就成为生产和生存关系的一种精神性表征。生存型故事在中国故事国际传播的视野下，成为中国故事对外传播的重要故事类别，这契合生存成为人类永恒关注的头等大事这一原则，同时中国式的生存、生产、生活智慧始终立于世界东方，成为全球生存型故事中的典型。

（一）生产类故事

1.生产类故事的内涵

生产的含义是指人类运用工具创造各种生活资料和生产资料的过程。在这个过程中，人类逐渐根据在生产活动中的人、物、事发生的联结，而产生一种基于生产经验总结和人、物、事三者互动与交往的活动所产生的经验，可称之为生产类故事。生产类故事是表现某一历史阶段生产力发展的重要精神性载体，按照人类文明进步阶段的传统划分方法，在既往的历史中，总会以某一标志性的生产工具为依托，来作为生产力进步的标的，此后人类文明进步的各种故事总会围绕这个指征来展开。如早期的以石器为主要生产工具的原始文明故事，以青铜器和铁器为代表的农业文明故事，以蒸汽动力为代表的蒸汽文明故事，以电力工业以及此后的信息为代表的当代生产文明故事。生产类故事实际上是一种精神生产，而其物质基础是来自于现实当中的物质生产。物质生产是精神生产的前提和基础。精神生产所必需的物质条件，是由物质生产提供的。同时，精神生产又促进物质生产的发展。生产类故事的国际传播，实际上显示了一个国家的物质生产能力。物质生产和精神生产是相互制约、相应发展的。不同历史时期，精神性的生产类故事始终作为这个时期生产力发展状况的一种隐喻。

2. 生产类故事国际传播的特征

生产类故事的国际传播具有十分鲜明的特征。首先，生产类故事传播背后实际上反映的是一个国家生产力水平的高低状况，并且这样的反映是多方面的，包括对集体协作、个体劳动、分工协作等方面的反映，可以从侧面折射出一个国家的生产和制造能力。其次，生产类故事的国际传播也能反映国家或者地区人们的生活变革，这是因为受到生产决定生活、生活反映生产、生产决定消费的方式和水平的逻辑支配，同时国际传播环境中，出现一些具有地域色彩和经验智慧的生活方式和故事，在其他跨文化环境中流行和传播生产力水平较高地区的文化，诸如饮食文化等。最后，生产类故事的国际传播对于掌握国际传播的话语权来说，同样不容小觑，因为根据历史唯物主义的观点，"生产力决定生产关系，经济基础决定上层建筑"，话语权力水平是从属于上层建筑的。生产类故事的国际传播成为中国故事国际传播的元叙事和元背景，这是其最为典型的特质。

3. 古代中国生产类故事国际传播的表现

西方社会由于科学技术的发展，在其内部以及国际传播场域，流传着西方社会以第二次工业革命为内核的故事性产物，例如，爱迪生进行6000多次实验，找到钨丝作为灯丝材料，最终发明电灯的故事，莱特兄弟发明飞机的故事等。西方国家由于物质生产力的发展，进而国际传播场域中流传着其精神性的生产类故事，这对其国家形象的建构来说是有所助益的。然而位于世界东方的中国，虽然不曾是工业革命的诞生之地，但在几千年的华夏文明之中，中国凭借民族智慧和特有的匠人精神，依旧产生了一些流传世界的生产类故事。古代中国生产类故事的国际传播，主要是中国介入到世界市场之时才开始的。由于国家对外施行闭关锁国的政策以及重农抑商的经济传统，就使得中国相对西方来说，首先在物质生产力上不能比肩于西方，其次在对外传播和对外传播的意识上也与西方产生了差异。但是，根据辩证法的观点来说，特殊性之中依旧寓于普遍性，华夏民族凭借古老的生产智慧，依靠丝绸、茶叶和瓷器为代表的手工业产品和农业产品，向世界传播着古老东方民族特有的生产故事。

在历史的长河之中，丝绸之路起到了强大的勾连作用，它通过贸易、外交、征战、迁徙和朝圣加强了中国与世界的物质与思想的交流。丝绸之路的重要意义，不仅仅在于它是"全球最著名的东西方宗教、艺术、语言和新技术交流的大动脉"。在今天，丝绸已经成为具备了象征性的世界意义，即赋予其沟通连接西方社会的一种符号，丝绸作为具有悠久历史的物质生产活动的结晶，并没有在今天失去存在的价值，这也是丝绸之路在近年来成为行政话语以及经济话语之中的热点的原因所在。中国中央电视台（CCTV）和日本放送协会（NHK）联合拍摄大型电视专题片《新丝绸之路》，使国际上真正了解了这条赫赫有名的古代商道。这部片子再现悲壮的古战场，探索神秘的古商道，重现恢宏的古文明，介绍古丝绸之路沿线城市的古今变化与历史故事。丝绸之路不仅是世界上最长的一条通商之路，也是东西方交流之路和人类民族迁徙之路。它的东西两端分别是东西方文明的源头，就像织造丝绸的经纬线一样将中国、印度、希腊、埃及、美索不达米亚编织在一起，成为了一个永不枯竭的想象的源泉。丝绸在其中已经成为一种元叙事符号，古代中国以丝绸为连接符，将中国故事远播海外。

　　瓷器是中国生产类故事国际传播的又一利器，随着瓷器贸易的发展，反映中国人家庭生活图景以及郊游、狩猎等休闲情景等，此外还有中式家居及中式庭院、景德镇御窑厂、广州十三行商馆区等重要建筑、中国文学名著和神话故事人物等图像纷纷被绘制在外销瓷上。在著名的青花瓷上描绘幽静秀美的中国水乡景色，画面幽静，意境深远，生动传递了中国人向往淡泊宁静的生活理想。这些生动有趣、耐人寻味的瓷器具有浓郁的中国情调，成为西方人了解中国社会的重要媒介，为他们提供了无限的遐想空间。这也是瓷器作为中国商品出海的重要价值所在。2012 年是中英建交 40 周年，中国中央电视台与英国大英博物馆和维多利亚与艾伯特博物馆共同拍摄制作了《China·瓷》，并于 2012 年 12 月 4 日和 5 日在中央电视台综合频道 CCTV-1 晚间 10 点半《魅力中国》栏目首播。《China·瓷》每集约 50 分钟，讲述了中国青花瓷在明清之际的环球贸易之旅，以及欧洲各国对中国瓷器的痴迷和为获得制瓷奥秘而展开的狂热探索。这部纪录片的瓷器叙事摆脱了以往陶瓷纪录片聚焦中国制瓷历史和工艺的局限，而是将视野放眼全球，以大量国外博物馆瓷器实物和世界历史事件为脉络，同时采访众多国内外瓷器专家，将陶瓷故事向观众娓娓道来，讲述作为第一件全球化商品的中国生产——瓷器是如何将中国与世界联系在一起，呈现出一幅波澜壮阔的人类文明交往史。

　　茶叶在中国古代也成为中国生产的代名词。茶叶出口到西亚后，又从西亚被带至欧洲，引起了欧洲上层社会的注意。宋朝"茶马贸易"也得到了极大的发展，时至今日，在西南地区，我们仍能发现茶马古道的遗迹。明朝时期，除了茶马贸易的进一步发展，外销量不断增大，万历三十五年，中国茶叶首次销往荷兰，这是中欧直接茶叶贸易的起点。《茶马古道——另一条丝绸之路》是由 NHK 和 KBS 电视台联合摄制的关于世界上最古老的商路的系列高清纪录片，纪录片的拍摄重点位于云南、四川、西藏境内的横断山脉。它将青藏高原与云贵高原连接在一起，平均海拔为 2500 米以上。这里形成的独特自然气候，森林、水资源极大丰富，有亚洲的动、植物博物馆之称。摄制组在曾经的茶马古道穿行，展示生活、贸易和文化的联系与发展。

以丝绸、茶叶、瓷器为代表的中国古代生产故事的国际传播，正是因为中国古代相对西方来说具备强大的物质生产能力，进而在彼时国际传播场域中，流传有中国精神性的生产故事。茶叶、丝绸、瓷器连接起来的文化区域十分广大，其所搭载的中国故事也异样多姿。

4. 当下中国生产类故事国际传播的新表现

中国古代的生产类故事传播还比较侧重于中国的农业国家本位，但是在近现代特别是当下，由于改革开放以及中国生产制造的变革，使得中国生产类故事的海外传播出现了新的转向，这对于展现国家实力和综合国力以及国家形象来说都具有全新的世界意义。

从宏观上来看，生产类故事既有悠久的历史脉络，又有与时俱进的新形式和新表现。伴随中国经济的飞速发展，出现了从中国制造到中国智造的生产力转变。中国自改革开放以来，在科学技术是第一生产力的背景下，生产和制造能力不断向前迈进，各个行业生产能力不断提升，关键核心技术不断取得突破，装备制造生产能力不断提升。国产大飞机 C919、中国高铁、蛟龙号深潜器、神舟飞船系列等等生产类故事在海外传播。除此之外，中国基建故事的海外传播也引发外国人的关注，如纪录片《超级工程》是中国中央电视台继《舌尖上的中国》之后推出的又一部纪录片，该片展现了五个中国重大工程项目——港珠澳大桥、上海中心大厦、北京地铁网络、海上巨型风机和超级 LNG 船，集中展现了中国的装备制造能力，反映了中国人在面对掐脖子技术的困难时所兼备的勇往直前品质。在装备制造能力上，纪录片《大国重器》用独特的视角和震撼的镜头，记录了中国装备制造业创新发展的历史。通过人物故事和制造细节，鲜活地讲述了充满中国智慧的机器制造故事，再现了中国装备制造业从小到大，到赶超世界先进水平背后的艰辛历程。在充分阐释中国装备制造业创新成就的同时，展望了中国迈向高端制造的未来前景。

从微观上来看，中国出现了"新国货运动"。老干妈辣酱到纽约时装周走秀，青岛啤酒登上纽约时代广场，李宁、云南白药等纷纷亮相国际 T 台，华为、小米、传音手机等在欧美、南亚、非洲实力圈粉……如今，我们开始聚焦跨境电商，输出自己的品牌，甚至输出自己的文化，这个过程中中国制造不仅勤练内力，拥有了强大的生产能力，而且收获了与之呼应的消费群体，供需之间的良性互动，推动这艘巨轮乘风破浪。国货出海也象征着中国文化出海，标志中国企业走向了全球化背景下文化融合的竞技台。

从生产的"考古"上来看，阿木爷爷——生产非遗传统中国榫卯活的农村老木匠，在 YouTube 上展示的"神秘中国技术"让外国网友叹为观止，据媒体报道，"阿木爷爷"仅在 YouTube 上就已"圈粉"119 万，视频总观看量已超过 2 亿。浙江临安的"创手艺"竹编技艺海外传播，成为新时期中国生产考古变化的表征。这对于中国故事突破时空背景，变换叙事内容，传播中国智慧来说是一种全新的故事转向。

当下中国生产类故事的国际传播，反映了中国多样且丰富的生产能力，所表现和传达的中国制造形象是具体且全面的，这对于国家形象的赋魅和形塑上也是有助益的。

5. 中国生产类故事国际传播的逻辑和意义

根据历史唯物主义的观点，物质生产是人类社会存在和发展的基础，物质生产的成果表现为物质文明。中国生产类故事的国际传播讲述的故事内核乃是物质文明的抽象结晶即故事，其代表社会物质生产的高度。而精神生产一般指由专门分化出来的社会阶层在意识、思维领域中所进行的探索性、创造性的活动。它是人们凭借认识、思维器官和工具对精神生产的原料进行加工制造、形成观念形态产品的过程。而这些精神性的原料就来自于社会物质生产领域。精神生产的产品一般不具有物质性存在形式，但通过可感知的形式表现出来，如科学理论著作、文学艺术作品等。中国古代以瓷器、丝绸、茶叶为代表所进行的生产以及故事传播，同样适配这样一个逻辑，当代中国生产能力的飞跃，国际传播的大环境中流传着中国生产类的故事，这些不同类别具有深刻机理的生产故事的传播也能够促进中国现实生产的发展，这也论证了精神生产及其成果又对物质生产的发展起着促进作用。总的说来，物质生产决定精神生产，精神生产以相应的物质生产为基础，当下的社会生产力的发展源源不断地为精神性的故事生产提供了原料。

以茶叶、丝绸、瓷器为代表的中国古代生产故事，借助陆上丝绸之路和海上丝绸之路以及茶马古道串联起更大的地理、民族以及文化区域，其具备的传播属性、维度乃至意义都更大，在当今，中国行政话语和经济话语又重新将丝绸之路、茶马古道等纳入其中，可以窥见其传播和交往的世界意义。与此同时，中国古代生产故事传播所借助的通道，大多具有一种民间和地域乃至边缘的特征，无论是物质生产还是精神生产都更多地由底层乃至民间主导，其政治传播处于一种相对离散和零碎的状态。相比较而言，当下中国的生产类故事的传播更多涉及到的是事关国家发展战略的重大生产突破，其行政范式介入到生产故事国际传播的因子众多，这在某种程度上有削弱交往的意义和情感的功能，而偏向于传播一个国家的综合实力。但客观来看，21世纪海上和陆上丝绸之路计划的重新出现，以及中国生产涉及生活方面的故事传播以及生产"考古"型实践所衍生出的故事在国际上传播，这对于中国生产型故事海外远播，进而展现中国生产智慧都是一味良药。

法兰克福学派的马克思·韦伯提出一种工具理性，通过实践的途径确认工具和手段的有用性，从而追求事物的最大功效，为某种功利的实现服务。工具理性是通过精确计算功利的方法最有效达至目的的理性，是一种以工具崇拜和技术主义为生存目标的价值观，所以其又被称为"功效理性"或者说"效率理性"。纵观当代中国生产故事国际传播的实践，可以瞥见其故事内核所传递出的工具效用价值，在重视世界发生情感连接以及共识交往的当代意义中还有待提升，在借助生产类故事传播一种现代国家强盛的形象的同时，与价值理性世界观中所强调的关怀人性的世界联系起来。中国古代以茶叶、丝绸、瓷器为代表的交往活动，或许更能契合这一原则。值得注意的是，在当下中国故事传播的语境下，既不失工具的理性，又在传播中内嵌人文情感交流的价值，或许才能让中国生产类故事传播得更远。

（二）生活类故事

1. 生活类故事的内涵

生活也就是人的生存活动，生活广义上指人的各种活动，包括日常生活行动、学习、工作、休闲、社交、娱乐等职业生活、个人生活、家庭生活和社会生活以及玩味生活，是人类在生存的过程中发生各种活动的总和，生活包括人类在社会中与自己息息相关的日常活动和心理影射。实际上生活是比生存更高层面的一种状态，也是人生的一种乐观积极的态度，强调个体源于内心出发去经历和体验。而生活类故事所指代的是围绕人类这些日常活动所产生的包含经验、情节、场景的故事结构，它并不遵循严格意义上的故事体裁，讲求情节或者事件过程的跌宕起伏，而是具有相对简单的故事结构，传达出讲述主体的一种有关生活的态度、理念以及行为等偏向的故事类型。

2. 生活类故事的特征

首先，日常生活对于普通人来说是处于一种海德格尔所说的"在手"状态，即个体真实且自然地介入到生活之中，完全地融入到各自的日常生活情景之中，这与生产对个体来说存有一定的距离感和抽离感是不同的，因此生活对于个体心灵的投射是具有场景、情景以及情境的，这就表明由日常生活和经历归纳和总结而成的故事，具有场景化的特质，无论是故事的聆听者还是讲述主体都能够感受到故事发生的时空所处，或者能够通过个体的经历来接收到一种具有共通的意义或对于故事具有接近性的认识之感。其次，日常生活越来越被切割和打破的现实状况之下，也可以反映出生活实际上具有多样且多维的面向，这也造就了生活类故事的另一个特征即趣味夹杂着复杂，精微包裹着情感，展现不同的生活理念下个体的生存状态，这也是生活类故事最吸引人的原因。此外，生活类故事具有很强的地缘和区域属性，其故事传播的背后所反映和代表的是某个文化区域的文化基因和密码，具备十分鲜明的民族性和地缘性。最后，生活类故事的传播，实际上其已经成为一种意义"媒介"，即麦克卢汉所说的万物皆媒，其背后承载的是文化和价值①。

3. 中国生活类故事国际传播的表现

事实上，西方从来就有反科学技术的现实传统，各类伪科学和阴谋论在西方经久不衰，如美国的反智主义传统，其中涉及到对技术工具进行批判性思考的便是无反省的工具主义②。此外还可以从西方社会对达尔文进化论的接受度上来得以佐证，后现代主义极度警惕科学权威等等，都可以表明充斥在生活与社会当中的科学和技术以及标榜理性的范式在西方同样也会受到一定程度的质疑。实际上是说明了当下"上手"状态并非仅仅"在手"状态的生活对于个体的重要意义。贴近真实、贴近民间，剥离权力、政治、技术等因素对生活的侵占，才是个体所需。例如在中国传播场域之中，出现了一些外国人举办的我们所谓的"匪夷所思"甚至幼稚的趣味比赛，以及一些"真会玩"系列，如吃辣椒比赛、自制车比赛、背老婆比赛、滚奶酪赛跑等等。这些都在某种程度上可以看作是人们积极介入生活的一种纯粹状态，也从侧面反映出脱离理性和科学至上主义的生活方式给个体带来的欢愉和洒脱。对这种状态的追求并非某个地域或者国家的专属。

我们也不难发现一些东方格外推崇的重视个体体验，感触真实的生存在世状态，具有中国趣缘和地缘属性的生活类故事，以不同的音视画文本样式，以不同的讲述主体在国内国外出圈。这成为外国受众逃离当下现实的精神性寄托的同时，也通过视频的形式将内容中隐藏的中国价值文化立场向外输出。例如，YouTube 平台上的滇西小哥，作为中国博主中粉丝量排名第三的短视频自媒体创作者，其云南乡村生活系列短视频吸引了近五百万海外用

---

① ［加］马歇尔·麦克卢汉.理解媒介：论人的延伸［M］.何道宽，译.南京：译林出版社，2011.
② 许海云，贾秀涛.冷战后欧美反智主义思想及其实践探源［J］.武汉科技大学学报（哲学社会科学版），2020（04）.

户的关注。滇西小哥的创作者董梅华来自云南，其视频呈现的悠然平静、接地气的云南乡村生活吸引了许多国外网友关注。其短视频创作的类型主要涉及烹饪的美味厨房系列，介绍当地特产的四季调料，以及有关采摘等农业生产的乡村生活视频。其视频营造唯美淳朴的乡村意象、和谐亲密的中国式小家族、多民族融合的异质空间，整体打造出诉诸情感的传播方式以及生活化的传播内容^①，从而能够吸引出逃琐碎现实且对积极生活向往的国外受众。

　　此外，无论是国外传播场域的青睐，还是中国生活类故事自身的魅力，均俘获了一部分受众。中国生活类的故事具有典型东方生活智慧，无论是生活方式、生活情感还是生活态度等均具有民族特质。中国具备悠久的文明和历史，其对文化的形塑和涤荡是长久且深沉有力的，涉及到生活层面的尤其如此，其中或明或暗地携带的文化密码与民族智慧通过生活这个最为活泛且具体的实践展现出来，同时又通过跨文化传播，就比较容易吸引域外受众。例如反映中国生活方式和饮食文化的《舌尖上的中国》，讲述春耕、夏耘、秋收、冬藏，天人合一的东方哲学让中国饮食依时而变，智慧灵动，中医营养养生学说创造了食材运用的新天地，儒家人伦道德则把心意和家的味道端上中国人的餐桌。淘洗历史，糅合时光，一代又一代的中国人在天地间升起烟火，用至精至诚的心意烹制食物，一餐一食之间，中国人展示个性、确认归属，构建文明，理解和把握着世界的奥妙。中国饮食生长于传统文化的沃土，在宽广的时空中，以感恩之心去领悟食物给予我们珍贵的滋养，折射出典型的东方饮食文化。而《风味人间》通过全球视角审视中国美食的独特性，探求中国美食的流变，对中国人和食物的关系进行深度讨论。纪录片的内容不再仅仅讲述中国美食，而是把目光投射到了全球六大洲的二十几个国家和地区，进行中西方饮食文化的对比，具有较强国际传播力。

---

① 罗奕，张小姣. 短视频自媒体跨文化传播的可行路径探究——以 YouTube 滇西小哥短视频为例[J]. 传媒，2020（11）.

4.生活类故事国际传播的现实逻辑与价值

对科学技术和当下现实存在主宰生活的反思，才催生出国内国外传播场域中回归生活的现实考量。事实上，一方面科学技术的可能性越来越丰富，另一方面人在世界显现中所误认的人的中心地位，也导致了对技术控制性和支配性的意志的增强。技术性对世界的理解方式遮盖了其他的理解方式，诸如依靠直接感觉抵达的生活，科学和技术以及理性也许并不是理解世界和指导实践的唯一方式，生活或许应该成为一种调适的存在。此外，当下社会的现实转向，成为了德国社会学家贝克（Ulrich Beck）预言的"全球风险社会"的图景展现无遗，世界进入"乌卡时代"（VUCA 即流动性、不确定性、复杂性和模糊性）①。齐格蒙特·鲍曼所提出的液态社会，即互联网和全球化是个因果加速器，它加快了社会的流动性，我们所处的社会流速在加快，社会变迁的洪流摧毁了所有旧的人生轨迹和框架，社会会越来越趋向于液体，关系、纽带、人际间互有牵扯，但不再着重紧密扣紧，可以随时松绑。或多或少地介入到个体生活，都是需要对现实紧张且不自洽生活状态进行心理或者实践层面的调适，而生活类故事的国际传播或许能够成为一味良药。

中国生活类故事的国际传播在新媒体时代借助各种形式的新媒介形式，脱离传统意义上文本叙事方式，采用数字叙事模式，诸如短视频、纪录片、电影、电视剧等，以讲故事的形式，生成多重意义的媒介内容，均围绕一个核心议题——传播中国生活智慧，对外传播中国式的生活方式以及态度偏向，这对于展现中国价值观念和民族文化特性，进而塑造国家形象具有重要的价值。生活类故事天然具有易接近、便于认知比对的文化型模，因此更容易成为内嵌与携带文化因子的传播工具，在中国故事国际传播的当下，更应该引起重视。

---

① 史安斌，童桐."乌卡时代"战略传播的转型与升维［J］.对外传播，2020（06）.

二、想象型故事

想象是人类最为基本的思维方式，是人在头脑里对已储存的表象进行加工改造形成新形象的心理过程。它能突破时间和空间的束缚。想象这一思维方式无论是对个体来说还是对一个民族文化来说都具有重要的价值和意义，对个体具有重要的心理调节以及认知作用，对世界民族文化来说，想象建构起独特的象征体系和符号崇拜文化。综合起来看，想象这一思维方式对于个体来说是对国家、民族、社区的历史和文化的一种精神性的承继工具，无论是对于个体还是国家来说，想象都能够成为一种推知未来的思维工具。然而，想象所建构的内容或者想象所开启的砝码，都可以是故事，故事和想象相依相伴。在世界传播场域之中，依靠想象产生的故事，或者由故事引发的想象不可计数，其中内含的信仰、价值等文化模态，丰富且多维，始终是世界传播的内容"圭臬"。事实上，想象型的故事大致可以包含传统意义上的风物传说和神仙志怪，以及当代科学至上主义之下，产生的一些现代性科学幻想型故事。

（一）风物传说故事

1.风物传说类故事的内涵

风物传说类故事的内涵与神仙志怪是不同的。钟敬文在《民间文学概论》中把地方风物传说定义为叙说地方的山川古迹、花鸟虫鱼、节日风俗习惯或乡土特产的由来和命名。这类传说大多是解释或说明性的文学作品，它们反映了人们对家乡自然景观和人文事项的热爱。近年来，随着旅游经济和世界交往的开展，风物传说也越来越受到国内外的关注[①]。风物传说起源于西方，西方传说学研究起源于格林兄弟，他们在浪漫主义和德意志民族运动的大背景下搜集德意志的神话、传说和故事。中国的传说学研究也是脱胎于神

---

① 冀翔.泰山风物传说研究［D］.南宁：广西民族大学，2021：10.

话研究，20 世纪初，西方传说文本和相关研究，通过日本和欧洲两条线路进入中国。周作人、茅盾、黄石等相继介绍了西方的神话传说，鲁迅、周作人等学者逐步认识到传说作为独立体裁的特性，并展开了初步研究，奠定了中国传说学的基础，其中顾颉刚的孟姜女研究为中国传说研究构建了基本的研究范式。

2. 风物传说类故事的国际传播特征

处于不同地理区域的风物在当地历史文化的发展所处的不同时代之中，由该地文化居民不断进行的文化挪用，进而迭代或更新出的传说故事，都带有这个地理区域的文化特质，是这个区域的文化结晶。从传播主体来看，风物传说类故事的传播主体大多是中国主流媒体以及中国文化艺术展演团队在进行。从传播内容上来讲，围绕中国经典的风物故事以及节日习俗故事来进行传播，最为突出的代表就是中国四大民间传说故事以各种文学与艺术形式来进行展演。从传播的渠道来看，中国风物传说故事还通过旅游、中外文化交流等渠道来进行传播。从传播的媒介上来看，以传统媒体为代表，以往以电视媒介为突出代表，当下又结合新媒体，特别是视像媒介来进行传播。从传播的接收主体来说，中国风物传说类故事的文化意旨较为深厚，在国际传播之初，采用的是文化精英的传播路线，此后逐渐走向大众传播的局面。

3. 风物传说类故事国际传播的表现

以中国山川古迹为代表的风物传说，目前其传播的路径还是主要通过旅游传播的方式，即外国游客以具身的方式实地感知为主，但是随着传播科技以及中外文化交流活动的发展，例如长城、泰山、黄山等我国知名的风景名胜的由来传说故事，通过各种文化交往形式被域外受众所感知。近年来，通过世界旅游大会、世界旅游日、世界旅游合作与发展大会等各种级别、规模的旅游推介大会以及非遗大会，将中国著名的旅游城市、山川古迹等旅游景点的故事向世界讲述和传播，这成为中国风物故事国际传播的重要途径。

2019年6月20日,"游长城 爱长城——2019金山岭长城·全球旅行商推介活动"在承德市滦平县金山岭长城景区拉开帷幕。来自全球28个国家的旅行商代表共聚金山岭长城。近年来,长城旅游联盟成员单位共同研发、推出多样化的区域性长城旅游产品和线路,不断完善长城旅游产品体系,同时在各大洲联合开展以"美丽中国 古老长城"为主题的系列推广活动,讲述长城的故事内涵以及文化影响力,进一步把长城等中国旅游产品推向国际。2013年长达200集的电视纪实系列片《百山百川行》在央视中文国际频道(CCTV-4)《远方的家》栏目播出。纪录片拍摄的对象是包括台湾在内的中国所有名山大川的全景扫描,旨在书写一部最新华夏山川影像风土志。该纪录片将关注视线落在神州山川间的普通民众身上。记者深入行走,通过历史、地理、民俗、社会等多维视角,表达广大民众对故乡山川的眷恋,对和谐社会关系和传统文化的感情与守望,对未来生活的向往与创造,表达他们朴素、真实的生活愿景,其中对山川风物传说的描绘更是引发了海内外受众的关注。

此外,中国风物传说故事较多地集中在中国四大民间传说故事以及中国民俗节日的海外传播上。惠灵顿中国文化中心制造七夕话题"美出圈"。2021年七夕之夜,河南卫视再次"惊艳众生",推出《七夕奇妙游》晚会:金刚和飞天神女共舞的《龙门金刚》、展现七夕七巧习俗的《给女孩》、充满大漠豪情的《破阵乐》、融合经典爱情戏剧的《爱》……将七夕传说、龙门石窟文化、石雕艺术、中国戏曲文化、敦煌乐舞融于一体,既好看好玩,又极具文化内涵。在中国文化和旅游部国际交流与合作局、中外文化交流中心、河南省文化和旅游厅、河南广播电视台支持下,惠灵顿中国文化中心通过Facebook、微信、YouTube等平台向新西兰网友分享《龙门金刚》等精彩节目,一同感受中国七夕独有的文化意趣。中国七夕民俗节日不仅仅以独特的姿态活跃在国际文化传播场域,同时亚洲一些国家同样受到七夕文化的影响,产生了独特的七夕文化。日本演绎出了独具特色的七夕庆祝方式,其中仙台七夕祭、湘南平冢七夕祭和清水七夕祭闻名一方,人们身穿传统服装载歌载舞，"短册"飘飘，街头巷尾挤满观看和游玩的大人、孩子。时至今日，各地仍有大大小小的七夕祭配套活动，还有每年夏季的烟花大会。可以说，七夕在日本已成为一个许愿日。除了各地特别的风俗习惯外，日本的七夕还有个共同的习俗——把写着愿望的纸条挂在竹枝上。比如，商店卖夏季服饰的地方、超市结算的地方会放置竹子，方便人们许愿。此外，在长野县松本、新潟、山梨等地区，一到七夕，各家各户会制作人偶挂在门前，寓意希望"能缝制出越来越漂亮的和服""能够将孩子顺利抚养成人"。

除了讲述"牛郎织女"的七夕故事之外，由北京舞蹈学院中国古典舞系创作排演的舞剧《梁山伯与祝英台》也亮相国家大剧院第十二届"春华秋实"展演周。2019年8月到9月，舞剧《梁祝》被带到美国拉斯维加斯、旧金山、洛杉矶和西雅图四座城市完成了美国四城的交流巡演，为让外国观众更好地理解，舞剧英文名称翻译为《Butterfly Lovers》。充满中国元素的故事和肢体语言以及现代表现手法的精彩演绎，引起了海外观众及华人侨胞的共鸣。该剧取材于家喻户晓的中国民间经典爱情故事"梁祝"，以中国古典舞语汇构建作品内容，以意境化的方式、现代化的手法和简约的舞台视觉呈现，传达中国古典舞蹈的魅力和东方文学艺术的独特意蕴。2016年《大鱼海棠》成为中国传说故事国际传播的集大成者。该片讲述了掌管海棠花生长的少女"椿"为报恩而努力复活人类男孩"鲲"的灵魂，并在本是天神的少年"湫"的帮助下与彼此纠缠的命运斗争的故事。影片取材于《庄子·逍遥游》《山海经》《搜神记》等古书，融合了"女娲补天"等中国上古元素，凭借出色的影片表现力斩获了第15届布达佩斯国际动画电影节最佳动画长片奖。

中国风物传说故事正越来越多地走向海外文化传播场域，尤其是以节日以及民间传说故事为代表，这些故事的传播成为中国文化积淀以及文明古国的重要佐证。在新媒体时代以及国际传播的新形势下，风物传说类故事或多或少地以文化元素的存在形式不断为中国文化出海赋力。

4. 风物传说类故事国际传播的逻辑和意义

无论是山川风物故事还是节日民俗与中国经典的民间故事，都带有较为厚重的中国文化底蕴，产生于中国民间社会，其原始古早的历史记忆，成为地方文化与区域文化的重要结晶，在国际传播的今天，同质性的文化元素已经充斥着人们的视野，当下，愈是来自区域与民间乃至边缘社区的文化，愈能够引发国际传播的关注。因为人们很难不受猎奇心理的支配。猎奇心理是国际传播中受众心理的重要特征，即要求获得有关新奇事物或新奇现象的心理状态。但人的耳目受时空限制，所见所闻有限。他们期望借助于大众传播媒介满足自己的需要。有丰富风物传说和神仙志怪传说背景的西方文化国家，同样对其他文化体中的与自身密切相关的文化抱有靠近和了解的心理。除了有比较意图之外，这也是一种文化安全感的建立。

中国风物传说故事的国际传播经历了两个阶段。第一阶段是民间故事因传统中华文化圈的广泛影响在亚洲各国传播，第二阶段是随着东西方交流日益密切在全球范围的传播。无论在哪个阶段，这些故事之所以在海外产生较大影响，是由于故事本身的主题和内容反映了中国人民杰出的想象力和非凡的创造力，既传递了中国人的民族信仰、道德价值与文化认同，又符合全人类共同价值。同时，越来越多的中国民间故事和传说，脱离西方话语体系与形式来进行中国式的讲述和演绎，这对于建构中国文化自觉、文化自信、文化认同来说，具有重要的价值与意义。

（二）神仙志怪故事

1. 神仙志怪类故事的内涵

神话是人类在远古时期所创造的反映自然现象和社会生活的高度幻想性故事。或者说，神话是以原始思维为基础的关于神的行为的故事[①]。可以分为创世神话、神佛神话、英雄神话等，表现远古人类对自然力的斗争和对理想

[①] 黄涛. 中国民间文学概论［M］. 北京：中国人民大学出版社，2019：135.

的追求，是一种精神寄托、人类的向往和宗教的文化展现。"神话"（myth）一词，在西方最早来自希腊语的 mythos 一词，其含义是与传奇、故事、寓言混同的。而"神话"一词在《现代汉语词典》中被释义为"关于神仙或神化的古代英雄的故事，是古代人民对自然现象和社会生活的一种天真的解释和美丽的向往"①，神话故事可以说是文学的先河，神话故事产生于远古时代生产力水平较低的时期，是人类在当时认识自然、支配自然的积极要求。而志怪的含义可以理解为，"志"是记录、记述与书写之意，而"怪"，则指灵异奇怪之事件或者事物，志怪合起来则指代记述怪异之事，属于古典小说的一类，志怪小说故事以记述神异鬼怪故事传说为主体内容，产生和流行于中国魏晋南北朝时期。神仙志怪类故事具有悠久的历史，其具有的魔幻、惊奇的魅力成为中国故事国际传播最为独特的内容之一。

2. 神仙志怪类故事的传播特征

从神仙志怪故事的本质上来看，就其产生的原动力和实质而言，无论是国内还是国外的神话故事，它们的产生源自于人类早期朴素的改造自然的愿望，神话故事内容是对当时生存的环境以及原始社会的一种变形反映。这种反映是缺乏科学知识情况下的表现，通过个体的幻想来对周遭环境和各种变化进行解释②。

众所周知，神话志怪类故事从数量上来说是十分丰富的，但从内容上看，往往较为短小，可以用简单的逻辑抽象就能加以概括，往往神话类故事不同于小说等其他文学体裁，具备起伏跌宕的故事情节，中国神话志怪类故事中对神的事迹记载较少，故事的故事性不强，以简单的情节便能完成对神这一形象的高度凝练化的塑造。无论是国际还是国内传播，神话故事的内涵和外延的意义以及流传的文本内容都在逐步缩减，常常以简洁的叙事模式就能表明神话的所指。国际传播中，神话志怪故事具有地理和区域的特征，同

---

① 中国社会科学院语言研究所词典编辑室. 现代汉语词典［M］. 北京：商务印书馆，2005：1212.
② 黄涛. 中国民间文学概论［M］. 北京：中国人民大学出版社，2019：147.

时还具有民族性。当下的情况仍然是西方神话故事的传播更甚。从国际传播的内容上来看，神话故事往往需要经过文本的再加工与艺术的再创造，才能抵达传播场域。从传播的媒介来看，神话故事的传播经历了译介到媒介的转变，当下的神话故事传播更多的是依靠视像媒介的形式。

3. 神仙志怪类故事国际传播的表现

事实上，在神仙志怪故事的传播场域之中，中国受众始终能够瞥见外国神话故事在场传播的状态，如发源于爱琴海克里特岛的希腊神话故事，以自然崇拜和偶像崇拜为主要内容，例如奥林匹斯神山的十二主神系列的神话故事；此外还有北欧神话故事的流传，起源于斯堪的纳维亚半岛，北欧神话主要是对恶劣自然环境的反映，其神话中的神有着世界最强的反抗斗争意志，其神话中的狂暴战士和英雄，明知自己将要死于世界末日，但依旧奋战到底；还有诞生于罗马统治时期的凯尔特神话，在凯尔特神话中英勇的国王将成为神，亚瑟王传说是最著名的凯尔特神话，除了圆桌武士的故事外，还围绕着亚瑟王的一口大锅衍生出圣杯故事等等。

在西方神话故事大举进入中国故事传播场域的同时，近年来一些中国本土的神仙志怪类故事也逐渐走向海外，传播东方中国神秘魅力。2015 年，以《西游记》中最为典型的神仙形象——孙悟空，所拍摄的电影《大圣归来》热映，斩获 9.56 亿票房，一举拿下当年中国动画电影冠军。《人民日报》评论认为该片为中国动画电影十年来少有的现象级作品。影片讲述了五行山下寂寞沉潜五百年的孙悟空在冒险之旅中找回初心完成自我救赎，是一个典型的英雄故事。"猴子大圣"代表着"抵抗、向往自由和个人英雄主义"。同时，他也可以被解读为穷人和受压迫者的象征。在延续英雄神话叙事的同时，影片脱离了惯常的英雄塑造模式，受众从悟空的身上，不光能看到他忠信礼义的高尚，同时也能看到他的坚韧、顽强和不屈的精神意志，还能看到他狂野、泼辣和调皮的人性化一面，在人物形象塑造上是全面完整的。此外，《大圣归来》所携带的中国文化因子，也成为该片的亮点，在讲述中国式的神话英雄的同时，也将中华文化向外传播，例如其中的京剧鼓点、唢呐配乐、皮影和戏剧的融入，河边混战群妖时的配乐《筝锋》以及《回将令》的应用，老生和小生混唱的《祭天化颜歌》等都带着浓厚的中华文化印记，这些非遗文化的传播也唤醒了国外一部分受众对《西游记》较早的阅听记忆，这是其成功吸纳迪士尼真人版动画电影掀起的情怀风暴的结果。

此外，2020 年 1 月 31 日在北美上映的奇幻型喜剧动画电影《哪吒之魔童降世》，也成为近年来中国神仙志怪类故事海外传播的典型案例。该影片改编自中国神话故事，讲述了哪吒虽"生而为魔"却"逆天而行斗到底"的故事。《哪吒之魔童降世》推动了中国古典神话的动态演化。哪吒是一直以来广为人知的中国神话中的经典形象，《西游记》《哪吒闹海》《封神演义》中的哪吒均为扁平人物，彰显其某一性格品质。而《哪吒之魔童降世》中的哪吒生下来被贴上魔童标签，他生性顽劣恶名在外；但另一方面又内心柔软，渴望真情，危难时挺身而出。不同于以往影片着重刻画哪吒神性的一面，新影片塑造更侧重哪吒的多元人性，这是其赢得海内外受众最为重要的价值点，赋予了中国故事典型的世界价值共性。影片中有诸多中国文化符号，如卷轴画、鼎、拂尘、毛笔、太极图等。深深扎根于中国文化，亦儒亦道亦禅的智慧让影片主题上升到新高度，成为中国神话故事出海的佳作。

中国神话故事在海外传播，实际上还有众多的类别和版本，例如通过译介传播的神话志怪故事文本《山海经》《聊斋志异》等，这些神仙志怪故事向外传播，进而获得良好的传播效果，原因在于虽脱胎于原始文本，但进行了内嵌世界公认的价值理念的改造，采用当代流行审美的艺术创制，赋予神仙志怪事故以当代价值。

4. 神仙志怪类故事国际传播的意义和价值

当前中国神仙志怪故事的海外传播还处于一个发展缓慢的阶段，出现的这些现象级传播事件，虽然不能代表整体传播的水平，但其背后所携带的中国文化基因、中国道德价值认知、中国传统文化等因子众多，讲述的神仙志怪故事已然成为一种工具，其搭载的中国精神内核，反映世界的价值公理，才是真正的文化密码。这对反映新时代中国价值立场和塑造中国整体形象来说都具有重要的意义。

在当今的传播场域中，神话志怪故事已经脱离了基于文本意义上完全的神话文学叙事，在新媒体、电影、游戏、旅游、文艺作品、音乐、互联网等领域来说，在许多场域都可见西方神话元素的存在。神话故事已经被挪用成为一个因素或者一个符号，已经从 20 世纪 70 年代苏联文艺界所说的"神话主义"发展成为"新神话主义"，概言之，可以说一切"神话主义"都是当下的，是发展着的"神话主义"，神话在不同时代中不断地重述构成了永恒的历史主题。西方神话故事在政治、经济、文化等不同领域中的重述成为全球性的文化现象，这对中国神话故事国际传播的今天来说，对我们重新考量和改制中国神仙志怪类故事出海的路径和方式，都是重要的借鉴和参考。

神话是一种文化传统中世代相传的真理、智慧和历史记忆，是一种文化传统理解宇宙、历史和命运的根本依据和意义源泉，是一种文明的精神核心和宏大叙事。神话在不同时期的文化场域、社会舞台乃至历史进程中实际上都从未缺场过，它或隐或显地扮演着自己的社会角色，从中折射出不同的时代话语对神话的深层影响，而神话对这些不同时代话语主动或被动地作出了文化调适，彰显出其不可替代的文化与社会功能。随着人类社会及科技水平不断发展，古典神话与现代神话不但不会消失，而且还会在不同的时代际遇下在不断地被挪用与重述中得以创造性转化与创新性发展，这正是中国神话故事出海的重要的手段和契机。

（三）科幻故事

1.科幻故事的内涵

科幻故事主要指以科学知识为题材，并发挥幻想，内容一般为虚幻的科学知识。科幻故事的类别是以科幻小说和科幻电影为主，采用文本和视像的传播媒介方式来进行科幻叙事。科幻电影使用科幻元素，在现代科学理论发展的基础上，展现电影的叙事。科幻片不同于魔幻以及灵异影片，有科学理性的支持，从现存和已证的科学原理与成就出发，对未来世界作情景式的描述。科幻片从诞生之初便与科幻小说缔结了不解之缘，科幻小说又可以称为科学虚构小说，起源于近代西方的一种文学体裁，是小说类别之一。用幻想的形式，表现人类在未来世界的物质精神文化生活和科学技术远景，其内容交织着科学事实和预见、想象，通常将"科学""幻想"和"小说"视为其三要素，是随着近代科学技术的蓬勃发展而产生的一种文学样式。因此，科幻故事主要以文学和电影的形式为表征，其正成为近年来中国故事出海的重要内容之一。

2. 科幻故事的特征

无论是科幻小说还是以小说为原型所摄制的科幻电影，从叙事角度来看都具有相似的特质。其一是以科学上的幻想性情景为背景，使用可能的未来元素为主要叙事元素的科幻电影，在其以科学理性为技术建构起来的故事时空之内，逻辑严格自洽，追求一个内部真实性统一连贯而不矛盾的虚幻世界。其二科幻叙事具备的叙事时空是多维的，常常打破传统叙事的线性模式。在叙事视角的安排上也是多变的，常常是散点的一种模态。其三科幻电影或小说人物塑造比较简单，一部分经典大片大多希望观众将注意力集中于特效和情节上，因此其人物塑造相比于其他类型片来说是较为简单的。其四其"引爆点"为科幻因素，例如时空的错位、未知文明的入侵等等，它破坏原有的平衡关系，迫使主人公做出反应。和其他电影以及小说一样，科幻故事中制造的冲突也包括内心冲突、人际冲突、社会冲突和更大的环境冲突这几个层面。其五科幻故事推崇的仍然是生存至上、献身正义等这样传统而永恒的价值，但不同国家生产的科幻故事所传播的价值命题，是具有差异性的。

3. 科幻故事国际传播的表现

事实上，科幻故事起源于西方，1926 年，出现"科幻电影"一词，时至今日，好莱坞电影工业的发展，已经成为科幻片的代名词。西方的科幻片在发展的过程中逐步形成了以强烈的反科学主义底色、殖民精神，以及生产力和生产关系的错位——高度智能化的未来社会往往采用高度等级制和封建制的社会制度的特征①。科幻故事受到世界传播场域的青睐，例如《阿凡达》《星际穿越》《黑客帝国》等都成为热门之作。在以小说为文学载体形式的科幻故事之中，美国著名科幻作家罗伯特·里德的《星髓》、英国科幻作家阿瑟·克拉克的《童年的终结》等科幻文学作品的问世，逐渐建构起西方世界独特的科幻故事信仰体系。

近年来，从西方舶来的科幻文化，以电影科幻片为主要形式在中国传播，在其故事传播背后，实际上内嵌的却是一套西方社会认同的价值观念。鉴于此，随着中国文化国际传播的发展，中国故事对外传播的现状，以及中国在世界传播场域要构建话语体系等要求之下，中国电影行业的科幻意识逐渐觉醒。伴随着中国科学实力和电影工业制作技术的进步，中国也逐渐向海外传播科幻故事。

2019年上映的《流浪地球》，故事改编自刘慈欣同名小说，讲述了太阳即将毁灭，不适合人类生存，而面对绝境，人类开启"流浪地球"计划，试图带着地球一起逃离太阳系，寻找人类新家园的故事。该片突出了中国文化视角下的科幻世界观。即不同于西方科幻电影对英雄主义、个人主义的极致推崇，中国的科幻电影以《流浪地球》为例，实际上更加体现了人类需要共同努力去改变自己的命运的精神内核，在叙事上也突破了好莱坞科幻电影的套路。与美国式的逃离地球不同，中国科幻更加注重与地球同在同流浪。人物形象和人物之间的情感做了更立体、更具观看性的改编，在家国情怀和人类共同命运的宏大主题下，人物的情感与抉择是更为打动观众的核心，个体情感也为故事发展提供了合理性人伦情感纽带，成为许多科幻电影的主线叙事

---

① 薛精华，邹贞．中国故事、中国想象与技术美学表达——"中国科幻电影如何讲好'中国故事'"学术研讨综述［J］．当代电影，2022（07）．

方式 ①。这导致了中国的科幻电影、科幻文化具有很强的中国特色。

此外，近年来以小说为文学体裁的科幻文化在讲述中国故事方面，也成为具有代表性的传播事件。刘慈欣创作的系列长篇科幻小说《三体》，是亚洲首部获得有科幻界诺贝尔奖之称的"雨果奖"的科幻作品。该作品讲述了人类文明和三体文明的信息交流、生死搏杀及两个文明在宇宙中的兴衰历程。《三体》拥有广阔博大的时空视野与典型东方叙事的宏大驳杂主题，向受众展现了地球文明"危机与机遇共存，末日与未来同在"的永恒时代话题，尽管其过程是充满曲折与悲壮的，然而其结果却是洋溢光明与希望的。《三体》除了对科幻描写的严谨及超凡想象外，也充分表现了作者高超的技术视野、历史水平和文学功底。《三体》系列已被翻译成多种语言并畅销全球，将中国科幻文化及文学充分展现在世界舞台上，将中国科幻小说提升到了世界级的水平，在中国科幻小说历史中有着划时代的意义及崇高的地位，是推动中国科学文学及科幻小说发展极其重要的里程碑。

无论是以影视媒介形式讲述的中国科幻故事，还是以文学形式深刻观照的中国科幻文化，除了在科幻意识和科幻理性文化的内嵌上具有世界共通意义之外，还有在以电影和文学形式包裹起来的中国式科幻故事背后的中式价值观念和道德内涵，以责任担当和人类命运共同体为核心的价值偏向等，才构成了中国科幻文化独特的魅力，具有典型的世界意义。

4.科幻故事国际传播的行动逻辑和价值偏向

中国传播场域中，流行着外国主导的科幻故事系列，这实际上是一种文化的帝国主义现象。美国著名传播学者席勒在搜集了大量证据之后率先提出了"文化帝国主义"。他指出：文化帝国主义就是"在某个社会步入现代世界系统过程中，在外部压力的作用下被迫接受该世界系统中的核心势力的价值，并使社会制度与这个世界系统相适应的过程"。这里的外部压力指的是西

---

① 徐梦娜.中国文化视角下的科幻世界观——电影《流浪地球》的故事与情感[J].电影新作，2022(02).

方发达国家特别是美国的信息和文化产品单向汹涌而入的状况。发展中国家在传播影响力上不如发达国家，而发达国家又掌握着世界上大部分的传播资源，因此他们的价值观及行为方式会通过出口的电影、音乐和其他媒介产品对发展中国家产生潜在的影响，这样更加有利于维护发达国家尤其是美国的国际地位。文化帝国主义主要强调的是西方发达国家与发展中国家之间的文化观念、文化产品等方面的影响输出①。这种现象不仅仅是对中国电影工业的冲击，实际上是一种文化价值观念的新殖民主义，这种行为倒逼中国采取积极的应对态度和措施。

　　从实际上来说，无论是外国的科幻文化还是中国本土的科幻故事，均内置着一套价值型模。以西方的科幻电影来说，其核心的叙事议题，围绕着个人英雄主义、星际殖民主义的色彩，强调个体在面对外部巨大冲击之时，所具有的超凡的应对处理能力，这也反映出西方长时间以来推崇的极致个人主义以及迷信英雄的理念具有重要关联。中国科幻电影与之价值模式有着较大的偏向，《流浪地球》传达出的中国在应对危难时的群体或集体行动意识，与西方青睐的于危难时逃离式的星球殖民主义意识不同，中国则注重有责任担当思维的留守和同在的理念。这与中国当下行政话语所强调的人类命运共同体意义不谋而合，这对于展现中国国家形象具有重要的价值与意义。

三、情感型故事

　　情感是人类最为基本的心理体验之一，它与情绪不同，虽然情绪和情感都是人对客观事物所持的态度体验，但情绪更加偏向个人，情绪是个体基本需求之于欲望态度上的一种直接性感受，而情感是态度的一部分，它与个体的内在感受与体验、意向具有联动性，是态度长期以来的一种较为复杂且稳定的生理评价和体验。情感包括道德感和价值感两个方面，具体表现为爱

---

① ［美］席勒.大众传播与美利坚帝国［M］.刘晓红，译.上海：上海译文出版社，2006：73-104.

情、幸福、仇恨、厌恶、美感等等。除此之外，情感更加强调的是其社会需求欲望上的态度体验[①]。而无论是围绕社会意义上的道德，还是个体内心的价值偏向，情感在这两个尺度上的故事性都极强。中国故事国际传播中的情感型故事主要涉及的是，围绕人伦道德、人伦情感为主要故事内核，以及个体的喜怒哀乐、爱恨情仇为主要话题节点，讲述具有东方特质的情感型故事，传达中国人基本的情感价值立场和情感情绪偏向。可以说，情感型故事的国际传播成为东西方价值立场最具有故事性和张力性的传播内容之一，在中国故事国际传播大背景下，重视情感传播才会让中国故事背后所承载的中国情感价值立场抵达与传递到国外受众之中。

（一）人伦情感故事

1.人伦情感故事的内涵

人伦在中国古代指人和人之间的关系，是在长幼尊卑关系模式之下的行为示范。如中国古代所讲求三纲五常的"君为臣纲，父为子纲，夫为妻纲""仁、义、礼、智、信"。这是古代人伦情感在社会和家庭道德层面最为重要的表征，《汉书·东方朔传》提到："上不变天性，下不夺人伦。"可以瞥见其重要的存在意义。随着时代的发展，历经各种思潮和运动，这些儒家人伦道德传统在当下，也逐渐得以演化，具备了适应现代社会、家庭、职业、个人关系的新面貌，即社会公德、职业道德、家庭美德、个人品德。这些当代中国基本的人伦道德价值，成为社会主流认可并接受的道德原则和标准，围绕这些人伦情感规范，个体、社会、家庭在时代大潮的涤荡之下，所生发的当代中国情感故事，在跨文化传播的背景下，成为中国故事出海最为重要的类型之一。

2.人伦情感故事的叙事学特征

近年来，中国人伦情感型故事传播所借助的媒介形式，主要以影视媒介

---

① 林崇德.心理学大辞典［M］.北京：教育出版社，2003.

为主，这些媒介中所传播的中国人伦情感故事主要以电视剧和短视频的形式来实现，其伦理叙事折射出典型的中国式伦理价值观念。首先以电视剧和短视频形式的中国人伦情感叙事，在主题设置上，以家庭内部成员的关系和家庭故事为叙事核心，主要的表现主题是呼唤传统道德观念的回归、展示传统伦理与现代道德的冲突与对接。其次在人物塑造上，真真切切地呈现出普通大众的生活状态，社会上平凡普通的人成为电视剧中塑造的对象，从形而下的生活细节里，挖掘形而上的人生意蕴和人类情感，通过小人物触动受众柔软的心和善良的性格，折射中国人伦道德情感的原则和标准。而在情节建构上十分讲究情节的曲折多变。中国人伦情感叙事也是沿袭了这种叙事传统，讲究戏剧冲突，重视故事情节的跌宕起伏，其情节冲突在于家庭内部成员之间的矛盾摩擦，除了鸡毛蒜皮的一些琐碎之事外，还有物质利益带来的矛盾①。

　　3. 人伦情感故事国际传播的现实表现与情感偏向

　　中国人伦情感与西方相比在差异性中实为最显著的领域。事实上，中西方伦理道德思想的差异主要受制于地理环境、社会环境以及文化环境，这就造成一些伦理道德认知的殊异，例如中国伦理以家族为本位，西方伦理以个人为本位，因此中国的"孝文化"与"家文化"成为情感型故事在国际传播场域之中重点讲述的方面。在价值取向上也表现出不同，中国重视道德价值，道德成为自我规约的重要尺度；西方重视功利价值，重视对自然、生产以及科学的探究。性格心理不同，中国道德重和谐，偏保守；西方道德重竞争，偏进取。此外在伦理道德的内容和形式上也不同：中国重内容，属伦理型文化；英国重形式，属科学型文化②。这些都是中西方在伦理道德层面的差异性结论。近年来，中国的这些伦理道德范式，借助视频媒介的形式，得以远播出海，成为展现中国人情感道德认知和判断的重要内容。

---

① 邵燕. 中国家庭伦理电视剧研究［D］. 济南：山东师范大学，2009：11-14.
② 马永辉. 中英伦理道德思想之比较［J］. 学术交流，2009（04）.

2014 年中国电视剧《媳妇的美好时代》在非洲热播，选用非洲当地最具号召力的巨星进行本土化配音，以新形式大大降低了文化折扣，在坦桑尼亚、肯尼亚等非洲国家刮起了一股"媳妇热"。《媳妇的美好时代》是一部反映现代家庭生活的都市情感喜剧，它通过对家庭日常生活中常遇到的婆媳、姑嫂与夫妻关系，以及男人在家庭与婚外恋之间的取舍、父母在对待各自儿女的教育等问题上的演绎，从而生动且形象地折射出中国现代都市生活的众生相，并以轻松幽默的方式生动地呈现中国年青一代的家庭观和生活观①。2021 年，我国向乌拉圭捐赠西班牙语译制版的影视剧《温州一家人》。这部剧讲述了浙江温州一户普通人家的生活经历，其贯穿中国改革开放的辉煌历程。《温州一家人》以一户普通人家的原生态纪实，与中国改革开放期间社会转型变化的大历史交汇同构，呈现一代创业者的智慧、意志和情怀。因此，《温州一家人》的译制版就承担着向世界人民讲述中国在短短几十年内崛起的故事的责任，改变外国人对中国人的刻板印象，理解中国人的勤劳和智慧。

电视剧《都挺好》探讨了关于家庭关系的永恒话题，传递家和万事兴的中国式智慧，塑造了令人难忘的经典角色形象，获得海外观众的喜爱。在"一带一路"沿线国家电视台播出，其传达的积极乐观的生活态度，为全球发展提振信心。现代都市剧《都挺好》，讲述了苏家三兄妹在母亲去世后，围绕父亲的赡养问题产生摩擦与沟通，最终实现亲情回归的故事。该剧以其关注原生家庭、养老、自我成长等贴近普通民众生活的议题，引发了不同年龄段观众的共情，话题度和影响力不断"破圈"，实现了口碑与收视的双丰收。该剧发行到欧洲、韩国、新加坡、哈萨克斯坦、马来西亚、文莱、蒙古国等众多国家和地区，并通过 YouTube 等新媒体平台实现广泛的国际传播。全球观众借助《都挺好》这面"镜子"观照自身，引发了热烈讨论。

以电视剧的形式，传播中国家庭、个体、社会之间的伦理道德观念的碰

---

① 李法宝 . 论《媳妇的美好时代》在非洲的传播 [J] . 现代视听，2015（01）.

撞，成为近年来中国伦理情感故事国际传播的重要内容之一，这些传播内容讲述的核心议题围绕中国式的"家文化"以及"孝文化"，成为展现中国式人际关系、家庭关系、社会关系的重要路径。

4.人伦情感故事国际传播的叙事逻辑和意义

中国式的伦理叙事最为直接的特征是道德伦理故事和家庭、社会、人际关系的三者互动。在本质上是通过艺术化的加工手段为个体提供来自于现世生活的范例支持。通过这种相对具体的叙事描述为社会所倡导的道德准则与伦理示范提供一种经验上的论证。伦理叙事有机地融合了感性和理性、经验与理论、具体与抽象，因此，它始终是人类德育文明中经久不衰的实践经验和思想传统，具有重要的德育价值。伦理叙事能够激发受众的情感共鸣，就是捕捉了人类道德伦理经验的故事性特征，通过他人对自身道德状态和生命经历的感知与渲染，在故事叙述以及倾听的过程中，我们对他人的理解、对世界的认识达到相近的情感认知状态，实现价值的传递与情感的共振[1]。中国式的伦理情感叙事，借助电视剧的形式进行国际传播，实际上不仅仅促进中国特有的伦理情感的基本经验得以保持，同时还使得中华民族文化的多元性基于共存的包容与交流，使得伦理情感得以不断与外界交流、碰撞和探索，并补充着适应当代个体、家庭、社会所需要的新型且新鲜有效的关系。

此外，中国伦理叙事的对外传播实际上是应对国际传播中西方伦理价值观念入侵中国传统经典伦理场域的策略，目前面对西方价值理念的无障碍式输入，例如西方影视剧所传播的极致个人主义等思想，以及韩国和日本影视剧中的"阴柔"文化，这在某种程度上是对中国伦理价值信仰体系的一种冲击，在中国社会层面上，屡屡出现违背普适伦理价值认知的事件，甚至有些论调还在附庸高谈西方伦理价值，这些现象成为削弱中国社会主流认知的亚文化群落，都是不得不进行反制的领域。以中国影视剧的形式，传播东方伦

---

① 林楠，吴佩婷.伦理叙事激发情感共鸣的机理探究［J］.道德与文明，2019（01）.

理理念，形塑国际社会对中华民族形象以及中国个体秉性的准确认知，都具有重要价值和意义。

（二）人的情绪的故事

1. 个体情绪故事的内涵

众所周知，情绪是更加偏向于个体的切身感受和态度的，是个体对客观事物的心理态度以及其根据他人行为所做出的行为反应[①]，情绪反映在个体的生理上，主要表现为喜怒哀乐等。

关于个体情绪的故事主要是指围绕客观事物的发生和发展，造成个体对其产生的主观态度评价以及行为反应，这实际上主要围绕个体的性格气质特征以及脾气秉性，产生的个体态度、意见以及认知偏向型的情节故事。之所以要强调情绪型故事，是因为在中国故事国际传播的背景之下，无论是政治传播还是文化传播都比较强调和重视情感的传播，基于情感出发的政治与文化传播，更能够让国外受众产生情感共振，进而接受或不至于抵抗传播主体所传播的价值理念。而情感的生发主要又与情绪产生生理逻辑上的关联，情感是在多次情绪体验的基础上形成的，并通过情绪表现出来；反过来，情绪的表现和变化又受已形成的情感的制约。中国故事国际传播夹杂着复杂精微的情感和情绪，基于这些情绪和情感而产生的故事成为传播和展现国人性格气质、修养修为以及民族气节的重要方面。

2. 个体情绪故事本质与特征

传播活动主体思维采用情感和情绪逻辑的结构和指向方式，通过情感主体活动影响传播受体，以情感为基础和传播纽带力求达到传播活动的目的和需求。情绪型故事传播的本质就在于此。反映个体或群体情感或者情绪的故事在海外传播，首先这类故事具有接近性，对于接触这类故事的受众来说，由于情绪或情感，诸如爱恨情仇是人类共有的情绪态度成分，受众在感知这些

---

① 林崇德.心理学大辞典［M］.北京：教育出版社，2003.

故事所传递出来的情绪或情感时，具有较强的身体感性，相对容易受到故事的感染和打动。其次，情感或者情绪的故事传播就是通过情感的渠道，把人类共通的情感注入媒介内容之中，使受众在情感的体验、想象、享受中自觉地接受故事叙述，从根本上与其建立一种持续的、长久的情感关系。中国故事国际传播所搭载的个体积极情绪和情感具有具身性、非意识性、自治性与能动性。情感传播在国际传播环境下，最具有接近性、互动性，是抵达人心最柔软的一种手段。在中国故事国际传播的语境下，情感传播不仅仅局限在基于人的情绪和情感的故事之中，更成为国际传播叙事中的一种基本手段和方式，其他一切的传播，必然要搭载中国特有的积极的情绪和情感，这才有中国特质，并且才能显示国人品性和价值立场。

3. 个体情绪故事国际传播的现实表现

简单来说，关于情绪和情感型故事的国际传播，实际上就是向外传播中国人的喜怒哀乐以及爱恨情仇的故事，以此展现国人新气质，因为气质事关形象，国民形象即国家形象。在国际传播场域之中，公共外交的现实状况之下，个体的形象气质以及情绪情感在国际交往中被展现出来，其背后所代表和折射的是中国整体形象。因此，故事讲述的主体虽小，但其背后所传递的关于国家形象的影响和评价却意义重大。

历史上，外国人就对中国人的情感情绪和气质展开过书写，美国传教士阿瑟·史密斯（中文名：明恩溥）于 1890 年出版的《中国人的气质》和清末怪杰辜鸿铭 1915 年出版的《中国人的精神》最具代表性。前者是近代历史上国外研究中国国民性格、对"中国人"持消极否定观点的代表作；后者则是中国人在近代最早对外宣传中国国民性格、对"中国人"持偏激肯定态度的代表作①。此外还有美国作家阿瑟·史密斯所著的《中国人的性情》一书，总结了中国人性格的二十六个方面，其描述反映了一个时代中国人的概貌，揭

---

① 冯乐苑. 民族中心主义视域下不一样的"中国人"——《中国人的气质》与《中国人的精神》之比较［J］. 四川文理学院学报，2016（01）.

示中国国民性与晚清政体同现代化之间的深刻矛盾。总体上来说，这些对于中国人情绪和秉性的描写都有站在民族中心主义的立场之上，但也能传达出部分真实。

早年，英国喜剧《憨豆先生》在中国传播，不仅向世界传递了英式幽默的气质，更是利用憨豆先生的愚钝和傻气，从侧面折射了英国中产阶级温婉、拘谨的形象和情绪特征。近年来，具有同源文化属性的日韩文化，通过影视剧的方式，向中国输出其具有温情感人系列的影视剧，例如韩国电影《开心家族》，讲述逝去长辈通过鬼魂附体的方式帮助孩子建立生活信心的家庭温情电影，传播其民族所重视的温柔的家庭情感。又如英国治愈短剧《万物既伟大又渺小》，讲述主角成为一名乡间兽医后，经历的平凡又不平凡的生活，可以窥见英国人的乡村情结以及善良的品性。这些媒介作品，或多或少地从生活的小人物、小场景以及小情节的故事转变中，展现了其国民形象以及情绪情感态度。

中国式的喜剧电影《你好，李焕英》讲述了刚刚考上大学的贾晓玲在经历"子欲养而亲不待"的悲痛后，穿越时空回到过去，触摸年轻的父母和他们的梦想的故事。不仅仅传递了中国式的幽默与亲情，同时还向外传递了个体情感思维以及中国式的家庭关系。电影塑造的是一个平凡的母亲形象，讲述的是细碎的生活百态。许多小细节都"戳中"了海内外华人华侨的内心，唤醒了他们似曾相识的记忆片段，内容的情节与个体记忆相融合，让其感同身受，产生人物共情的效果。

借助影视剧展现国民形象以及其情感态度的传播手段，近年来逐渐增多。例如以邻里加密友关系来结构故事的《欢乐颂》，借鉴了《老友记》《生活大爆炸》等热门美剧的情节范式，来展现中国人情绪态度并在海外传播。该剧改编自阿耐的同名小说，讲述了同住在欢乐颂小区五个来自不同家庭、性格迥异的女孩，从陌生到熟悉再到互相体谅、互相帮助、共同成长的故事，反映了来自中国不同家庭青年生活的各种酸甜苦辣。五个女孩性格迥异，各自携带着来自工作、爱情和家庭的困难与不如意，因为邻居关系而相识相知，从互相揣测对方到渐渐接纳彼此并互相敞开心扉，在这一过程中齐心协力解决了彼此生活中发生的种种问题和困惑，并见证彼此在上海这座"魔都"的成长与蜕变。

国民形象气质具有时代性的特点，不同时代具有各自的特质。中国故事中夹杂的中国国民形象和国民性格始终凝聚着中国人的时代气息。无论是近代还是当代，中国国家形象通过各种形式，但始终都有故事的身影来讲述，正使得其国家形象诉之于国民形象在逐步丰满，中国情绪以及情感型故事的国际传播正在将事关国家形象、国民形象以及国民性格的话语权和书写权掌握在中国人自己手中，这对于纠偏此前外国传播者对于中国国家形象以及国民形象气质的误读和误解具有重要作用。

4. 个体情感与情绪型故事国际传播的价值

当前，不同行为主体与海外进行经贸与文化的往来活动，使得这样的活动成为一种公共外交。公共外交与传统的"宣传式"外交不同，新公共外交强调双向与情感的沟通和对话，将公众视为意义的共同创造者与信息的共同传递者。非政府组织及互联网的兴起标志着"新公共外交"的崛起。因此，在中国故事国际传播的背景之下，要采用公共外交的战略思维，将各种类型的中国故事作为公共外交传播的内容，重视情感链接的价值和意义。

反映国民形象、国民性格与气质的情感与情绪型中国故事，在对外传播之时，代表的是国家形象。因此，要格外重视其传播的价值意义。情感传播是传播活动主体思维采用情感逻辑的结构和指向方式，通过情感主体活动影响传播受体，以情感为基础和传播纽带力求达到传播活动的目的。实际上情感和情绪的传播是人们基于一定情境和机制而展开的人际互动和群体互动，从而达到情感和意义的共享。实际上，情感传播不仅仅是使用情感作为关系纽带，更为重要的是通过故事的传播触发共情机制，形成情感共振，达成传播主体预期的传播效果。当下，情绪以及情感型故事的国际传播所利用的媒介更多的是新型社交媒体，这类社交媒体在情绪和情感传播上具有天然的优势，通过社交媒体进行的中国故事国际传播，在塑造国民以及国家形象上，更应该采用情感传播的方式，同时也要防范社交媒体广泛的情绪性社会动员。

四、共识型故事

共识是外交中常用的术语，共识意为共同的认知和认识，双方乃至多方经过多次的交流和磋商，最终消除了分歧，达成一种基于共同利益的认知。共识的达成具备跨越阶级、阶层与利益的差异。在中国故事国际传播的语境之下，共识型的故事涉及的领域不仅仅局限在经贸和外交领域，更广泛的层面还存在于文化和生态领域，诸如全世界现存的物质与非物质文化遗产、海洋与雨林保护、濒危物种保护等涉及地球家园与人类未来生存的全球议题等。

共识型故事反映出人类交往活动中意义和价值共同与共通的层面，对于建立人类命运共同体，是重要的精神性支撑。共识型故事具备全球传播的先天基因，是中国故事国际传播重要的内容之一。

（一）生态类故事

1. 生态类故事的内涵与特征

顾名思义，生态类故事是关于记述保护大自然以及生态环境的叙事，例如沙漠化防治、河流与海洋污染治理等故事，这些故事的传播主体主要在于政府主导，利用各种形式的媒介，如纪录片以及环保题材的电影等传播本国在生态保护领域的突出作为，能够引起国际上的注意和讨论。这些故事的传播不仅仅在于向外传递本国的环境保护意识，更为重要的是帮助传播者在世界传播场域之中，树立有责任担当意识与人类命运一体的国家形象和价值认知。生态类故事是共识型故事中最为重要的故事类别，在生态传播愈加被重视的今天，生态类故事建构起了人类生态环保的意识。

生态类故事的传播实际上是一种生态文学性的叙事。生态叙事肩负起了令"闻之者足以戒"的社会重任,它以突显生态系统整体利益,追求人与自然的和谐发展为最高准则,它的传播不仅起到了孔子"兴观群怨"的作用,而且也影响了整个人类社会的生活理念和价值追求[①]。生态类故事反映生态整体主义的联系思维,生态思想的核心是生态系统观、整体观和联系观,生态思想以生态系统的平衡、稳定和整体利益为出发点和终极标准,而不是以人类或任何一个物种、任何一个局部的利益为价值判断的最高标准。此外,传统的生态故事描写大都把人以外的自然物仅仅当作工具、途径、手段、符号、对应物等,来抒发、表现、比喻、对应、暗示、象征人的内心世界和人格特征,以人类中心主义为视角。而生态故事是考察和表现自然与人的关系的文学。生态责任是生态故事的突出特点,探寻和揭示造成生态灾难的社会根源,使得生态故事具有了显著的文明批判的特点[②]。

2. 生态类故事传播的功能

生态叙事的传播具备多种功能,一方面,具有联系社会的功能,生态故事多反映的是客观社会现实,真实再现生活中的点点滴滴,关注自然,号召人们要爱护自然,保护自然,但它与传统的描写自然的文学不同,生态故事乃至文学并不是单纯地描写自然,而是主要探讨和揭示人与自然的关系,发现自然对人的影响,人对自然的破坏,人与自然的和睦相处等,又特别侧重于人与自然的冲突与对立关系的深层探究,质疑人类侵蚀、征服自然的行为以及由此而产生的恶果,以此引起人类的反思,推进人与自然和谐相处生活方式的建立。另一方面,对破坏生态文明行为的监督功能,生态故事作品的传播,是用艺术的形式再现环境被破坏,威胁到人类生存的严峻现实,从而警示人类关注自然,保护自然。除此以外,还有享受自然与天伦的娱乐功能。生态故事以描写人与自然为主,以多种叙事形式来展现人和自然的融洽与对立,美妙而神奇的自然给人类无穷的美的愉悦,人在自然美景中嬉戏,

---

① 王诺. 欧美生态文学 [M]. 北京:北京大学出版社,2011:63.
② 王诺. 欧美生态文学 [M]. 北京:北京大学出版社,2011:71.

享受这无与伦比的奇妙美感 ①。

3. 生态类故事国际传播的表现

生态叙事不仅仅通过文字的形式，随着新媒体的发展，以影像叙事的方式来传播生态保护的理念，成为生态叙事领域所热衷的做法。众所周知，在国际传播场域之中，相当一部分生态环境保护纪录片的问世，推动了人类环保注意力的集中转向，例如关注气候变迁与全球变暖现象的美国纪录片《难以忽视的真相》，反映石油能源出现对人类的影响，人类向自然界索取因而造成全球气温上升，自然灾害泛滥的纪录片《第十一个小时》等上映，推动了全球生态议题的转变，气候变暖、能源枯竭成为相当长一个时期之内，国际社会关注的生态环境焦点问题，随着这些环保问题的出现，各个国家也随之推出一些积极的应对和处理措施，共同推进了生态环保。

中国具有悠久的生态思想历史，在中国传统文化中，"崇尚"和"顺应"自然是保护自然环境的一个非常重要的观念。孔子曾说："伐一木，杀一兽，不以其时，非孝也。"《荀子》一书中写道："草木荣华滋硕之时，则斧斤不入山林，不夭其生，不绝其长也。"在"道"家看来，人是自然的一部分，道、天、地、人都是自然而然存在着的。而这一切又形成了道家独特的环保思想 ②。可以窥见的是中国古代已将生态环保理念践行到生产和生活的多个方面。在当下的新时代，习近平总书记的重要讲话中，多次传达了新时代的生态文明思想，"绿水青山就是金山银山""生态兴则文明兴"等。

各个国家的生态问题具有地域性的特征。中国主要的生态问题在于对沙漠化的防治上，围绕退沙还林的故事，成为中国生态叙事场域中最为重要的故事类别之一。其中于 2011 年上映的《大漠长河》成为中国对抗沙漠化的重要纪录影片，该片以一个全世界都在关注的话题为着眼点，通过地质、历史、现实等诸多角度，探寻中国沙漠的成因，分析沙尘来源，展现沙漠化的

① 覃玉兰. 传播学视野下生态文学社会功能探讨 [J]. 文学教育，2010（08）.
② 吴贻玉. 中国古代文化中环保思想的现代发掘 [J]. 华东船舶工业学院学报，2001（03）.

危害，纪录中国干旱半干旱地区人们的生存现状，展现人与荒漠化之间互有进退的较量。该片将细节化讲述与宏观的论述巧妙结合在一起，在追索人物故事、人物命运的同时，贯穿国家政策、沙漠常识，唤醒人们对"荒漠化"问题的高度关注。雕刻中国"荒漠化"问题的危机，展现"人"与"沙"的博弈，同时又呈现给观众极具视觉震撼力的大漠风情，给世界沙漠化防治提供了治理的范本。面对全球生态环境问题，中国主动对标国际社会碳排放标准，积极作为，推动构建人类命运共同体的建设，制定了"将力争于2030年前实现二氧化碳排放达到峰值、2060年前实现碳中和"的目标。

此外，中国生态故事国际传播不仅仅围绕当前生态问题入手，以影像的方式来引发社会警醒，同时还立足于正面展现中国当前生态环境的图景，以引发人们的环保忧患意识。例如中英联合摄制小组拍摄的一部关于中国野生动物和自然风光的系列纪录片《美丽中国》，其中《森林之歌》纪录片的拍摄深入中国现有的典型林区，拍摄点遍布中国各主要森林分布地区，如：东北森林、秦岭、塔克拉玛干沙漠、藏东南林区、神农架、横断山脉、海南热带雨林、南海红树林等，用精美的画面展示了森林的神奇与美丽，以及人、动物和森林的和谐共生关系。无论是从问题意识出发，还是从忧患意识出发，采用影像的方式来进行中国生态叙事，使得中国生态故事不仅仅为国际上生态保护提供共识性的方案，同时还将中国生态图景远播海外。

4.生态类故事国际传播的叙事特征及其价值

以影像的方式来传播中国生态故事，在表现生态环境保护议题时，往往采取充满悲情的叙事策略与批判性的修辞方式[①]。特别是在环境危机的纪录片与文学当中，叙述者多采用悲情性的描写手段，来展现环境在遭到破坏后的现实惨状以及当地居民的惋惜之意；此外，无论是影像还是文字，在刻画环境灾难和危机之时，均要采用诉诸环境批判的态度和立场，使得生态故事具

---

① 吴格尔.中国环保纪录片的话语立场与叙事特征［J］.浙江传媒学院学报，2015（06）.

有了显著的文明批判的特点。与之相反的是，在正面展现生态向好的故事之中，生态故事跨文化传播体现了"求同"的美学诉求和共通的文化价值，表达了能够为国际社会所普遍接受的价值观和审美观。优秀生态纪录片，摒弃了传统的人类中心主义范式，以生态美学为精神内核，在视听语言中强化审美共识，教育、提醒、说服并帮助我们解决环境问题。以人类共通的视像语言、从审美角度出发，超越了文化与意识形态的限制并寻找跨文化的环保公共空间，促进了全球环境忧患意识。

生态故事的传播成为展现中国国家形象的又一个重要砝码。近些年来，在生态传播领域之中，不乏西方媒体造谣中伤中国经济社会发展的能源消耗与环境保护脱节的案例，中国用各种内容的影像叙事来有利回击西方媒体的质疑和责难，及时纠偏国外受众对中国环保行为的错误认知，中国生态故事的国际传播成为中国提出的人类命运共同体理念的有力注脚。以纪录片的形式来传播中国生态故事，拥有客观准确的叙述语态和丰富生动的视听符号，能够在国家形象的跨文化传播中跨越语言和时空的障碍，是国家形象建构的重要载体和最有效的传播形式之一[①]，与此同时，中国生态故事建构了"生态中国"的形象，例如自然生态中的"野性中国"以及全球生态议题中的"责任中国"形象。

（二）生物类故事

1.生物类故事的内涵

生物类故事主要讲述大自然之中动物种群的生存活动，例如迁徙、捕猎、繁殖等，以及植物种群的生存环境与生存状态等。生物群落的多寡和生存状况是衡量生态好坏的重要表征之一。如果说生态是环境的整体，那么生物就是生态环境中的个体。生物类故事的国际传播同样牵扯着对生态环境的影响。当前中国积极参与到国际生态环境的治理之中，中国已经从此前的粗

---

① 王庆福，宣莉.生态纪录片的"生态中国"形象建构 [J].电视研究，2018（10）.

放型生产和生活模式转型到环境友好型生产和生活模式，其间对生物群落的保护就成为突出和彰显我国的环境保护理念和生态保护成果的重要代表。近年来，随着全球气候的变化以及人类活动的过度干扰和介入，使得生物种群的生存面临前所未有的生存危机，生物故事主要讲述在这些环境因素的变化之中，生物的生存经历以及人类介入后的生存状况。

2. 生态传播的现实需要

生物类故事国际传播实际上是生态传播的一种。众所周知，环境危机引发生态主义思潮，生态主义思潮孕育了生态运动，生态运动又与大众传媒联姻，使"生态传播"的重要性在全球达成共识。从传播内容上看，生态传播涵盖生态问题、知识、建设等。从传播形式上看，生态传播包括生态新闻、广告、影视、文学艺术等。从传播载体上看，生态传播涉及报纸、广播、电视、网络等。伴随着电视等大众传媒的兴起，大众传播越来越成为将生态主义理论通俗化的宣传工具和生态运动的重要手段，生态运动与大众传媒联姻，对人类生态意识的觉醒作出了重要贡献，而生物类故事成为生态传播当中最为重要的传播内容之一。

3. 生物类故事的传播表现

如果从生态破坏与生态灾难的角度来看，以生物故事为核心的生态传播，成为近年来国际传播的主流焦点。2009 年，由路易·西霍尤斯执导的纪录片《海豚湾》上映。该影片讲述在著名的海洋哺乳类动物专家的带领下，一群动物保护人士冒着生命危险、突破重重阻碍走进了这一海湾，深入现场，记录下大量海豚被日本人屠杀的血腥场面。这部纪录片讲述的超乎疯狂的捕杀海豚行为，成为多年以来生物类故事传播中最为令受众感到震惊和发指的生态传播内容。此纪录片对于滥捕行为的揭露，也推动了国际动物保护组织采取了对海豚相应的保护措施。众所周知，曾因盗猎而濒危的野生动物藏羚羊，成为中国生物危机类故事国际传播的典型代表，围绕藏羚羊拍摄的纪录片如《高原精灵》讲述了在政策与生态环境改善之后，藏羚羊种群重又生机勃勃的故事。此外又如 2004 年的关于藏羚羊的电影《可可西里》，影片讲述了记者尕玉和巡山队员为了保护藏羚羊和它们的生存环境，与盗猎分子顽强抗争甚至不惜牺牲生命的故事。

国际上对于海龟保护的生物故事成为近年来的热点，《在海里飞翔》又名《海龟：奇妙之旅》，描述了一只正濒临绝种的赤蠵龟，在美国佛罗里达州海岸诞生之后，冒着生命危险，历经 25 年游过浩瀚的大西洋，寻找归乡之路；并在重回出生地后，即使陆上世事已非，环境不若从前，她仍不畏艰难准备孕育下一代，继续传承这数百万年来最神圣使命的感人故事。此外，中国的《海龟奇"援"》是一部以海龟保护为主题的系列科普纪录片，以公益大使彭于晏亲身参与实地保护的经历为主线，途经哥斯达黎加、厄瓜多尔、马来西亚、印度尼西亚、菲律宾和中国等地，跨越三大洲，总行程超过三万公里，全面展示海龟在中国、东南亚和南美洲等区域的生存现状，并提出保护的必要性以及面临的主要威胁和挑战。

此外，除了从生物危机角度来展示故事外，围绕生物生存的故事同样成为中国生物类故事国际传播的典型代表。如 B 站和美国国家地理联合制作的《未至之境》，从绵延万里的山脉高原，到枝繁叶茂的雨林竹海，涉足了中国人迹罕至的未至之境。以熊猫、雪豹、金丝猴等中国典型动物为对象，展现了中国生机勃勃的自然世界。中国广播电视总台和英国 BBC 合作的《中国：大自然的古老王国》，展现了中国国家公园的自然之美和生态人文。《狼之旅》是由央视纪录频道和法国电视二台联合制作，跟踪一只狼的三千里流浪之路，通过细节捕捉，刻画人性寓言，以及法国 ARTE 频道和 B 站联合制作的《极度深海》跟随法国深海潜水员和摄影师潜入海底，探索奇妙的海底生物世界。此外，还有将中国植物故事讲给世界听的首部植物纪录片《影像世界的中国植物》，这些纪录片让海内外受众了解到千姿百态的生物物种以及它们的生存环境，从而引发人们对于生态保护的关注与思考。

2021 年 4 月 16 日，原本栖息在云南西双版纳的一群野生亚洲象，开始一路向北迁移，这引发了国内外媒体的关注。据悉，由于野生亚洲象在中国仅剩 300 多头，所以这次迁移的队伍也成为了重点保护对象。这样奇特的迁徙现象，如此"第一视角"的动物世界，不仅得到了美国国际公共电台（NPR）、《纽约时报》、英国广播公司（BBC）、《卫报》等媒体的争相报道，更是引起了海内外众多网民的热议和讨论。在全世界的关注中，通过象群迁徙的传播事件，中国可爱、可亲的国家形象也被展现出来。以视频媒介为主要传播方式的中国生物类故事国际传播，无论是从生物生存产生危机的角度，还是从生态美学的角度来展现具有独特地域属性的中国生物故事，都是出于生态与生物保护全球共识的角度，这对于建立生物多样性与生态平衡的环境共识机制，具有重要的作用。

4. 生物类故事国际传播的叙事逻辑与价值

中国生态与生物故事的国际传播大多采用视像媒介等数字叙事的形式，通过影像视听符号，从生态批评的叙事逻辑出发，走向一种以生物为中心的世界观，将人类物种伦理观念移植和移接于生物之上，将全球共同体的人类性观念扩大到可以容纳非人类的生活形式和物理环境之中，这对于生物保护具有重要的意义。中国以生物为中心的生态叙事，选取典型的中国珍稀物种，从其生存面临的危机出发，或从科普与生态审美的角度，围绕其生存与繁衍所面临的种种考验，以拟人与象征性手法，通过丰富的镜头语言和极致的画面空间感和冲击力，蕴含着强烈的生命意识，讲述了独特的中国生物故事。此外除了展现从生存危机角度出发的生物故事之外，还以诗意化表达方式讲述生物多样性背景下物种生存与繁衍的故事，展现自然界的勃勃生机，表达对生命的敬意与赞美，传递出影像语言所蕴含的生态美学内涵和生态文明价值观[1]。

生物类故事的国际传播具有公共性、公益性、科学性、现实性、引导性

---

① 夏亮. 生物多样性视角下生态故事传播与国家形象建构——以纪录片《生命之歌》为例［J］. 科技传播，2022（03）.

等特征，它超越国界，具有全球传播的功能、价值和意义，并日益成为国际传播的主流话语。而在全球化的背景下，我国生态问题面临的国际舆论压力不断增加。加强生态类故事的国际传播对于展现生态中国的形象具有重要的价值与意义。当下，中国提出人类命运共同体意识，而人类命运与生物的生存与繁衍息息相关，生物的存在不仅仅维持大自然生态平衡，同时还为人类提供能量与审美供给，人类命运共同体是包含有生物多样性的共同体，因此，在此背景下，利用生态与生物传播，讲好生态故事，传播生态与生物保护的永恒价值理念，就具有重要的当代意义。

第二节　故事的形式

　　中国故事国际传播除了要具备硬核的故事内容之外，还必须在故事的形式上下足功夫，这是因为中国故事所进行的传播是一种跨文化传播，跨文化传播代表的是一种过程，文化形式穿越时间与空间而移动，处于不同文化背景的社会成员之间的人际交往与信息传播活动，也涉及到各种文化要素在全球社会中迁移、扩散、变动的过程，及其对不同群体、文化、国家乃至人类共同体的影响。在某个特定的时间中，这些文化和其他文化形式与环境产生互动、彼此影响，创造出新的文化形式，并改变了文化环境[①]。与此同时，在跨文化传播中，故事传播的主体和故事的受众所处的文化环境、文化认知习惯、文化生态等方面均不同，这就会形成一种传播隔阂，即在传播过程之中，个体、群体、世代之间因为特定利益、价值、意识形态和文化背景的差

---

① ［美］拉里·A·萨默瓦，理查德·E·波特，埃德温·R·麦克丹尼尔.跨文化传播［M］.闵惠泉，贺文发，徐沛喜，译.北京：中国人民大学出版社，2013.

异，导致了包括个人之间的隔阂，个人与群体之间的隔阂，成员与组织之间的隔阂，群体与群体、组织与组织之间的隔阂，导致传受双方的正常传播行为受到影响，甚至严重阻碍传播行为的进展。这既包括对文化想象和故事内容产生无意的误解，也包括有意的曲解①。因此，在中国故事国际传播的语境下，要重视故事形式对传播效果的影响，从故事的主题、故事的时空背景、故事的叙事视角以及当代数字叙事与创意传播的角度，重新去审视故事的形式，厘清故事的跨文化传播背景，对接外国受众的文化认知习惯，防止故事传播隔阂的产生，如此或许能够将中国故事远播。

一、主题的沟通性设定

主题的沟通性设定是对接分众化国际传播理念的一种形式上的做法，无论国际还是国内，大众传播都在朝着两个方向发展：去中心化和去精英化，也可以称之为分众化传播，面对大量的信息内容，人要正常地工作和生活，就必须选择重要以及感兴趣的信息，排除无关的信息。在这个选择的过程中，人的动机、需要、情绪、情感等因素都会起到相当重要的作用。当传播内容能够满足人们的动机和需要，并能够带来愉悦的心理和生理体验时，人们的注意力就会指向和集中到这些内容上来。因此需要将内容进行分众化筛选，以促使受众关注的内容的直接抵达，同时分众化传播强调从用户角度出发所进行的内容转变与调整，而主题成为内容之魂，因此在中国故事国际传播的语境下，要重视主题的沟通性设定。

（一）主题的叙事学阐释

"主题"又可以理解为"主意""立意"和"主旨"，主题也被称为主题思想，《辞海》中的释义是文化艺术作品中和社会活动中想要表达的中心思想，一般情况下是主要内容，是作品内容的主体和核心。一个作品中的主题可能

---

① 郭庆光.传播学教程［M］.北京：中国人民大学出版社，2011.

不止一个。在《小说鉴赏》中克林斯·布鲁克斯认为："主题是某种观念、某种意义，它能够诠释人物和事件的内涵，能够全方位地概括一篇小说，是贯穿在整个作品之中清晰且重要的观点。小说中的主题看似分享的具有普遍性的人生经验，但是其中总包含着某种对人性和人类行为价值的直接或间接的讨论[①]。"叙事主题是指叙事者想要传递给观众的不可磨灭的意义，是叙事者借助文学叙事或者影视剧叙事中人物的性格和故事情节来传达自己的思想、观念和感情。叙事主题也是当时社会现实的深刻反映。中国故事的国际传播不仅仅通过文学的形式来传播故事，同时在新媒体时代，中国故事的传播表现形式更多的是借助于影视剧、短视频、社交媒体等数字叙事的方式，叙事媒介虽然不同，但颠扑不破的叙事主题却深刻融进了新语境下中国故事国际传播之中。

（二）中国故事国际传播主题设定的"前时代"

中国故事国际传播的主题具有鲜明的时代特征。1978 年，党的十一届三中全会召开，确定了"解放思想、实事求是"的思想路线，20 世纪 80 年代我国对外宣传从过去宣传"世界革命"转变为宣传社会主义现代化建设，宣传开放、改革，吸取当代世界一切对我有用的物质文明和精神文明成果。20 世纪 80 年代末期，文化多样性是这一时期外交和对外宣传思想的基础，当时就已经提出对外宣传应当多讲故事，多讲文化，以文明间的"对话"代替"冲突"。进入到 21 世纪之后中国对外宣传工作更加主动，更加开放，不仅仅重视重大舆论宣传，同时公共外交在中国萌芽，出现了"政党外交""体育外交""文化外交""民间外交"等新方式，对外宣传的主体更加丰富[②]。

这一时期，在以"宣传"为核心的国际传播背景下，中国故事主要表现形式大多为以行政范式主导下的政治故事、经济故事、社会故事和文化故

---

① ［美］克林斯·布鲁克斯，罗伯特·潘·华伦.小说鉴巧［M］.主万，等，译.北京：中国青年出版社，1986：358.
② 刘雨菲.新时代中国共产党对外"讲好中国故事"研究［D］.杭州：浙江大学，2021：19-23.

事。如"小球转动大球"的乒乓外交故事，涉及改革开放巨变的一系列故事，中国"入世"的故事，2008 年汶川地震与北京奥运会的故事等，这一时期中国故事以政府为主导，在内容选择、主题设定和媒介使用等方面表现出浓厚的"宣传"意味，在表达立场和主张时旗帜鲜明，但由于对国外环境与受众把握程度较低，呈现出弱传播效果。

（三）中国故事国际传播叙事主题的"新转向"

随着时代的发展，中国故事出现了新的现实转向。2013 年 8 月 19 日，习近平总书记在全国宣传思想工作会议上首次提出"讲好中国故事"创新理念。2017 年，党的十九大报告更是将"讲好中国故事"视为培育文化自信，实现国家文化繁荣的重要途径，强调"讲好中国故事，展现真实、立体、全面的中国，提高国家文化软实力"。在此背景下，中国故事无论是从故事内容与主题，还是传播媒介与效果，均产生了与此前不同的状况，中国故事国际传播的主题变化和调整也自这一时间节点之后开始出现新的转向。

这一时期，随着国家将讲好中国故事提升到战略层面，为了更好更全面地在世界传播场域之中建构中国新形象，掌握话语权力，传播中国所主张的价值理念以及中国方案，中国故事国际传播实现了多维多向的突围。其中尤其是以采取议程设置与分众化传播理念并行的主题多样性以及沟通性设定策略，即通过采取双向沟通的方式来进行主题的设定。双向沟通是指信息发送者和接受者两者之间的位置不断交换，且发送者是以协商和讨论的姿态面对接受者，信息发出以后还需及时听取反馈意见，必要时双方可进行多次重复商谈，直到双方共同明确和满意为止，如交谈、协商等。特别是在中国故事国际传播的视域下，传播内容即故事的主题采取双向乃至多项沟通的方式来进行设定。如针对国外受众对中国文化的兴趣，来设定故事的主题，举办各种形式的政府与民间的文化交流活动，如文化年、文化周等，以平等的沟通和对话的方式来传播中国故事。

在使用中国故事塑造中国经济形象上，作为中国了解世界、世界了解中国的重要窗口，国内外高端人士首选的中国英文媒体——中国日报，利用社交平台播放系列纪录片《发现中国：经济快速发展的背后》，通过生动的场景和丰富的中国元素讲述了改革开放以来取得的一系列成就。该片选材典型、叙事结构多样、叙事视角灵活、叙事时空富有表现力[①]。展现了全新的发展中国形象。在文化形象上，2022 年北京冬奥会正好在中国的传统节日——春节期间举办，这是中国在邀请世界各地的朋友们来"家里"过年，感受一场中国元素的文化盛宴。从会徽"冬梦"到吉祥物"冰墩墩"和"雪容融"，从国家速滑馆"冰丝带"到国家跳台滑雪中心"雪如意"，一幕幕具有中国文化特色的形象景观，讲述着中国发展故事，传递着中国价值。同样在冬奥会期间，CGTN 将冰雪作为国际传播的特点和主题，推出的《冰雪中国》直播及系列短视频，走进吉林长白山、新疆阿勒泰地区以及宁夏沙湖，体验冰雪竞技运动，解锁更多当地的民族民俗特色，充分展现"冰雪中国"的故事性、感染性、趣味性与接近性，传播了"冰雪中国"形象。此外，针对欧美等西方国家受众对"中国功夫"存在浓厚兴趣，中国日报网基于此策划出品了由美国导演龙安志拍摄的纪录片《寻找功夫》，从国外中国功夫迷的视角探寻中国功夫的起源、发展与真谛，呈现中国功夫中的武学思想与中国精神。该纪录片受到外国受众的广泛欢迎，先后斩获国外诸多纪录片奖项。此外，还有针对中国非物质文化遗产策划的特定传播主题，讲述中国非遗的故事。B 站推出的爆款纪录片《百年巨匠》与《海派百工》，以手艺传承匠人的视角对非遗文化进行讲述和推广[②]。在生态主题上，中国推出《自然的力量》《森林之歌》等纪录片，展现生态中国的形象。同时，还有从中华文明交流互鉴宏大主题的再出发，《遇鉴文明》是中央电视总台首档以"中外文明交流互鉴"为主旨的节目，首季共 12 期，每期 60 分钟。每期节目以一中一外两个文明载体的交流为主题，邀请中外著名文化学者，以访谈的形式，配合外景短片、

---

① 战泓玮.探析纪录片《发现中国：经济快速发展的背后》的叙事特色［J］.当代电视，2021（02）.
② 王林栋.非遗纪录片传播的困境与突破——以 B 站爆款非遗纪录片为例［J］.出版广角，2021（23）.

文艺表演、AR 环屏视觉展示等多种手段，展现中华文明永恒魅力，凸显中外文明交流互鉴的积极影响和深远意义。

（四）主题沟通性设定的传播逻辑与原理

不同的文化区域有高语境和低语境文化的差异。高语境传播的特征是在沟通过程中，只有很少的信息是经过编码后被清晰传递出来的，沟通是含蓄的，人们对含蓄的信息非常敏感，个体从早期就学会了准确解释这些含蓄的信息。中国故事的主体和内容大多属于高语境文化的产物，这就要求在进行跨文化传播时要将高语境文化转化为低语境文化进行故事的输出。低语境文化中，语言传达了大多数信息，语境和参与者方面只包含极少的信息。每次他们和别人交流的时候都需要详细的背景信息，这样才能达成比较好的交流效果[1]。国际传播大多要在高低文化语境中，进行文化交往，而故事主题的沟通性设定就是为了降低在高低语境文化交流中所产生的"文化折扣"。

中国故事国际传播的主题沟通性设定性意义就在于避免传播过程的线性单一，从而打通多维多样的情感联结与意义价值传播，这才是当下国际传播所重视的。主题的沟通性设定与议程设置理论有着重要的关联属性。议程设置认为大众传播往往不能决定人们对某一事件或意见的具体看法，但可以通过提供信息和安排相关的议题有效地左右人们关注哪些事实和意见及他们谈论的先后顺序，它可以影响人们去想什么。在中国故事国际传播的当下，故事的内容生产者，采用故事主题沟通性设定的方式，才能主动将所要展现的中国形象向外传播给域外受众，这是一种主动介入的传播方式，对于积极塑造中国全方位且立体的形象具有重要的价值与意义。

---

① ［美］拉里·A·萨默瓦，理查德·E·波特，埃德温·R·麦克丹尼尔.跨文化传播［M］.闵惠泉，贺文发，徐沛喜，译.北京：中国人民大学出版社，2013.

二、叙述视角的转换

（一）叙述视角的叙事学阐释

杨义先生曾说"视角具有往往不作明言，却又无所不在的普泛性。假如你带着视角意识去读作品，就会感觉到无处没有视角"[①]。视角这一概念原本是绘画中的术语，后来被文学叙事所借鉴。在叙事学研究中，视角主要有两个层面的含义，一类是视点和视角的问题，一类是聚焦和聚集的问题。大体上来叙述视角包含作者、叙述者和人物观察故事的角度，体现出观察者的情感、态度和评价。叙述视角同时也可以称之为叙述聚焦，在叙述语言中对故事的内容进行观察和讲述的特定角度。同样的事件从不同的角度看去就可能呈现出不同的面貌，在不同的人看来也会有不同的意义。国际传播的中国故事，在叙述视角上无非是讲求故事由谁来讲，以及讲给谁听的叙事视角逻辑。

在中国故事国际传播语境下，叙述视角与视点能够实现修辞传播功能。通过使用各种形式的表达方式，使得语言表述更为准确，鲜明而生动有力。无论中国故事在传统意义的文学叙事还是依靠新媒体的数字叙事上，都将赋予故事更为生动有趣的意旨。此外，视角和视点的功能还在于给传播的受众制造一种情感共振的价值基点，无论是视角和视点的聚焦与转换，都将会使故事的讲述主体以及受众产生情感、态度与评价之上的偏向，从而使得中国故事的各种传播和接收主体获得一种共通层面的意义空间。此外，从视角聚焦上说，叙事视角往往通过对故事内容进行观察和讲述的特定角度出发，同一故事内容的传播从不同的视角聚焦角度去看，会传达不同的内涵与面貌，常常涉及到意识形态功能的问题[②]。

（二）中国故事叙述视角的具体表现

法国的兹韦坦·托多洛夫把叙述视角分为三种形态，即全知视角、内视

---

① 杨义.中国叙事学［M］.北京：人民出版社，1997：192.
② 董海梅.小说叙述视角论［D］.西安：西北大学，2010：18-42.

角和外视角。全知视角是一种最为传统和自然的叙事模式，作者如讲述者和做报告者一般的进行讲解。这种"讲解"可以超越一切，任何地方发生的任何事，甚至是同时发生的几件事，作者全都知晓。这种叙述视角在中国故事国际传播当中，一般多见于以纪录片的形式来传播的中国故事，以十分全面的介绍来传播中国文化。例如《我在故宫修文物》《中国的宝藏》以及《国宝档案》等纪录片，以科普讲解的形式，传播中国的历史知识与文化内涵。

内视角，叙述者只借助某个人物的感觉和意识，从他的视觉、听觉及感受的角度去传达一切，叙述者不能像"全知全觉"那样，提供人物自己尚未知的东西，也不能进行这样或那样的解说，这种视角包括主人公视角和见证人视角两种。此外还有外视角，它最为突出的特点和优点是极富戏剧性和客观演示性，叙事的直观、生动使得作品表现出引人入胜的艺术魅力。内视角和外视角在中国故事国际传播当中，多见于其使用在文学与影视等由叙事为基础的作品之中，传达故事趣味与可读性。当然，内视角和外视角以及全知视角的使用大多是相互结合，共同为中国故事国际传播赋能和赋力。

（三）中国故事国际传播叙述视角的转换

中国故事的叙述视角的转换首先体现在叙述方式上的转变，即在故事创作的过程中，逐渐摒弃传统叙事侧重于宏观性以及概要性的故事叙述模式，而是使用叙述视角中内视角与外视角以及全知视角相结合的方式，重塑故事结构，将视角向内触探，用情节塑造故事，变换叙述手法，使用与国际传播受众阅听习惯相符的叙事手法。其次从视角聚焦上来说，要逐步将故事特写倾向民间社会，采用小人物讲述中国故事，小视角切入大主题等叙述聚焦的模式，对于宏大叙事上要采用不同的叙事视角切入，才能生成多维传播价值和意义。

相当长的一段时期，中国故事对外传播的叙述视角和叙述聚焦基本上倾向于使用行政范式，无论是故事的内容还是形式上，都带有较强的政府宣传说服的叙述工具理性，其视角还较多地集中于宏大叙事。"讲好中国故事"思想提出之后，中国故事国际传播的叙述视角逐渐呈现出向民间视角的转向趋势，更多地彰显民间立场，针对国外普通民众，以生活化、情感化的内容与方式进行传播，叙述视角贴近民间、贴近用户。不仅如此，中国故事叙事视角不断创新，如CGTN《海上看中国》节目借用海外视角讲述中国故事，跳出了传统的独白式讲述框架，将中国叙事和世界议题相统一。节目中灵活启用多视角、多主体的叙事方式，转换故事讲述视角，拉近海外观众距离。同时，增强互动、多路并进的方式使得观众犹如身临其境，与叙事视角转换一同推动文化出海，有利于加强中华文化感召力、国家形象亲和力和国际传播影响力。

尤其值得关注的是中国故事的叙事视角还出现了第三文化人视角。第三文化人主要是指那些成长时期被父母送至另一个文化中成长的人群，所谓"第三文化"，指的是这个人的文化背景是由家长的第一文化，和他成长当地的第二文化，所融合而成的第三文化。冬奥会期间以谷爱凌为代表的第三文化人成为国际传播中讲述中国故事最为典型的代表，谷爱凌既接受了美国教育、美国文化，也接受了中国教育、中国文化，谷爱凌既热爱美国文化，也热爱中国文化。冬奥会期间其展示出内含的自信与乐观气质，并在中国场合表露出对中国文化的青睐。由谷爱凌以及众多海外华人华侨为代表的讲述中国故事的第三文化人视角，成为当下中国故事叙述视角转换的重要表征。

通过叙述话语的转变以及叙述视角的转换，将中国智慧和中国方案内嵌在故事中，降低了中国所主张的价值理念在国际传播场域之中遇到的阻力，从而实现传播效果的扩散。此外，采取海外视角以及第三文化人为代表的华人与华侨视角来讲述中国故事，具有重大的创新意义。可以说，当下中国故事国际传播既有政府主导的作为负责任的大国形象的主题传播，同时也有来自民间社会的故事传播实践。例如各种形式的文化艺术交往活动，社交媒体中关于中国文化传播的媒介作品，中国文学的海外传播，此外还有中国品牌的全球发展，华人团体的海外交往，等等。这些叙述主体的存在和由他们主导的故事叙述，成为今天中国多元形象塑造与传播的重要力量。

三、故事背景时空的突围

（一）时空叙事的内涵

时空是人类文明中最古老的概念，也是物理学、天文学和哲学的基本定义。受众从文字故事描写的场景中去想象和感受时空，接受文字表达的魅力，联想自己在虚拟时空中的存在；观众从视像媒介的数字叙事中去感知并想象时空，将自身带入到各种叙事场景之中，以非具身的方式感知时空所处。依靠想象感知的故事传播，尤其重视时空的建构和突围。叙事是指在时空和因果关系上意义有着联系的一系列事件的符号再现。既有在不同时间和空间下的叙事，描述故事在时空维度的情节变化与人物塑造，此外也有叙事意义在不同时空的生发。时空叙事的突围即讲求不同时空维度下，对叙事所要传达的旨意与价值进行时空上的挪用，发生在不同时空背景下的叙事意义进行移接使用，以达到新叙事所要表征的价值。

（二）故事背景时空突围的实践表现

众所周知，中国是有着长久历史积淀的文明大国，其中流传至今的中国故事浩如烟海。不同的历史时期，不同的经济、政治、文化和社会环境的变化，会产生不同的故事。这些故事有着彼时存在的合理意义空间，符合当时所处时期的受众接受心理、认知习惯。虽然故事产生要遵循时空的制约，但故事的意义以及价值内涵却是永恒的。因此有些故事即使是脱域传播，也能够在新的语境下和传播环境下生发意义。中国故事国际传播时空背景的突围着重在于突破故事产生的时空背景，对故事发生的时空进行置换和平移，将故事挪作当下传播之用。在新的社会人文环境与时空环境之下，构建故事场景和情节，或者适当改编故事。不改变故事传达的内核价值，即做到"换汤不换药"的一种状态。这样的故事传播既有历史的厚重感，同时也有新的象征性意义。

　　近年来，《典籍里的中国》的海外传播，采用了"话剧表演 + 百家讲坛"的方式"打开典籍，对话先贤"，向广大海外受众普及中华优秀传统文化。这种戏剧影视艺术本身就是关乎时空关系的综合艺术，都是将欲展现的内容通过舞台或者镜头进行直观呈现，通过模仿的方式向受众构建带有创作者审美倾向的艺术化的世界，受众以自己的经验对这个世界进行重新解释，对这个异时空进行感知，《典籍里的中国》多维时空的交错，例如开场戏剧的多时空对话，访谈间基于时间条件下的文字叙事，转换成空间条件下形式语言叙事，以及典读会的穿越时空的和解与对话[①]。其古今时空的对比与融合，制造沉浸传播的感触，成为中国故事突破时空背景传播的典型案例。

　　近年来，河南卫视成为中国故事国际传播突破时空桎梏的典型代表。其成为中华优秀传统文化最新诠释方式的引领者和破圈者，从河南卫视春晚一支名为《唐宫夜宴》的舞蹈，到元宵特别节目"河南博物院元宵奇妙夜"，再到端午节时推出的基于中国著名古代神话与辞赋的水下舞蹈节目《洛神水赋》一度引发网络热议，以至于引来中国外交部发言人华春莹在海外推特账号上进行推介和点赞称其是"难以置信的美"，海外网友直呼只有中国才能做到这样的艺术形式表达出这样美的意境[②]。其在故事背景的时空突围方式，以及创意传播方式，成为中国故事走向海外的典型案例。

　　当下，从"讲好中国故事"的国家战略出发，中国故事在叙事方式和叙事策略上从多个方位进行突围，其中以故事背景的时空突破为路径的叙事策略，成为近年来中国故事乃至中国文化"出圈"传播的典型代表，其所带来的内容革新在跨文化传播的语境下，符合受众的文化猎奇心理，同时突破时空背景的叙事方式，对于刷新中国文化意象在域外受众心理的既往印象，加深传播效果，具有重要的意义。

---

① 王笋.《典籍里的中国》的时空构建分析［J］.华夏传播研究，2021（07）.
② 王禹，王卓然.《唐宫夜宴》凭啥打动外国网友［J］.传媒评论，2021（07）.

（三）中国故事背景时空突围的传播优势

对于跨文化传播主体来说，讲述时空背景突围的故事，能够丰富故事的叙事艺术，无论是文本叙事还是数字叙事，采用突围时空的叙事方式，能够打破线性的叙事模式，这对于故事内容生产来说，能够促成多线交织的叙事，生发多维的意义，多时空叙事所带来的对比，重叠以及融合叙事在故事的人物形象塑造上，在故事情节的发展上，甚至是悬念制造上，都有重大的创新价值和意义，同时这样的叙事艺术能够夹带更多的文化内涵，并且这种多时空叙事的非线性模式，对于接受跨文化传播的用户来说，随着叙事艺术的后现代性特征，能够在当下对接其认知和阅听的习惯。此外从中国故事跨文化传播的媒介来说，时空背景突围的叙事艺术，在故事的制作和传播上，在数字叙事时代能够更好地适配新媒体以及社交媒体的传播。此外，从内容上来讲，中国故事跨文化传播的时空突围叙事策略，能够承载和携带更多具有历史意义的文化元素，丰富故事的文化内涵，这成为中国故事海外传播重要的内容创作手段。

近年来，中国故事国际传播的内容生产上采取时空突围的叙事策略，将中国经典故事在新的语境下进行创新使用，并且进行符合时代叙事以及跨文化传播现实要求的创新，使其贴合当代国际受众的文化接受与阅听习惯，这样的中国故事在叙事上既表现出文化传承的气质，同时又具备历久弥新的故事品质，这样的内容生产在跨文化传播的环境之下，能够进一步放大其内容的旨趣，同时对于不同文化群落的文化居民来说，能够激发其更为浓厚的猎奇心理。对于扩大中国故事国际传播的效果具有重要的传播价值和意义。

中国故事背景时空突围的叙事策略的运用，也是紧密贴合"讲好中国故事"的国家外宣战略。采用时空突围的创新叙事策略，不仅仅在中国故事国际传播的内容生产上，能够提供高质量的文本，同时，这样的创新型故事对于展现新时代下中国式的智慧和价值理念，也是一种重要的手段，实际上，这类创新型故事在传播的现实借用和改造下，能够搭载符合新时代中国社会的主流意识形态，对于自塑中国形象，传播中国与日俱增的世界影响力来说，具有重要的价值。

四、现代造型艺术的创意传播

（一）创意传播的内涵和特征

此前，无论是从叙述视角、叙事时空背景还是故事主题均是从中国故事内容生产的角度进行的阐释，然而好的硬核故事需要借助优质的创意传播手段，才能使得中国故事获得一定的累积、遍布与共鸣效果。近年来，中国故事之所以能够出海，在传播手段上是采取了一定的现代造型艺术的包装策略，即创意传播手段。事实上，创意传播这一概念是由北京大学陈刚教授提出的，其对创意传播的理解主要是从管理学视角下来进行的，强调在数字社会背景下，打造多样态的传播形式，利用既有的传播资源，以内容为王的理念激发用户参与分享、交流、沟通和再创造，通过分众化与精准传播，促使分享扩散，进而实现再分享与再传播。在这个过程中，不断实现内容和品牌的赋能和赋力①。创意传播这一概念最早根植于整合营销传播概念，即遵循从传播形式和传播内容上的整合，协调使用各种不同的传播手段，将产品带给用户。因此，总体来看，在中国故事国际传播的背景下，创意传播主要指在消费社会以及数字叙事的背景之下，创新叙事策略，使用符合用户阅听习惯的叙事策略，使用各种数字技术与当代传播手段，赋予故事全新的存在形式，进而实现中国故事的传播效果。

（二）中国故事的创意传播实践

在新的时代背景下，形塑多种样态的国家形象，就得通过不同形式的传播手段，将中国故事向海外传播。然而，面对跨文化传播的现实情况，各种传播形式与内容逐渐趋同的现实，以及由消费社会和文化工业生产带来的现

① 陈刚.创意传播管理［M］.北京：机械工业出版社，2012：63.

代用户接受习惯，都需要采用现代造型艺术的创意传播手段。近年来，随着中国对国家形象传播的重视，以中国故事为代表的中国创意形象传播不断"出圈"，成为展示新时代下中国文化的重要载体。

电影《功夫熊猫》可以视为中国故事国际传播中，采用当代包装艺术的创意传播先例，成为传播中华文化较为成功的案例之一。2008 年 6 月 6 日，《功夫熊猫》在美国上映，同年 6 月 20 日，在中国内地上映。于 2009 年，获得第 81 届奥斯卡金像奖最佳动画长片提名以及第 36 届动画安妮奖最佳动画长片提名。《功夫熊猫》以中国古代为背景，讲述了一只笨拙的熊猫立志成为武林高手的故事。它突破了传统对于熊猫和中国功夫等传统中国文化元素的认知，形塑了新的中国武术以及国宝的形象。《功夫熊猫》系列中熊猫角色设计基本上维持着中国风格，无论是阿宝的形象设计还是采用的中国风式布景和背景音乐，都采用贴合用户阅听感受的包装设计，采用动画电影的数字叙事模式，向世界观众传达了"成长"与"爱"以及"自由"的永恒价值理念[①]。

此外，从现实情况来看，近年来，非物质文化遗产作为一种历史记忆，利用现代包装艺术的创意传播手段，成为讲述中国故事的重要代表。2018 年，中央电视台中文国际频道推出了文化纪实体验类节目《非常传奇》。为了真正让观众认识非遗、了解非遗，节目组将棚内展演与户外体验相结合，12 期节目中 10 期邀请中外嘉宾深入民俗乡村，体验和学习非物质文化遗产的原汁原味，让观众在欣赏非遗表演的同时，更能深入地了解非遗在日常生活中鲜活的生命力，感受非遗项目背后的民风民俗，通过明星嘉宾与外国友人的探访、学习、交流，推动中国传统文化在国际国内"原汁原味"地传播。该节目是中央电视台首档跳脱了戏曲、曲艺类等表演性强的艺术形式，以非物质文化遗产为切口，深入关注非遗在当代的保护、传承与发扬的节目。此外，

---

① 李念念.动画电影的跨文化传播研究——以《功夫熊猫》系列为例［D］.广州：暨南大学，2016：18-27.

以《叮咯咙咚呛》以及《传承者》为代表的非遗综艺，也成为传播中国非遗故事的重要作品。这些电视节目以真人秀和文化综艺的包装形式，讲述非遗文化的真实内涵，在传播中国故事当中具有重要的价值和意义。

《龙女孩》是一部由中印两国合作拍摄的功夫电影，讲述了一位印度女孩15岁时目睹了姐姐死亡，让她觉得人生毫无希望。直到观看电影《龙争虎斗》，李小龙便成为了她的精神引领。她向中国师父拜师，学习中国功夫，最终走向自强之路，敢于跟黑恶势力做斗争的故事。作为中印两国首度合作的功夫电影，在电影的题材上使用中国经典的武术文化和中国武术在海外传播的大师——李小龙，通过印度女性的视角结合李小龙自强不息的精神，给世界女性一种特别的力量，赋予了李小龙故事全新的时代意义，即女性意识的觉醒，向观众传播女性勇敢为爱而战的理念。同时，包装设计上，将李小龙颇具代表性的功夫标识以及中国醒狮文化与印度传统女性形象相结合，形成了独特的故事。最后，影片在广东佛山取景，千灯湖公园、祖庙、南风古灶以及佛山的多个街道在片中亮相，进一步传播了中国城市的故事。

（三）中国故事创意传播的行动逻辑

在中国故事不断出海的当下，硬核的故事内容搭配以当代的创意传播手段进行文化包装，就是要协调好内容与形式的逻辑关系。同一内容，由于条件不同，可以有多种形式，同一形式也可以表现不同的内容，新内容可以利用旧形式，旧内容也可以利用新形式。在中国故事国际传播的语境下，硬核的故事内容需要使用多种形式的现代包装艺术的创意传播手段，同时无论是传统意义上的经典文化故事，还是当下新时代的社会现实所产生的故事，都可以使用多样态的包装艺术来表现故事内容，以产生新的传播价值和意义。与此同时，内容与形式，是一对广泛而又具体的概念，之间的区别是相对的，而不是绝对的，内容与形式的关系，是辩证统一的关系，没有内容，形式就无法存在，没有形式，内容也无从表现。这两者是相互依赖、相互制约，各以对方为存在条件的。因此，在中国故事国际传播的大环境之中，要充分利用好这一对辩证关系，助推中国故事出海。

　　此外，中国故事国际传播选择采用符合当代审美要求的包装艺术手段来进行创意传播，在应对跨文化传播到转文化传播的现实中是有着极强的现实意义的。此前，跨文化传播实际上强调一种具有地缘优势的文化对相对弱势文化的传播，从而形成新的文化，在中国故事国际传播的背景下，中国并非主张以一种文化的侵占，而是强调在尊重平等的原则下，进行文化交往活动。到了转文化传播时代，由于媒介技术和全球化的推进，在世界不同国家和地区流行的媒体文化产品中，"文化杂糅"，为适应不同市场而进行一定程度的本土化改造，比如使用本土语言，增加一些本土元素等包装艺术手段，但其核心内容体现的仍是生产者所代表的文化，具有较为明显的文化辨识度。而新阶段的"文化杂糅"则从文化产品生产的初始就将不同文化混杂在一起，生产者与消费者所代表的文化在呈现出来的文化产品中"你中有我，我中有你"，形成了一种新的文化样态。这种杂糅的过程使有的文化被增稠，有的文化被稀释。也就是说，杂糅的结果可能会使某一种文化的内核凸显，同时使另一种文化的内核隐匿。而使用这种现代包装艺术的创意传播手段，正是在厘清跨文化传播的现实情况下，从而形成一种超越疆域的融合文化或第三文化的转文化传播样态①。

　　好莱坞电影工业素来就以包装艺术闻名，包装仅仅是其一种文化夹带的手段，其背后隐含的是美国主张的意识形态。因此，中国故事国际传播同样采用包装艺术的现代创意传播手段，正是应对西方价值观输入的重要回应方式。当下，越来越多的中国文化，例如民俗文化、节日文化、非遗文化等，通过各种形式的文化包装手段来进行国际传播，在国际场域中，讲述中国故事，成为中国故事"出圈"的重要表征。中国故事的创意传播，在某种程度上能够降低"文化贴现"值，亦称为文化折扣，文化折扣的产生主要是因为

---

① 刘滢，张毓强.转文化传播：中华文化"走出去"的升级新可能——基于《功夫熊猫》《花木兰》等案例的讨论［J］.对外传播，2021（02）.

文化背景差异，国际市场中的文化产品不被其他地区受众认同或理解而导致其价值减低。而通过采用现代创意手段，不仅仅能够降低转文化传播的现实阻力，同时还能将中国故事当中蕴含的中国价值观念传播出去，从而给予国际受众以全新的文化体验，这对于中国新的文化形象的传播和认知具有重要价值。

第三章　中国故事的讲述主体

　　中国在政治、经济、文化、社会、生态等方面均取得了一定的成就与发展，随着综合国力的提升，我国日益走进了世界舞台的中央。但从总体来看，"西强东弱"的国际传播格局没有改变，西方国家试图通过对国际话语权的掌握与构建来维系其世界霸权，因此常将中国视为"假想敌"与"定时炸弹"，西方媒体通过"污名化""妖魔化"等报道模式向国际受众传递着负面的中国形象。相较而言，中国在国际社会中处于"话语失声"的状态，长此以往产生的文化"逆差"将不利于中国形象的建构。因此习近平总书记于2016年2月19日，在党的新闻舆论工作座谈会上的讲话中强调"我们在国际上有时还处于有理说不出、说了传不开的境地，存在着信息流进流出的'逆差'、中国真实形象和西方主观印象的'反差'、软实力和硬实力的'落差'。要下大气力加强国际传播能力建设，加快提升中国话语的国际影响力，让全世界都能听到并听清中国声音"①。讲好中国故事，传播好中国声音，展示真实、立体、全面的中国，是加强我国国际传播能力建设的重要任务。②

　　在中国故事的讲述中，其讲述主体充分发挥着主观能动性，不仅是中国故事的讲述者，更是中国故事的传播者，在讲好中国故事中发挥着统领

---

① 习近平在党的新闻舆论工作座谈会上强调：坚持正确方向创新方法手段，提高新闻舆论传播力引导力［EB/OL］.人民网，2016–02–20［2022–08–10］.http://cpc.people.cn/n1/2016/0220/c64094–28136289.html.

② 学而实习：习近平：讲好中国故事，传播好中国声音［EB/OL］.求是网，2021–06–02［2022–08–10］.http://www.qstheory.cn/zhuanqu/2021–06/02/c_1127522386.htm.

与决策的作用。美国社会心理学家、传播学奠基人之一库尔特·卢因（Kurt Lewin）在 1943 年《生态心理学》一书①中首次提出"把关人"概念，强调了传播主体在传播过程中的重要作用，他认为由于信息、传播者目的和受众的差异性，信息传播者往往会对传播的信息进行过滤和加工以引导舆论和提升传播效果。②而中国故事的讲述主体正是讲好中国故事的"守门人"，凭借其主观能动性，依据自身喜好与价值观对中国故事进行选择、加工与传播，讲述主体这一讲述中国故事的"把关"行为决定了中国故事传播的内容与质量，通过"把关主体多元化"，从全方位多角度选择与传播立体全面的中国故事。

　　本书基于官方与民间两大传播话语体系，将讲述主体分为主流媒体、企业与个人，其中中国主流媒体是传播中国故事的主导者，凭借自身的权威性与受众认可度在传播中发挥着主导作用；个人是传播中国故事的践行者，集腋成裘、聚沙成塔，以个人魅力传播着中国故事；企业则是传播中国故事的补充者，位于官方与个人之间，通过企业的品牌形象、产品质量等塑造、呈现并传播着中国故事。讲述主体不仅要各司其职发挥自身价值，还应相互拓展和有机联合，从而构建多元主体参与的传播格局，形成系统推进、联合发力的局面，充分担当起"把关人"的角色，借此展示丰富多彩的中国形象，书写生动立体的中国故事。

---

① 黄旦."把关人"研究及其演变［J］.国际新闻界，1996（04）.
② 周鸿铎.应用传播学教程［M］.北京：中国书籍出版社，2010.

第一节　媒介里的中国故事

广义的媒介是指能使人与人、人与事物或事物与事物之间产生联系或发生关系的物质，从传播学意义上来看媒介是用以向大众传播消息或影响大众意见的大众传播工具。随着互联网和新媒体的迅速普及和应用，媒介化社会迅速到来，生活在媒介环绕中的人们对媒介的依赖程度越来越深，媒介已成为人们获取信息和认知世界的最为重要的手段。从媒介建构角度来看，媒介可以通过建构社会认同来维持共识，具体来说，微观层面的认同是个体对自我社会身份的理性认知，而宏观层面的社会认同则是特定社会情感和信仰在社会成员中的共享，从而实现社会共同体的团结与凝聚。① 由于媒介具有建构共识与建构形象的功能，因此在跨文化传播中，媒介可以通过积极主动地进行议程设置，将中国故事的内容进行具象化处理，在日常生活实践中不断摸索与完善对外传播中国故事的话语体系，进而更好地向海外媒体与受众传递中国声音，传播中国故事。

一、主流媒体：讲好中国故事的重要阵地

新华社 2004 年开展了"舆论引导有效性和影响力研究"课题研究，该课题认为主流媒体有六条评判标准：第一，具有党、政府和人民的喉舌功能，具有一般新闻媒体难以相比的权威地位和特殊影响，被国际社会、国内社会各界视为党、政府和广大人民群众意志、声音、主张的权威代表；第二，体现并传播社会主流意识形态与主流价值观，在我国即是社会主义意识形态和

---

① 王少南.媒介建构社会共识的功能分析［J］.传播力研究，2019（34）.

与之相适应的价值观，坚持并引导社会发展主流和前进方向，具有较强影响力；第三，具有较强公信力，报道和评论被社会大多数人群广泛关注并引以为思想和行动的依据，较多地被国内外媒体转载、使用、分析和评判；第四，着力于报道国内外政治、经济、社会、文化等领域的重要动向，是历史发展主要脉络的记录者；第五，基本受众是社会各阶层的代表人群；第六，具有较大发行量或较高收听、收视率，影响较广泛受众群[①]。由此可见，中国主流媒体能够反映社会主流意识形态，代表着社会主流发展方向，是传播社会主流价值观的重要渠道。在国际传播中，主流媒体是塑造国家形象和对外传播的主要窗口，并凭借其渠道和资源优势，承担着在国际舞台上讲好中国故事的重要使命。

（一）主流媒体积极讲述中国故事

由于主流媒体在传播报道中拥有比自媒体、网络媒体更强的媒介公信力，以及对信息源和采编权的媒介接近权，主流媒体在对中国故事的书写与传播中肩负着重要的使命。伊尼斯将传播和传播媒介分为两类，一是口头传播的偏向与书面传播的偏向，二是时间的偏向与空间的偏向。[②] 根据传播媒介的特性，媒介大致可以分成两大类：有利于空间上延伸的媒介和有利于时间上延续的媒介。但随着电子技术与互联网的发展，媒介能够利用数字化技术储存海量内容，利用互联网平台拓宽传播范围，因此新时代的媒介既有时间上的连续性，也有空间上的拓展性，本书将依据伊尼斯的"媒介偏向论"从时间和空间两个维度来分析中国主流媒体在中国故事传播中的作用。

1. 时间偏向利于营造集体记忆

由于数字化存储技术的进步，中国主流媒体所报道的内容可通过电子化的形式储存在互联网中，使其具备了伊尼斯所说的易于长久保存的性质，具

---

① 新华社"舆论引导有效性和影响力研究"课题组.主流媒体如何增强舆论引导有效性和影响力之一：主流媒体判断标准和基本评价［J］，中国记者，2004（01）.

② ［加］哈罗德·伊尼斯.传播的偏向［M］.河道宽，译.中国人民大学出版社，2014.

备了时间偏向性。集体记忆是一种社会行为，人们从社会中获得集体记忆，也在社会中与其他个体或群体交流这些集体记忆并获得认同[①]。中国主流媒介在报道关于中国故事的内容时，能够对公众形成集体记忆，强化国家认同。在2008年8月8日北京奥运会开幕式到9月17日北京残奥会结束，国内主流媒体在短时间内集中报道北京奥运赛事，能够增强公众对于北京奥运赛事的重视程度和民族自豪感与认同感，中外主流媒体合力报道也能够使中外受众形成共同的集体记忆。在2022年北京冬奥会开幕式开播后，人们通过交流重新唤起2008年北京奥运会的震撼场面的记忆，双重刺激下加深了人们关于北京承办两次奥运会的集体记忆，在中外媒体的报道与公众的反馈中凸显了中国的综合国力，积极传播了中国故事。

2. 空间偏向利于造势与传播

正如麦克卢汉所说，新媒介的出现延伸了人的感觉和感官，通过各种媒介的使用，人类重新找回了感觉平衡的状态，由此也形成了人们对空间的感知。面对社会的巨大变化，人们的精力有限，于是更多地通过媒介延伸各种感官去了解现实世界，以此形成自己的环境认知和空间感。中国主流媒体借助海内外社交媒体平台传播中国故事，能够拓宽内容的宽度与空间的广度。中国日报围绕新中国70年来的沧桑巨变和发展成就，把握海外受众关注点、兴趣点，在2019年推出系列短视频《70秒看见中国》[②]，该系列覆盖了全国各省、自治区、直辖市以及香港、澳门特别行政区，以航拍的方式记录了中国的大好河山与人文习俗等，累计传播量超过1亿次，2000余家媒体转发，有效覆盖主流社交媒体平台，并入选中国记协新媒体专业委员会"庆祝新中国成立70周年融合报道十大创新案例"。中国日报正是借助各大社交媒体平台，像水面泛起涟漪一般向全国甚至全球扩散，以浩大的传播声势展示着中

① 周海燕. 媒介与集体记忆研究：检讨与反思［J］. 新闻与传播研究，2014（09）.
② 中国日报社：加快融合发展步伐，推动国际传播事业发展［EB/OL］. 中国记协网，2020-04-04［2022-08-11］. http://www.zgjx.cn/2020-04/14/c_138975391.htm.

国人杰地灵、物华天宝的形象，以及崇尚自然、爱好和平的主流价值观。

（二）主流媒体积极建构中国故事

一直以来，中国主流媒体的话语表达宣传教化色彩浓厚，讲述主体多围绕国家领导人，缺乏多元化的平民视角，中国故事的讲述显得生硬、缺乏趣味性。但随着我国国际传播理念的转变以及社交媒体的崛起，主流媒体开始革新叙事结构，广泛设置议题融入，融入多元化的叙事主体，让中国故事"生活化"，大大贴近了受众的接受心理，主要体现在叙事视角丰富多元、叙事内容自信包容、叙事修辞生动形象以及叙事语境共情共识四方面，形成较好的传播效果。

1.丰富多元的叙述视角建构

叙述视角也称叙述聚焦，是指叙述语言中对故事内容进行观察和讲述的特定角度。中国主流媒体将政治议题融入生活内容，突破单一的宏观叙事框架，运用个体视角进行补充与丰富，个体视角中又分为中国普通人的视角与外国人的他者视角，主流媒体通过交替使用不同的视角来呈现多样丰富的中国故事。

在平民视角中，常以普通老百姓作为叙述主体，从个人的角度来讲述事件或推动事件的发展，采用这一叙述视角会使报道更具人情味。2018年，在中国改革开放40周年的报道中，CGTN制作播出了三集系列纪录片《五班——中国40年社会变迁三部曲》。该片借鉴了社会学研究方法，以浙江台州路桥中学1978级五班高中毕业生为样本，通过全纪实的拍摄方式，以这些普通中国人40年来的工作和生活反映中国在社会流动性、自由度和包容性方面的变化和人们思想解放的程度，从中折射改革开放对中国社会、人物命运及其精神世界的深刻影响。CGTN正是以普通人的视角来看待中国40年的变迁发展，使得受众能在他们身上找到自己的影子，使得报道更有温度、更人性化，也更容易打动受众。

此外平民视角中的"他者"视角也是中国主流媒体常用的一种，经常通过外国人在中国的生活体验进行报道。中国日报"新时代斯诺工作室"在 2021 年庆祝建党百年之际推出系列视频《求索：美国共产党员的中国行》，美籍主持人、美国共产党员伊谷然走进中共一大会址、嘉兴南湖等红色圣地，对话学者专家、国际友人、基层党员等各界人士，探寻中国共产党百年辉煌的成功"密码"。这档节目将外国人作为讲述主体，以"他者"形象从不同层面、不同角度阐释了民主集中制的运作方式，多元主体的声音让视频叙事层次更丰富、更有可信度，也更易于国外受众理解。

2. 自信包容多样的叙事内容建构

讲好中国故事，关键是要讲好中国特色社会主义的故事、中国梦的故事、中国人的故事、中华优秀传统文化的故事、中国和平发展的故事。主流媒体在内容建构中，立足于对中国优秀传统文化和现代化建设成就的高度认同感，围绕我国的政治、经济、社会、生态、科技、历史等维度对中国进行立体全方位的报道，向国际社会讲述中国故事。CGTN 作为中国的外宣旗舰媒体，在叙事内容的建构上也是丰富多样的。在 CGTN 每周一期的"原声态"系列短视频《生命的合唱》中，以包含同期声的画面加字幕的形式展现中国壮美的自然景观和充满生机的社会生活；系列报道《70 年中国外交风云》反映了新中国成立以来的外交成就；《中国名词》系列以名词解释的形式反映了中国 70 年的发展变化；《吉米眼中的中国》系列借助"外国眼"看中国；《三代人的故事》以三代人的视角反映中国变迁等等，借助短视频的形式呈现了中国的自然生态、历史变迁、外交成就等，以期从多方面建构立体真实的中国形象。

3. 生动形象的叙事修辞建构

中国主流媒体在对外讲述与传播中国故事时，应充分考虑西方与我国的文化差异。美国人类学家爱德华·T·霍尔在 1976 年出版的《超越文化》一书中首次提出高低语境理论，他认为人类交际（包括语言交际）都要受到语境的影响，并从交际与感知的角度指出文化具有语境性，并根据信息由语境或编码表达的程度，将文化分为高语境和低语境。[①] 高语境文化指在语言交际过程中更多依赖于交际语境，而低语境文化更多依赖于所使用的语言，因此，在面向低语境文化的国家传播时，主流媒体应采用简洁明了、生动形象的叙事修辞来降低西方受众浏览媒体内容的费力程度。

从修辞学的角度来看，传统的修辞学主要关注语言文本的修辞问题，中国故事运用语言修辞，必须了解目标受众的语言特点，探索中国故事适当的表达策略，讲述能让国外受众听得进、听得懂的中国故事。人民网英文版致力于以生动形象的内容和语言呈现中国故事，并且每年都会评选"人民网海外社交媒体平台年度最受关注贴文"。人民网英文版于 2021 年 9 月 23 日在"看见中国" Facebook 账号发布短视频，标题为 "Which farm products get Xi's thumbs-up?（习近平主席为哪些农产品点了赞？）"，带领海外读者跟随习近平主席，了解推进乡村振兴战略和中国农村发展情况。海外网友纷纷留言，点赞中国的乡村发展成就。网友 @Mingma Sherpa 评论："这对世界其他国家领导人是很好的示范，他们平时总是忙着开会，远离群众，只有在选举时才会贴近群众。"网友 @William Chang 评论："一位杰出国家领导人的标志是关心人民的生活。中国人民很幸运能有这样一位领导人。"[②] 这则推文通过生动活泼的语言表达和风格拉近了与西方受众的距离，成为 2021 年度人民网英文版获得评论最多的推文。

而视觉修辞学立足于修辞学传统，核心探讨视觉话语建构的劝说意义与修辞策略，[③] 强调对视听语言和图像符号的运用，用图像化的方式讲述中国故事，了解目标受众的视觉文化心理。中国故事的视觉修辞建构，不能停留在一些表层的文化符号输出上，而应将中华优秀传统文化和当代价值内嵌于视

① 唐悦 . 基于霍尔高低语境理论浅析汉语欧化现象［J］. 海外英语，2016（04）.
② 人民网英文版海外社媒平台 2021 年最受关注贴文［EB/OL］. 人民网，2021-12-31［2022-08-11］. http://world.people.com.cn/n1/2021/1231/c1002-32321749.html.
③ 刘涛 . 何为视觉修辞——图像议题研究的视觉修辞学范式［J］. 湖南师范大学社会科学学报，2018（06）.

觉图像中，以有效的视听语言和视觉修辞策略向国际社会传递中国声音。《中国日报》海外版报纸中的插画则以视觉冲击吸引着受众的眼球，其将中国传统工笔画表现手法与电脑板绘结合，创新性地应用了中国传统的美学元素，并与时代审美需求相融合，用带有浓浓东方韵味的新插图，讲述一个个生动的中国故事，还凭借其别样创意版面设计，获得了英国报业年度奖（堪称报业界的"奥斯卡"）的最佳国际报纸奖，由此可见采取一定的视觉修辞能起到事半功倍的传播效果。

4. 共情共识的叙事语境建构

构建一个超越地域、政治、文化、种族等认知壁垒的叙事语境，是实现中国故事对外传播有效到达和正确解码的重要前提。习近平总书记曾指出"国之交在于民相亲，民相亲在于心相通"[①]。在跨文化传播实践中，情感是一种普遍的文本生产观念，主流媒体从共情与共识两方面建构中国故事的叙事语境，能较大程度上降低海外受众的戒备心理，加深对中国故事内涵的理解程度。

所谓"共情"，也被译为"同理心"或"移情"，"是一个人能够理解另一个人的独特经历，并对此做出反应的能力"[②]。共情传播就是共同或相似情绪、情感的形成过程和传递、扩散过程[③]。主流媒体在对外传播中通过恰当的叙事方式激发人类的共情能力，让受众有意识地进行换位思考，进而形成共通的意义空间。2020年新华社中国搜索"中国好故事"数据库与"复兴路上工作室"联合制作出品的中英双语动画短视频《一杯咖啡里的脱贫故事》，视频用3分34秒的内容让国际读者了解了来自西方的咖啡豆如何让云南咖农们走上脱贫致富之路，视频播出后在全球获得超4亿人次点击量，成功之处

---

① 国之交在于民相亲，民相亲在于心相通［EB/OL］.央广网，2019-04-26［2022-08-11］.http://news.cnr.cn/native/gd/20190426/t20190426_524591274.shtml.

② ［美］亚瑟·乔拉米卡利.共情力：你压力大是因为没有共情力［M］.耿沫，译.北京：北京联合出版公司，2017：3.

③ 赵建国.论共情传播［J］.现代传播，2021（06）.

在于"咖啡豆"是西方人民最熟悉的文化符号，以"咖啡豆"为主体讲述我国云南地区的脱贫之路，以双方熟悉的中介物作为情感连接的纽带，容易让西方人民对陌生的内容产生亲切感，减少我国视频在国际传播中的阻碍。除具体的中介物外，共通的情感亦可作为中介，在 2017 年的 1 月 1 日，一个四川遂宁救护车隧道遇堵，众车让路的短视频引爆网络。这个视频中的小人物们，默默做了一件救人命的大事情，正是爱惜生命与灾难面前团结一致的情感充当了媒体与西方受众的中介物，所以这则视频成为了海外曝光率最高的中国社会新闻之一。

共识，就是寻求在特定议题上的共同见解。一定程度的共识，是任何社会群体存在的先决条件。由于中外文化差异的客观存在，在诸多议题上呈现不同立场，诉诸情感认同的中国故事对外传播，必须秉持"求同存异"的精神，寻找中外共同的情感认同点。CGTN 于 2021 年 5 月 28 日在 YouTube 上上传的一段大象在云南街头走路的视频，收获了 38372 次观看，705 次点赞，率先在国际社会中引起了较大关注，随后英国、美国、意大利、澳大利亚、日本、韩国、印度等众多国家的主流媒体都给予了报道。这是因为此次"云南大象迁徙"事件涉及到的环境生态问题，是一个全球性的议题，牵动着人类对动物保护、生态保护、森林砍伐等关系到自身生存环境的关注。这背后反映出的是人类与自然和谐相处的理念，形成了超越不同文化和意识形态差异的共识。

总而言之，中国主流媒体关于中国故事的建构并不是一蹴而就的，通过对中国故事的建构，透过故事传递中国深层次的文化思想与文化特色，在潜移默化中影响世界对中国的认知与理解。

（三）主流媒体积极传播中国故事

主流媒体在中国故事的讲述与传播这一伟大实践中，在国内已取得了一定的成就，但放眼全球来看，受"西强东弱"的舆论场影响，我国主流媒体在跨文化传播中仍然会受到不同国家文化差异的影响。美国学者哈罗德·拉斯韦尔于 1948 年在其《传播在社会中的结构与功能》一文中提出的传播过程中的 5 种要素分别为 Who（谁）、Says What（说了什么）、In Which Channel（通过什么渠道）、To Whom（向谁说）、With What Effect（有什么效果），与我国主流媒体结合起来，则会发现主流媒体可以从传播者即主流媒体、传播内容即中国故事、接收者即海内外受众，这三个传播要素入手，积极主动调整对外传播观念与话语体系，从而提升中国故事的海外传播力与影响力。

1. 增加受众黏性，提升影响力

当前中国主流媒体在海外国际传播中的受众群体数量少，传播范围和可影响的空间狭小是讲好中国故事难以突破的瓶颈。截止到 2022 年 5 月，以英美为代表的主流媒体与中国对外主流媒体在 Twitter 平台的账号粉丝量进行对比发现，当前中国主流媒体海外传播的受众在数量和内容的影响力上，都与西方主流媒体有较大的差距（如表 3-1 所示）。中国主流媒体的海外受众多以华人华侨或留学生为主，缺少真正的外国受众群体，例如《中国日报》80%的受众群体仍以华侨、华人和留学生等群体为主。[①] 因此，主流媒体需重视海外社交媒体平台的建设，积极融入对象国的文化圈层，深入了解对象国的受众需求，在传播中国故事时采用当地受众所熟知的意象与话语体系进行传播，不失为一种增加海外受众黏性的可能。

表3-1　中西方媒体 Twitter 账号的粉丝数量（单位：万）

西方媒体		中国媒体	
BBC	5817	CGTN	1336
The Guardian	868	China Xinhua News	1229
CNN News	5789.1	People's Daily，China	685
The New York Times	5278	China Daily	424
The Wall Street Journal	1978.8	CCTV	101

① 朱金德，王爱玲.新媒体背景下中国对外传播的困境与对策研究［J］.新媒体研究，2019（09）.

2. 主动设置议程，掌握话语权

美国传播学者 M.E. 麦库姆斯和 D.L. 肖认为大众传播具有一种为公众设置"议事日程"的功能，传媒的新闻报道和信息传达活动以赋予各"议题"不同程度显著性的方式，影响着人们对周围世界的"大事"及其重要性的判断。中国主流媒体受"西强东弱"媒介格局的影响，主动进行议程设置的能力较弱。2018 年 6 月，美国公布加征中国商品关税清单，掀起中美贸易争端，西方一些媒体刻意炒作，发表不实言论，企图误导国际舆论。人民日报、新华社等主流媒体对国际上出现的对中美贸易争端的模糊认识做出了及时有效的澄清。西方媒体经常主动制造话题进行议程设置来向中国展开"舆论战"，这使得中国媒体常常处于被动回应的局面。在跨文化传播中，主动设置相关议题能让主流媒体在第一时间把握舆论的主导权，突破"他塑"的被动局面，针对中国有关的国际事务，积极发声阐明中国立场，表达中国观点和中国价值。

3. 精准报道内容，打造传播特色

跨文化传播是在世界范围内的传播，讲好中国故事展现良好的国家形象需要一个总体大方向，当下主流媒体对外传播，总体上依旧是粗放型传播方式，还没有形成针对不同国家和地区制定不同传播方针的精准化传播思维，"有内容无传播"是当下的主要困境。在国际话题的议程设置上，故事作品的数量和质量参差不齐。在有关"一带一路"的报道中，关于"一带一路"互惠互利性的新闻发布数量较多，但关注度却相对较低；而对于主流媒体对外解释"一带一路"政治意图的新闻报道数量较少，但传播效果却更好[①]。国家与国家之间在历史、制度、文化方面存在较大差异，因此主流媒体跨文化传播在制定传播方针上，还需对症下药，根据受众的心理特征和信息需求实现精准化传播。

---

① 胡岸，陈斌. 国家议题的对外传播效果分析——以"一带一路"在海外社交媒体上的框架分析为例[J]. 编辑之友，2018（12）.

　　一言以蔽之，主流媒体应发挥好旗帜的作用，以坚定的使命感对中国故事的传播内容认真把关，积极发挥主流媒体的独特优势传播中国声音，引导国际舆论，减轻国际受众对中国的刻板印象。主流媒体讲述好"中国故事"，不仅有利于我国优秀文化的继承和发扬，有利于我国民族自信和民族精神的重塑，更有利于我国国际形象与话语权的提升，让世界重新认识中国、了解中国。

二、纪录片：双主体的故事叙事

　　纪录片是具有文献资料性质的、以文献资料为基础制作的影片，[①]最突出的作用与意义在于对历史或事件的记录。作为实施国家传播战略中的重要载体，纪录片具有真实性、思想性、文献性、揭秘性以及艺术审美、文献典藏和国际政治与文化传承等价值，[②]真实是纪录片的生命，通过形象生动的影像呈现方式，更易于构建一个具有真实感的文本结构，获得不同文化背景下受众的理解和认同，[③]突破不同国家间的文化壁垒，是外国人认识中国、了解中国的重要窗口。纪录片将故事的理念与纪录结合，利用故事化叙事的手法能放大并突出纪录片的重点内容，引起受众对纪录片情节的关注度，从而使纪录片成为讲述中国故事的得力载体。当前全球化的背景下，通过纪录片的镜头塑造"可信、可爱、可敬的中国形象"，更容易被他国受众接受与认可，更有利于向国际社会传递中国声音，传播中国故事。

（一）纪录片发展趋势向好

　　在以西方国家主导的媒介化进程中，西方国家的纪录片发展历程较为长远，制作理念与拍摄手法相对娴熟，而中国纪录片则是在西方国家纪录片的影响下开始起步与发展的。我国纪录片的创作与我国社会发展息息相关，虽

---

① 拉·巴桑达·索维吉、单万里.纪录电影的起源及演变［J］.世界电影，1995（01）.
② 唐宁.中国电视文献纪录片价值构建研究［M］.中央文献出版社，2012：17，36.
③ 何苏六，李智，毕苏羽.中国题材纪录片的国际化传播现状及发展策略［J］.中国广播电视学刊，2011（05）.

经历了一些坎坷与挫折，但总体态势向好，从纵向与横向两个维度来看，纪录片均呈现欣欣向荣的局面，已然成为向世界展示中国形象、提升中国文化软实力的重要窗口。

从纵向维度来看，自 1949 年新中国成立以来，我国纪录片呈现稳中求进的趋势。《2019 年中国纪录片产业研究报告》[①] 将纪录片分为四个发展阶段，1949 年至 1976 年间为政治主导阶段，纪录片多为政治服务，宣传色彩浓厚；1978 年至 1999 年间为文艺驱动阶段，受改革开放影响，文艺复苏，国家影视机构改革，民间力量登上历史舞台；2000 年至 2009 年间为市场驱动阶段，我国经济飞速发展加快纪录片市场进程；2010 年至今为产业驱动阶段，国家高度重视并加大纪录片的政策扶持力度，互联网的发展也催生了多元化的创作主体与民间资本的投入。回顾发展历程可以看出我国纪录片正在国内扎根，国外生长，正在朝着"中国文化，国际传播"的大方向迈进。

从横向维度来看，我国纪录片在生产制作主体、纪录片类型以及内容制作等方面均呈现良好互动的局面。我国互联网技术的发展以及市场环境的良好氛围为纪录片的生产制作主体多样化奠定了扎实基础，《2019 年中国纪录片产业研究报告》指出纪录片的生产制作主体主要有国家机构、电视台、新媒体机构以及民营公司。纪录片生产主体的不同影响着纪录片的类型，可按照制作平台与传播领域划分为电视纪录片、纪录电影、新媒体纪录片三大类型。除国内生产主体外，我国还与国外机构合作，以中外合拍的形式为纪录片提供新的创作方向。各个生产主体相互配合与协调，为我国纪录片的创作与生产提供较多选择与可能，有助于提升纪录片的国际影响力。

（二）双主体充实故事化叙事模式

纪录片创作的核心目的是传递文化主张，普及历史文化知识，并通过纪

---

① 2019 年中国纪录片产业研究报告［EB/OL］. 艾瑞咨询，2019-10-12［2022-08-12］.https://www.iresearch.com.cn/Detail/report?id=3448&isfree=0.

录片内容来教育人、感染人、启迪人。① 近年来我国纪录片在发展中不断调整与改善叙事模式，以故事形式拍摄和讲述能够提升内容的吸引力，更利于纪录片的国际传播。而讲述故事最为关键的是讲述者对故事的构思与理解，在纪录片的故事化呈现中，创作者的主体意识始终贯穿于纪录片从选材到拍摄再到后期制作的全过程，主体意识对于纪录片来说，在故事化叙事中具有关键价值与重要意义。随着时代和互联网的发展，涌现出了更多的民间力量，官方与民间构成了纪录片的双主体样态，互为补充，共同推动着纪录片向好发展。

1. 叙事理念：官方与民间的碰撞

我国纪录片的官方创作主体以电视台与国家机构为主，民间主体以新媒体机构与民营公司为主。在纪录片的故事化叙事中，官方与民间两大主体身份属性的不同决定着叙事理念有所不同。官方代表着国家主流意识形态，在纪录片中贯彻大局意识，通过纪录片故事化叙事，更多呈现与传达的是中华民族的优秀文化与精神品质、"一带一路""人类命运共同体"等的价值观念以及中国取得的巨大成就，借此彰显中国的大国形象与民族自信的家国情怀。而民间主体具有强烈的现实关怀，更多聚焦于普通民众的底层生活，用故事化叙事呈现中国社会风貌。官方与民间主体叙事理念的不同影响着纪录片的主题与内容走向。

2. 叙事内容：宏大与微观的交融

纪录片大师尤·伊文思认为："纪录片最合乎逻辑的发展就是人物化，即通过个人的见闻或遭遇来展现纪录片的内容。"② 官方与民间两大主体在纪录片的叙事内容上呈现宏大叙事与微观叙事相融合的特征。官方创作主体在纪录片叙事主题与题材的选择上多突显中国深厚的文化底蕴，央视 2016 年出品的《我在故宫修文物》纪录片，通过讲述文物修护者和文物之间的故事来彰

---

① 敬菲菲.中华优秀传统文化纪录片的价值与传播［J］.当代电视，2019（09）.
② 尤·伊文思，沈善.对纪录片的几点看法［J］.电影艺术译丛，1979（04）.

显我国厚重的文化底蕴，实现宏大内容微观表达的叙事模式。民间创作主体立足于社会，关注普通民众与社会发展之间的关系。王久良作为我国民间创作主体的一分子，高度关注中国社会问题，其导演的《塑料王国》，用镜头聚焦山东某地一个进行垃圾处理的家庭工厂的日常，以普通人的视角和经历讲述着洋垃圾在我国的回收处理问题，引起人们对于环境保护和垃圾治理的反思，并在 2016 年阿姆斯特丹国际纪录片电影节上获得新人单元评委会特别奖。民间创作主体借普通个体来展现底层社会生活，以微观的叙事内容对官方的宏大叙事进行补充与丰富。

3. 叙事效果：彰显自信与情感连接的触达

官方创作主体作为我国纪录片生产与创作的主力军，其生产的纪录片需符合我国主流意识形态，承担着利用纪录片塑造与传播国家形象，讲述中国故事的重要责任，在制作与拍摄中官方创作主体利用显著的身份优势，较为完备和先进的拍摄装备和丰富的人力资源呈现了良好的叙事效果。央视 2012 年出品的《舌尖上的中国》纪录片，通过讲述我国各地普通家庭美食的制作表达着中国人对美食和生活的美好追求，向世界传递着中国美食文化的魅力，彰显着我国的文化自信。民间创作主体与民众有着强烈的身份认同与情感连接，其制作的纪录片能唤起普通受众的共鸣。我国纪录片导演王久良耗时 6 年之久拍摄的《塑料王国》，聚焦我国环境问题，播出后在网络上引起了网友的关注，间接推动着国家对其的治理，国务院于 2017 年 7 月出台了《禁止洋垃圾入境推进固体废物进口管理制度改革实施方案》[①]，民间创作主体聚焦社会普通民众生活，以更加接地气的方式实现与受众的情感触达。

（三）纪录片双主体叙事优势助力国际传播

近年来，随着互联网与新媒体的发展，越来越多的民间创作主体加入到中国纪录片的创作阵营中，拓宽了纪录片的传播渠道与制作空间，增加了纪

---

① 司达，国巍. 主体性话语的"三位一体"——近 10 年中国民间纪录片发展特征概述（2010-2020）[J]. 云南社会科学，2021（03）.

录片渠道与内容的种类，使大众对纪录作品更为熟识。以 B 站、腾讯、爱奇艺、优酷等网络视频平台为代表的网络自制纪录片，借助互联网平台特性，以年轻化轻体量的优势吸引着网络用户的关注，陈晓卿导演、腾讯视频出品的《风味人间》第一季，腾讯视频平台播放量超过 10 亿次，豆瓣评分 9.0，[①]借助新媒体平台提升了网络纪录片的传播力度。除新媒体机构外，由我国民间创作者个人拍摄和导演的纪录片也为我国纪录片的创作与传播贡献着力量，这类民间创作个人聚焦社会底层生活，关注普通人与社会的联系，更能从多角度讲述中国故事。官方创作主体应加强与民间创作主体的交流与互动，鼓励并积极通过社会主流价值观引领民间创作主体的发展方向，两个主体相互配合，为我国纪录片提供源源不断的创作动力与内容，客观真实地展现社会风貌，向国际社会输送彰显中国形象与中国内涵的纪录片。

当下，纪录片运用故事化的叙事策略已成为普遍的趋势，故事叙事以小切口讲述大主题，可以增强纪录片内容的趣味性，纪录片双主体的故事叙事更能丰富与拓展我国纪录片的发展空间，但纪录片不应过分夸大故事叙事的作用而忽略了真实性。在多元开放的全球化语境中，我国纪录片还应充分吸收借鉴外国纪录片的拍摄经验，从而提升我国纪录片在内容创作与国际传播中的影响力，积极利用纪录片这一媒介载体向海外受众讲好中国故事。

第二节　有活力的文艺工作者

文艺工作者，即从事文学和艺术方面工作的人。我国的文艺工作者作为

---

① 风味人间：全球视角下的中国故事［EB/OL］.澎湃网，2022-05-09［2022-08-15］.https://www.thepaper.cn/newsDetail_forward_17992004.

连接国家和人民的桥梁，积极响应国家的号召，通过创作大量的文艺作品以及开展文艺活动等方式，依托大众传媒的教化功能与休闲娱乐功能，满足人民日益增长的精神文化需求，营造和谐包容的良好社会氛围。我国党和政府非常重视文艺事业的发展以及文艺工作者的人才培养，例如毛泽东同志于1942 年 5 月发表的《在延安文艺座谈会上的讲话》，首次系统阐述了党的文艺主张，是党领导文艺工作的纲领性文献和重要里程碑。[①] 党的十八大以来，习近平总书记就文艺工作发表了一系列重要论述，曾强调"文艺工作者要讲好中国故事、传播好中国声音、阐发中国精神、展现中国风貌，让外国民众通过欣赏中国作家艺术家的作品来深化对中国的认识、增进对中国的了解。要向世界宣传推介我国优秀文化艺术，让国外民众在审美过程中感受魅力，加深对中华文化的认识和理解" [②] 。因此，文艺工作者可通过打造优秀的文艺作品与文艺活动向海内外受众传递中国声音，讲述中国故事。

一、中国文学的国际传播

在全球化语境中，文学作为文化传播的重要载体，在国际传播中以日复一日的文化渗透传播着文学背后所蕴含的国家意识形态以及国家独有的文化内核。作为"四大文明古国"之一的中国，中华上下五千年的悠久历史长河孕育了其体系庞杂丰富的中国文学，中国文学正是以中华文化为母体，对其进行文学性的加工创作与表达，以生动形象的文本叙述向海外受众传递着中国形象与声音，其不仅在宏观上承载了中国的历史文化，而且在微观上呈现了国人的日常生活，为世界人民了解一个真实的中国提供了重要参考。[③] 通过中国文学作品的国际传播，能够向海外读者展现中国悠久的历史与民族文化，向世界讲述中国经历的变化与取得的成就，从而提升我国在国际中的文化软

---

① 韩洁 . 与党同心 与人民同行 与时代同频共振 [N] . 中国文化报，2022-05-26（001）.
② 习近平：在文艺工作座谈会上的讲话 [EB/OL] . 新华网，2015-10-14［2022-08-15］.http://www.xinhuanet.com/politics/2015/10/14/c_1116825558.htm.
③ 汤天甜，温曼露 . 讲好中国故事：中国文学借船出海的传播策略 [J] . 出版广角，2019（14）.

实力，塑造生动、全面、包容的中国形象。

（一）中国文学展示发展新风貌

21 世纪以来，中国文学在国家的推动下，正以积极的姿态走出国门，走向世界。党和政府采取有力举措积极推动中国文学"走出去"，源源不断的中国文学作品被译介到世界各地，也涌现出了荣获国际大奖的文学作品，在政府、中国作家、译者以及出版机构等多方的努力与配合下，中国文学成为展示我国发展新风貌的重要窗口之一，在丰富世界文学的同时争做中华文化的代言者。

1. 对中国文学海外传播的国家战略支持

新中国成立以来，党和国家高度重视文学的海外传播，从 20 世纪 50 年代起就开始有意识、有规模、有组织地向世界各国译介中国文学作品，1951年创办的《中国文学》英文版期刊在较长一段时间里是中国向国外推介中国文学的主要渠道之一。进入 21 世纪以来，我国综合国力的增强吸引了世界各国的关注，我国加深了中国文学对外传播的重视程度，"中国图书对外推广计划""丝路书香工程""中国文化著作翻译出版工程""图书走出去基础书目专家评审会"，以及 2019 年中国图书在第 39 届巴黎国际书展上精彩亮相[①] 等，在国家开展的计划、工程等的扶持下，中国文学作品正以蓬勃的态势传向海外。自新中国成立以来，中国当代文学的国际传播至今已有 70 多年的发展历程。近几年，中国当代文学海外热度不断上升，贾平凹、余华、毕飞宇、韩少功、曹文轩、麦家等中国当代作家先后荣获国际大奖，为中国当代文学作品在国际上积攒了一定的关注度与美誉度。《2021 年中国图书海外馆藏影响力报告》指出"中国当代文学是世界了解中国当代社会发展的最鲜活窗口，也是中国出版在国际出版舞台的一张代表性名片"[②]。这为中国当代文学的未来

---

① 刘玲玲 . "法中出版合作更加多元化"［N］.人民日报，2019-05-10（003）.
② 2021 年中国图书海外馆藏影响力报告［R］.2021-08-27［2022-08-07］，中国出版传媒商报微信公众平台。

发展开辟了道路，也让世界文学看到了中国文学的力量。

2. 中国文学深受海外读者喜爱

中国网络文学在海外传播火热，诸多海外读者还将中国网络文学与美国好莱坞大片、日本动漫、韩国电视剧并称为"世界四大文化奇观"。[①] 据《2020 中国网络文学蓝皮书》统计，2020 年中国网络文学累计向海外输出网文作品 1 万余部，网站订阅和阅读类应用用户 1 亿多人。中国网络文学不仅是中国的文学，更是网络的文学，充分借助"网络"，使中国网络文学能跨越国界，成为中外网友互联互通的桥梁。

新时代以来，中国的类型小说在海外得到广泛传播。类型小说通常围绕谍战、武侠、科幻、玄幻等题材进行创作，因其创作时较少被文学创作的规则所束缚，并且种类多样，题材丰富，较能满足海外受众不同的阅读喜好与需求，在海外影响力显著，其中以网络小说、科幻小说、谍战小说等类型为主。中国的科幻小说、谍战小说等类型在海外传播效果较好，甚至有些中国作家还荣获国际大奖，2015 年，刘慈欣凭借科幻小说《三体》获得 73 届"雨果奖"最佳长篇故事奖，成为首位摘取"科幻界的诺贝尔奖"的中国作家，[②] 刘慈欣的《三体》成功提升了我国科幻小说在世界文学中的地位。中国的类型小说的存在为海外受众了解中国提供了一种新窗口，它们充满引人入胜的情节、天马行空的想象，讲述中国故事的同时兼具世界共通情感。相对于沉重的严肃文学，它们以轻松自由的阅读体验拉近了与受众的心理距离，进而激发海外受众的阅读兴趣以及对于中国的了解与认知。

（二）中国文学走出去更要走进去

近年来，在国家大力支持中国文学"走出去"的战略背景下，中国文学的国际影响力有一定程度的提升，文学作品荣获国际大奖在一定范围内提升了国际文学界对中国文学作品的关注，以及中国网络文学在国际传播中深受

---

① 汤天甜，温曼露. 讲好中国故事：中国文学借船出海的传播策略 [J]. 出版广角，2019（14）.
② 姚建彬. 对中国文学海外传播的反思与建议 [J]. 外国语文，2020（04）.

海外受众喜爱等，均为中国文学在国际上可圈可点的成就，但放眼全球，中国文学的国际影响力还有提升的空间，不仅要让文学作品走出国门，更要让文学作品背后的价值理念走进国外读者心中。

1. 转变理念，立足中华文化

习近平总书记指出："要加强对中华优秀传统文化的挖掘和阐发，使中华民族最基本的文化基因与当代文化相适应、与现代社会相协调，把跨越时空、超越国界、富有永恒魅力、具有当代价值的文化精神弘扬起来。"① 与外国文学相比，中国文学与众不同之处在于中国文学的背后是五千年的悠久文化，历史赋予中国文学独特的思维方式和价值理念，也赋予中国文学丰富的创作素材与创作形式，中国文学的国际传播需立足于中华文化，将代表性的文化元素和精神品质融入到文学作品的创作中，使其在国际传播中具有较高的辨识度，成为中国的一张文化名片。

2. 打磨内容，赢得国际共识

翻译是影响中国文学作品国际传播的关键一环。爱德华·霍尔认为高语境交流或高语境讯息指的是大多数信息或存于物质环境中，或内化在人的身上；需要经过编码的、显性的、传输出来的信息却非常之少。我国的文学作品传播即从高语境文化环境流入低语境文化环境，其文学翻译面临着极大的障碍，我国有许多的成语典故、方言俗语以及诗歌等内容均带有深厚的历史和人文色彩。中国文学作品的国际传播离不开译者的精良翻译，杰出的译著让国外读者通过文本认识到了中国文学，译者只有具备优秀的文学素养和语言功底，对文学作品进行解码，再通过生动形象直接的语言符号对其编码，找到传受双方的共通空间，才能获得国际读者对作品的真正了解，提升中国文学的价值。

---

① 习近平：在哲学社会科学工作座谈会上的讲话［EB/OL］．中国社会科学网，2016-05-19［2022-08-17］．http://cpc.people.com.cn/n1/2016/0519/c64094-28361550-3.html.

3.拓宽渠道，实现全面传播

北京外国语大学和中国出版传媒商报社联合推出的"中国图书世界馆藏影响力研究报告"显示，中国当代文学图书在海外的影响力日益增大，并逐渐成为全世界各个国家、民族的人们了解中国社会发展面貌的一个窗口。虽然中国文学作品的出版取得了一定的成绩，但真正被读者了解和接纳的文学作品仍是冰山一角。因此拓宽渠道成为提高中国文学影响力的重要举措之一，一方面要拓宽文学的传播渠道，将传播范围由西方大国扩展到亚非拉地区，实现全方位传播，让更多的国际读者了解中国文学；另一方面又要拓宽文学作品的内容呈现渠道，除纸质图书出版外，积极开发电子书、有声书、影视剧等文学周边产品，为文学作品创造更多的商业价值，提升文学内容的影响力，拓宽中国文学辐射范围。

中国文学的国际传播既能够补充与完善世界文学的构成，亦能彰显中国文化魅力，塑造中国形象。历史和实践告诉我们，中国文学的国际传播并不是一朝一夕、一蹴而就，需要在传播中不断地审视与调整传播策略，努力消除偏见，促进中外交流，从而增强中国文化的国际影响力，传递中国声音。

二、艺术展演的力量

展演是在特定场所中展示与呈现音乐、舞蹈、物品、民俗活动等具有地方性形态特征艺术的文化展演。艺术展演以"展"和"演"的呈现形式，将中国传统文化与民族特色凝缩成一个个具体的符号载体，以直观形象的视听语言传达给受众。在国际传播中，相较我国利用主流媒体在国外各大平台中的"宣传式"报道而言，艺术展演凭借独特的优势与魅力，能够超越国界和语言的重重阻碍，以更加接地气的形式向国际受众传播我国的悠久历史、民族文化以及民族精神，是我国对外传播的重要渠道之一，对于在国际上塑造与传播中国声音有着重要的现实意义。

（一）艺术展演丰富多样

中国上下五千年的悠久文化为我国艺术提供着源源不断的养分，使得中国艺术不断向下扎根向上生长，我国传统的京剧、武术、杂技、书法、乐器、服饰等独特的文化符号和元素构成了丰富多样的展演活动，通过展演活动向全国乃至全世界展示着中华文化的魅力（如表3-2所示）。新中国成立以来，在70多年的历史长河中，我国政府及其领导人十分重视文艺的力量，也将艺术展演作为国际间交流的渠道之一，在1997年我国文化部便颁布了《涉外文化艺术表演及展览管理规定》①，艺术展演成为了我国与国外沟通交流的桥梁，成为了展示我国国家形象和文化的重要窗口。

毛泽东同志在1942年发表《在延安文艺座谈会上的讲话》促进了中国文艺的繁荣，涌现出了大量的文艺作品与文艺工作团队。在新中国成立之后，我国通过艺术展演活动向世界展示与传递着新中国的崭新面貌，这时期的展演活动大多以红色革命为主，通过歌舞表演向世界展示着革命胜利的喜悦和中国人民不屈不挠的精神品质等。自改革开放以来，我国奉行独立自主的外交政策，与越来越多的国家建立外交关系，中国的国际地位日益提高，国际影响力日益加大，我国与其他国家沟通交流的步伐越来越密切，形式多样的艺术展演纷纷走出国门，正向世界展示着中华文化，塑造着可信、可爱、可敬的中国形象。

表3-2　新中国成立以来我国在海外的部分艺术展演活动

时间	国家	活动
1949年8月	匈牙利布达佩斯	中国青年文工团参加世界青年联欢节
1955年6月	印度尼西亚	中国文化代表团京剧演员演出剧目

① 涉外文化艺术表演及展览管理规定［EB/OL］．重庆市文化和旅游宣传委员会，2014-08-11［2022-08-17］．http://whlyw.cq.gov.cn/zwgk_221/fdzdgknr/lzyj/gjbwgz/201408/t20140811_9151529_wap.html.

续表

1972 年 7 月	日本东京	中国上海舞剧团芭蕾演出《白毛女》
1987 年 8 月	加拿大温哥华	中国少数民族艺术团参加加拿大国家展览活动表演少数民族文化的歌舞乐
1997 年 6 月	巴基斯坦	扬州木偶剧团在移交仪式上表演《孙悟空闹龙宫》
1998 年	奥地利	中国民族乐团《维也纳金色大厅中国民族音乐会》
2010 年 8 月	印度孟买	中印建交 60 周年中国杂技团演出
2014 年全年	法国	中法建交 50 周年系列文化活动
2019 年 2 月	美国	中美建交 40 周年湖北省演艺集团演出《编钟国乐》
2019 年 10 月	留尼汪、毛里求斯、塞舌尔	新中国成立 70 周年中国舞蹈家协会顶尖舞蹈艺术团海外巡演活动
2020 年 11 月	意大利	中意建交 50 周年线上文艺演出活动

（二）艺术展演助推文化传播

艺术来源于生活，却又高于生活，是人们对日常生活所思所感的高度凝练与表达。正所谓"艺术无国界"，艺术展演活动能够跨越国家间的语言隔阂，通过舞蹈、歌曲、话剧、书法、武术、杂技等艺术形式，以展演活动为载体向不同国家的人们呈现着艺术的魅力，诉说着艺术背后的故事。艺术展演既能作为外交工具，增进他国对我国的好感度，加深两国间的友好往来，又能作为联系媒介，唤起世界各地的华人华侨对祖国的思念，凝聚爱国共识，亦能作为文化载体，向世界传播我国悠久的文化底蕴。

1. 沟通桥梁，提升外交力

艺术是无声的外交，在我国的外交活动中，通过艺术展演这样一种柔和且生动的方式，能为我国的外交添上一笔艳丽的色彩。在对外交往中，生动形象的艺术感染力更易深入人心、引起共鸣，有利于消除跨文化交流中的误解和冲突。[①] 我国自新中国成立以来，便经常与其他国家以互赠艺术作品、

---

① 李雪钦．艺术·外交［N］．中国艺术报，2011-06-17（006）．

文艺团体访问学习以及举办艺术展览或演出活动等形式进行国家间的艺术交流。2014 年中法两国开启了长达一年的系列文化活动，旨在让两国民众全年都能获得高品质的艺术熏陶。法国在中国举办了"龙马"和"蜘蛛"的大型机械装置户外展演，法国芭蕾舞团的演出活动以及"罗丹艺术回顾展"，向中国人民展示并传达着法国文化。同样，中国在法国也举办了系列活动，"汉风——中国汉代文物展"呈现着中国汉代辉煌的历史，有助于法国民众了解中华文明的历史传承。此外中国国家京剧院演出的《白蛇传》也深受法国民众的喜爱，有关京剧的脸谱配饰也成为火热的商品之一。[①] 中国通过一系列具体的展演活动向法国民众介绍着深厚的中华文化，一次次热烈的掌声与一场场近距离的互动能够加深法国民众对中华文化的理解，促进中法人民的沟通交流，为中法外交营造一个良好的环境。

2. 沉浸体验，缓解相思愁

艺术展演作为对外传播的媒介，其最大的特点在于观众的沉浸体验与参与。表演者作为讲述者讲述文化符号，观看者被讲述者带入自己的文化生活背景中，从而达到身临其境、沉浸体验的效果。[②] 从符号学角度来看，艺术展演中独具特色和代表性的中华文化符号，不仅是五千年悠久历史的凝练与象征，更凝聚着中华儿女共同的记忆与情感认同。基于对中华文化符号的意义共享，各族民众能够在符号互动中增强对中华文化的认同，唤醒对中华民族共同文化身份的认可，牢固树立正确的祖国观、民族观、文化观和历史观，并以此选择和驱动自身的行为。[③] 海外华人华侨通过观看艺术展演，能通过中华文化符号找到情感归属与价值认同，从而凝聚华人华侨的爱国意识。我国

---

① 焦波.纪念中法建交 50 周年文化活动：开启未来合作之路［EB/OL］.中国文化网，2014-11-13［2022-08-19］.https://cn.chinaculture.org/pubinfo/2022/08/08/200001003001/8e75c5004c564f1887b3b086d158100e.html.

② 张洁.流动的博物馆：旅游民俗表演与文化景观的再生产——以贵州丹寨万达小镇"非遗"展演活动为例［J］.北方民族大学学报，2022（02）.

③ 周宣辰，程倩.情感与互动仪式：网络空间铸牢中华民族共同体意识探析［J］.云南民族大学学报（哲学社会科学版），2022（04）.

积极开展艺术展演活动拉近与海外同胞们的距离，中国国务院侨办和中国海外交流协会为海外华人华侨举办的"文化中国·四海同春"活动，通过舞台灯光音效等的设计，舞蹈歌曲内容的编排，为其呈现一场视听盛宴，围绕我国春节的相关文化元素在国外举办庙会、贴春联包饺子等年味十足的活动，能够激起海外华人华侨对祖国的思念之情，也能够通过海外华人华侨的参与辐射与带动国外民众参与到活动中，通过身临其境的感受与互动，了解真实的中华文化。

3. 聚媒效应，传播民族魂

艺术展演能在短时间内集中展示我国悠久的历史文化和民族风貌，是塑造与传播国家形象与中华文化的重要载体，以其丰富精彩的内容吸引着人们的目光。艺术展演不仅仅是文化的载体，更是传播文化的渠道，展演活动参加人数多、举办时间长、活动场地大等显著特征决定着展演活动有其强大的吸引力与影响力。一场声势浩大的展演活动其传播力度不容小觑，一方面展演活动的观众利用手机拍摄记录，上传至社交媒体；另一方面展演活动还能够吸引本国或其他国家的媒体人士进行报道与转载，观众和媒体的助力，使得艺术展演通过多媒体技术得到扩大、传播以及再生产。1972 年 7 月中国上海舞剧团在日本演出芭蕾剧目《白毛女》，反响巨大，据不完全统计，日本近 70 家报纸、20 家杂志对我团访日演出进行了友好报道，评论文章数百篇，照片近 300 张，宣传报道铺天盖地，[①] 我国的这次展演活动推动了中日邦交，甚至构成了外交史上的一段佳话。艺术展演活动对内容进行聚焦化与放大化处理，能够吸引国外民众以及媒体的注意，通过展演活动的聚媒效应扩大我国展演活动的影响力度，借助媒体的力量塑造与传播立体的中国形象，讲述生动的中国故事。

---

① 王国俊. 中日建交前的一次芭蕾外交 [EB/OL] . 搜狐网，2012-09-26 [2022-08-19] .https://news. sohu.com/20120926/n353993211.shtml.

第三节 跨文化传播中的自觉个体

文化自觉是对文化的自我觉醒、自我反思和理性审视,是指生活在一定文化历史圈子中的主体对自己的文化应该有自知之明,既清楚长处,也了解短处,同时也要了解和认识其他文化,处理好本土文化与外来文化的关系。① 在跨文化传播中,具备文化自觉的个人既要充分认识与掌握中华五千年的历史文化底蕴,也要了解和认识他国文化的发展脉络,只有充分了解两种不同的文化背景,才能真正地对文化进行审视和反思,从自觉意识的培养和树立过渡到文化自信的确立。文化自觉是文化自信的前提,在跨文化传播中,个人只有经历过深刻的文化自觉,才能产生坚定的文化自信,才能真正地热爱与传播中华文化,而对外汉语教师以及中外网红,由于身份的特殊性,长期接触中外两种文化,在潜移默化中形成了跨文化传播自觉的个人,以个人的力量争做传播中华文化的践行者。

一、对外汉语教师

语言是交流的工具,更是文化的载体,语言教学还是一个民族形象塑造和国家战略传播的有机组成部分。语言交流与合作是人类社会共同发展和进步的客观要求,是增进各国人民彼此了解、建立互信的必要途径,更是各国人民心心相通的桥梁纽带。追求和平、命运与共、心心相印,共同发展、合作共赢是不可阻挡的历史大势。随着经济科技全球一体化的进程加快,中国综合实力的不断增强,世界上学习汉语的人数越来越多,对外汉语教师的需求量

---

① 张友谊. 从文化自觉到文化自信 [EB/OL]. 人民网, 2017-11-29 [2022-08-20]. http://theory. people.com.cn/n1/2017/1129/c40531-29674115.html.

也越来越大。[①] 对外汉语教师是外国人学习汉语与了解中国的窗口，也是我国对外汉语教学工作中的核心环节，要充分发挥对外汉语教师的主体意识，使其成为传播中华文化的文化使者。

（一）对外汉语教学源远流长

我国对外汉语教学有着较为长久的发展历史，最早可以追溯到中国古代，随清朝的灭亡而逐渐衰落。在民国时期，我国对外教学活动仍屈指可数，可分为国内学者出访国外担任汉语教师以及国内针对外国人开办的教学活动。直到新中国成立后，以 1950 年 7 月清华大学第一个对外汉语教学机构"东欧交换生中国语文专修班"的成立标志着对外汉语教学真正发展成为一门事业、一门学科，开启了我国对外汉语教学蓬勃发展之路。改革开放以来，伴随着中国经济的发展和综合国力的增强，中国的国际地位不断提高，与之相适应，国际上对汉语的需求日益旺盛，来华留学生的生源国从原来的亚、非、东欧等友好国家扩大至西方发达国家，有些国家还将汉语教育纳入了本国的国民教育。20 世纪以来，"汉语热"在世界范围内兴起，对外汉语教育也开始走出国门，在此背景下，国家成立了对外汉语教学领导小组（国家汉办），专门负责汉语国际教育工作。2004 年 11 月，第一所孔子学院在韩国成立，这是我国在海外建立的第一个对外汉语教育和文化传播机构。据国家汉办统计，截至 2019 年 6 月，全球已有 155 个国家（地区）设立了 530 所孔子学院和 1129 个孔子课堂以及 5000 多个教学点；学员总数 187 万人，累计面授学员 1100 多万人；累计派出 10 多万名中方院长、教师和志愿者；已有 60 多个国家通过法令政令将汉语教学纳入国民教育体系，170 多个国家开设汉语课程或专业。[②]

总体而言，我国对外汉语教学经过长时间的发展与磨合，现在已形成了

① 蔡闯 . 许嘉璐在首届世界汉语大会闭幕式上的讲话 [EB/OL] . 光明新闻，2005-07-23 [2022-08-20] .https://www.gmw.cn/01gmrb/2005-07/23/content_276043.htm.
② 对外汉语教学——传播中华文化的桥梁 [EB/OL] . 搜狐网，2019-10-12 [2022-08-20] .https://www.sohu.com/a/346496672_711929.

规模较为完整、体系较为健全的对外汉语教学事业，为提升我国汉语在世界范围内的影响力，促进中华文化的传播发挥着重要作用。

（二）对外汉语教师讲述中国故事的能力

对外汉语教师，通过汉语教学向外影响着外国人对中国文化的理解程度和接受程度，提升汉语教师的对外讲述能力，不仅向外国人讲授中国汉语知识以及中国悠久的历史文化，对外汉语教师的讲述能力和讲述方法降低外国人在学习汉语中的困难程度，还能以喜闻乐见和潜移默化的方式输出中华文化和中国价值观，增进外国人对中国的憧憬与向往。

1. 双文化的讲述意识

对外汉语教师，需要具备丰富的中国语文知识和文化底蕴，同时还要在跨文化传播中向外国人讲述中国故事，因此教师应具备"双文化的意识和自觉"，即对外汉语教师不仅对汉语文化有深刻的自知之明，同时对于学生的母语文化也有相当深入的了解。[①] 在进行汉语教学中，教师应该熟知中外语言的差异，将中国的成语、歇后语、古诗等内涵较为丰富和抽象的语言符号，在保证内涵不变的情况下转换成外国人通俗易懂的语言符号，也可以通过引入较火的网络用语和流行用语，增添课堂氛围，吸引外国人对中国汉语的兴趣。基于双文化的意识与自觉，教师在汉语教学中选择合适的内容将更有助于讲好中国故事。

2. 灵活多样的讲述风格

对外汉语教师不仅仅从事汉语教学，还应通过潜移默化的方式呈现中华文化的内涵。讲述故事有不同的方法，直接灌输是一种方式，潜移默化也是一种方式。语言的学习若以直接灌输的方式则会激起外国人的反感与排斥心理，比如直接告诉学生"中国人民勤劳善良""经济建设取得了重大成就"，这样口号式的灌输很容易让外国人"无感"，而娓娓道来、潜移默化的方式

---

① 陈申，薛馨华.国际汉语教师培养理念解构［J］.语言教学与研究，2010（05）.

更容易让外国人接受。在进行汉语教学的过程中，可以通过观看纪录片的形式，在训练汉语听力的同时，配合以生动形象的画面传播中国文化。《舌尖上的中国》虽然并未强调美食多么好吃、背后有怎样的历史和文化，但却从普通人的生活出发，重点突出挖藕人每天从日出到日落都在湖上挖藕、需要连续采摘5个月的劳动状态，以挖藕人的日常活动表现出中国人民的勤劳、坚忍、乐观的性格特征。

（三）对外汉语教师的身份魅力

对外汉语教师，作为对外汉语教学中的关键一环，凭借主体能动性积极推动着我国汉语教学以及中华文化的传播，在世界不同的角落谱写着传播汉语和中华文化的曼妙篇章。

1. 人际传播贴近实际需求

在传播学视野中，把传播类型分为人内传播、人际传播、群体传播、组织传播以及大众传播。我国的对外汉语教师，无论是在国内教授外国留学生群体，还是在国外教授外国人，其教学的形式均是以面对面教学的人际传播为主。虽然人际传播在传播范围和传播力度方面无法与大众传播匹敌，但对于汉语教学活动来说，一对一或一对多的教学形式更具针对性。一方面，外国人通过对外汉语教师的面部表情、肢体行动等非语言符号的观察，能够加深对中国较为抽象的语言和文化的理解；另一方面，对外汉语教师亦可以通过观察外国人的肢体语言、情感变化等细微表现及时调整教学内容和教学节奏。利用人际传播进行汉语教学，能够增强传受主体的双向互动性，较能满足外国人了解中国文化的实际需求。

2. 意见领袖引导受众认知

根据两级传播理论的观点，意见通常从大众传媒流向意见领袖，再从意见领袖流向人群中不太活跃的部分。[①] 在对外汉语教学中，对外汉语教师也

---

① 刘秀，张健. 两级传播论在网络教学中的新解 [J]. 电化教育研究，2007（02）.

发挥着类似意见领袖的功能，对外汉语教师先受到中国汉语与文化教育的熏陶，然后再将信息传播给外国人。在信息传播的过程中，对外汉语教师会通过对信息的把关与筛选，以更能体现中国元素和中国精神的案例进行汉语教学，在潜移默化中向外国人传递着教师自己对于中华文化的认知与理解，从而影响外国人对汉语乃至中华文化的印象。因此对外汉语教师的价值观的呈现与传播至关重要，应定期通过培训加强对外汉语教师对于中国主流文化的把控，从而在国际社会中讲好中国故事，传播好中国形象。

3. 身份认同增强文化自信

职业身份认同是个体根据自身的认知和社会、他人所赋予的意义而产生的对所从事职业的价值观层面的认可。就教师职业来讲，身份认同对教学内容、教师决策、师生关系以及教师专业发展等多方面都会产生重要的影响。身份认同是在教师的自我与他者的互动中得以建构的。已有不少研究者发现教师的知识信念与教师个人实践性知识认同信念具有密切联系，认同度最高的不是语言本体知识，而是与语言教学领域相关的信念及行为。[1] 因此对外汉语教师应加强教学知识的学习，重视自身在教学活动中的批判反思，以此建构自我认同。同时也应积极投入教学活动中，通过周围环境产生的反馈加强身份认同，把自己看作中外文化交流的使者，中华文化的传播者，在汉语教学中获得价值与归属感，从而更好地立足于中华优秀文化，向外传播中国声音。

二、以网红为代表的民众

"网红"，即"网络红人"的简称，2015 年被《咬文嚼字》杂志列为年度十大流行语，泛指那些被网民追捧而走红的人。[2] 随着数字技术与互联网技术的发展，普通民众在技术赋能下参与到社交媒体平台内容的生产与制作，借

---

① 陈诗琦，王添淼. 对外汉语教师职业认同现状调查与分析［J］. 华文教学与研究，2019（04）.
② 杨江华. 从网络走红到网红经济：生成逻辑与演变过程［J］. 社会学评论，2018（05）.

助某个事件、某些行为或发布的内容被公众关注而在网络上迅速走红的人，其是新媒体的产物。网络文化学者认为，网红之所以能够持续走红在于他们具有的吸引网络用户注意力的能力。不论是中国网红，还是外国网红，其均在社交媒体平台以平易近人的特质走入大众视野，能够在较大程度上满足受众的需求，有着庞大的粉丝群体，其发布的内容能够产生极强的影响力。在我国的跨文化传播中，借助网红这一群体的力量讲述中国故事，能够弥补官方话语的严肃性与宏大性，充分调动受众参与的积极性，为中国故事的国际传播开辟一个全新的窗口。

（一）网红：讲述中国的新生力量

近年来，我国综合国力的提高与对外文化交流工作开展的深入，增强了中国人民的文化自信与民族自豪感，也让越来越多的外国人民关注到了中国的变化与成就。基于短视频平台、社交媒体中的中外网红也纷纷利用社交媒体的优势传播着中国文化。

1. 中国网红初露头角

在新媒体环境下，我国网红在跨文化交流中呈现出日益强大的力量，"网红外宣"也逐渐成为加强和促进我国形象传播的新优势。目前，基于中国庞大的人口基数，在国外产生重大影响与轰动的中国网红仍在少数，中国网红借助国内哔哩哔哩、抖音，海外 Twitter、Facebook 与 YouTube 等社交媒体平台发布内容吸引受众观看，较有代表性的中国网红有国风美食博主李子柒、模特陆仙人、云南美食博主滇西小哥、传统手工技艺阿木爷爷、无用发明博主手工耿等，也有一部分中国网红以留学生的身份或是旅居者的身份在国外线下传播中国文化，并录制视频上传到社交媒体中。北京舞蹈学院青年舞蹈家马蛟龙，在英国街头练习中国舞并拍成视频上传至短视频平台，线上和线下的受众都被他轻盈的舞姿和高超的技巧所折服，更有一些外国舞者受其影响，与其一同练习中国舞，正是借助短视频使更多的中外受众了解到中国舞的魅力以及中国形象。基于传播内容来看，我国网红在进行跨文化传播中，为了减少因语言不通导致的传播障碍问题，在视频呈现中均采用了大量的非语言符号进行表现，在李子柒的美食视频中便可以看出煮饭时使用的是老式传统的烧柴灶台，洗菜的水龙头是拿竹子编制而成，采摘蔬菜时背的传统竹篓等具体物象的拍摄，呈现我国的传统工具以及田园农家的生产生活，以直观形象的画面语言使外国受众一目了然。

2. 外国网红忧乐共存

外国网红，即洋网红，是指那些在现实社会或者网络中，被国内广大网民关注从而在中国网络平台上走红的外国人。① 不同于中国网红，洋网红作为感受和理解中华文化的客观第三方，可利用其国别特性和不同文化背景以及思维方式，通过拍摄在中国的亲身经历或是中西方文化差异对比等视频内容，帮助公众重新认知或再次理解中华文化，发现中华文化的亮点，发挥出自身的影响力和传播力，成为中华文化的传播者。最早在我国声名远扬的外国网红为"大山"，由于对相声的喜爱且能说一口流利的中国话被人们认知，凭借其在中国巨大的影响力还曾登上过春晚、主持《汉语桥》综艺节目等，大山流利的中国话更是激起了外国人学习汉语的热潮。随着社会的发展，中外社交网络里的"中国通"正在越来越多元化，自媒体@歪果仁研究协会、@NathanRich 火锅大王……这些活跃在不同文化领域的"洋网红"，以自身对中国社会发展的观察讲述着"他者"视角下的中国故事，而借助一系列新媒体手段消除外国受众对中国的偏见与误解。但我们也应审慎看待"洋网红"在跨文化交流中的作用，目前仍存在不少"洋网红"刻意盲目夸大中国或者过度批评中国，以极端的方式来引起人们的关注与共鸣，"俄罗斯人伏拉夫"就是典型代表，他拥有 600 多万抖音粉丝，在视频中用夸张的神情夸中国的一切事物，每个视频结尾都会说"我特别爱中国"，过犹不及的情感流露使受

① 王国华，高伟，李慧芳."洋网红"的特征分析、传播作用与治理对策——以新浪微博上十个洋网红为例 [J].情报杂志，2018（12）.

众产生了审美疲劳，对其内容产生麻木甚至反感情绪。

（二）网红：连接中外的桥梁

"网红"群体以寻求共鸣的朴素初衷，探索国际互联网传播中的共同语言。根据英国文化理论家斯图尔特·霍尔的见解，"文化"也被定义为"共享的意义或共享的概念图"，而所谓"共享的概念图"必须被翻译成某种"通用语言"。[①] "网红"以国际互联网为平台，发掘不同文化成员之间共享的概念图，在跨文化交流中借助通用的语言来解释和理解世界，由此在国际传播中实现从独白到对话的转变，追求从共识到共情的交流。

1. 意见领袖，价值观引领

意见领袖，最早由美国著名传播学先驱拉扎斯菲尔德在他的著作《人民的选择》中提出。网红，则是传统意见领袖概念的延伸，在社交媒体网络中，网红有着庞大的粉丝群体，发布的内容会影响受众对内容的把握与认知。在跨文化传播中，"洋网红"在视频中呈现的语言符号以及表情、肢体动作、画面等非语言符号都能反映他们的意识观念，若宣传积极正面的美食、美景内容，则会让受众产生对中国美食文化的向往，若以诋毁指责的语气抨击中国时，则会让受众产生对中国印象的偏见。因此网红作为社交媒体平台的意见领袖，对于中国的看法将影响与引导着受众对中国的整体认知，在跨文化传播中应加强网红内容生产时的把关力度，减少恶意诽谤或不良内容对国外受众感知的误导。

2. 双向对话，降低文化折扣

在经济学中，"文化折扣"主要是指在不同文化背景的差异下，文化产品的跨域传播价值会因为不被认同或者偏差性认识而面临折损，将其运用于传播学，则体现出文化会受到传受双方意识形态、思维差异等的不同而使文化中的信息受到误读与折损。而跨文化传播的最终目标，则是推进不同身份

---

① ［英］斯图尔特·霍尔.表征：文化表象与意指实践［M］.徐亮，陆兴华，译.北京：商务印书馆，2003：18.

认同的群体之间的沟通与对话，降低文化折扣，进而在全球范围里形塑出关于人类命运共同体的共识性认知。在我国的跨文化传播中多通过政府主体以"自说自话"的形式单方面传递中国声音，充满宣传意味，但网红这一民间主体，经常与受众参与互动，网红与受众之间构建了双向对话的话语空间，能够及时与不同的受众群体进行交流与沟通，了解他们的需求，及时根据他们的反馈调整传播内容和制作方向，从而减少网红与不同国别和地区的受众两者之间的传播隔阂，网红以新媒体为桥梁，自身为媒介，成为了跨文化传播中降低文化折扣的一种积极实践。

3. 社交属性，拓宽传播范围

社交媒体平台最突出的属性为社交属性，网红发布的视频内容受到粉丝关注并喜欢后，由粉丝群体转发给各自的好友，一传十，十传百，在社交媒体平台上产生"裂变效应"，增加网红在社交媒体中的曝光度，从而让更多的受众关注成为忠实粉丝，如此产生积极的正向反馈，拓宽内容的传播范围。在跨文化传播中，网红借助社交媒体平台的社交属性实现内容的二次传播，将加深网络受众的记忆力，为向更大范围传播中华文化，塑造中国形象提供新的可能。

第四节　国有品牌的故事传播

全球化的时代背景增进了国际间的贸易往来，中国企业借着高新技术、产品质量等优势日益融入全球经济发展，在构建全球发展共同体中发挥着重要作用。此外，中国企业在国际传播中代表中国实力与大国形象，是向国际社会和民众传递中国声音的重要力量，越来越多的中国企业正通过产品出海、品牌出海等方式将中国的文化元素、价值理念带出国门，走向世界，向世界讲述着国有品牌自己的故事，讲述着品牌背后强国崛起的故事。通过故事化的传播方式，国有品牌在塑造与丰富企业形象和品牌内涵的同时也促进了中国形象的传播，达成"共赢"。

一、国有品牌的海外广告传播

国有品牌，正是中国企业讲述中国故事的重要载体，国有品牌的核心内涵凝聚着中国五千年的优秀文化基因与中华民族的优秀品质。在全球贸易中，我国综合国力的提高以及中国企业的快速发展，很多企业纷纷将目标转向国际市场，通过国有品牌"走出去"，扩大国有品牌影响力，助推"中国制造"向"中国智造""中国创造"转变。

（一）国有品牌扬帆出海

中国国有品牌出海的背后，离不开国家综合实力的提高和国家相关政策的支持。自1978年以来，借着改革开放的东风，海尔、联想、万通等中国企业纷纷开始创立和摸索，品牌意识也在逐步形成。1992年经济体制改革促进了中国经济的腾飞，也加大了国际间的贸易往来，一些知名国际品牌如柯达、宝洁、肯德基等开始进入中国，其较为成熟的企业理念和经营策略等较为先进的品牌管理意识也深深影响着中国最初一代的企业家们。1995年5月1日，美国纽约时代广场的"三九胃泰"广告的设立标志着中国企业拉开了国际化品牌传播的序幕。在20世纪90年代，国内的海尔、长虹、联想等品牌也颇具知名度与美誉度。进入21世纪后，我国提出"走出去"战略、加入世贸组织、成功申办奥运会以及提出"一带一路"倡议等宏观措施促进了国家的腾飞和企业的发展，为企业"走出去"奠定了良好的基础。目前，我国在国际市场中已涌现出以"华为""联想""小米""海尔"等为代表的国有品牌。

（二）广告助力国有品牌故事传播

广告，即广而告之，"不但使大众知道，还要对他们有深切的影响，引起他们的购买欲"。① 广告在国有品牌的国际传播中扮演着重要角色，是跨文化传播较为有效的载体之一，国有品牌通过广告这一形式，能够介绍产品功效、传递企业理念、塑造企业形象以及讲述中国故事等。广告利用生动形象的画面、人物表情、肢体动作以及背景音乐等非语言符号传播，能够在跨文化传播中减少文化差异带来的抵触与误解，是传播品牌故事的不二选择。

目前来看，国有品牌主要通过传统媒体与社交媒体发布广告，以及在影视剧或活动赛事中植入广告等方式塑造品牌形象。华为，凭借着技术与质量的优势在国际社会中有较高的认知度与美誉度。据《中国国际传播力（2017）》系列报告指出，2017 年度，华为在谷歌新闻、Facebook、Twitter 等六大平台传播力方面处于领跑地位。② 华为的国际传播力有很重要的方面是受益于短视频的制作与播放。在 2020 年圣诞节，华为根据真实故事改编，围绕亲情、友情、爱情这亘古不变的暖心话题创作了四则圣诞系列广告，真挚的情感以及温馨的画面迅速引起海外受众的共鸣，为国外受众送去了温暖与祝福。在 2020 年 12 月 16 日，该系列的圣诞节短视频在华为社交媒体平台 Youtube、Facebook、Twitter 同步上线，全网点击量已经突破了 5000 万。③ 正是借助广告的力量，在给国际受众带去温暖的同时也促进了华为品牌的传播，塑造了华为有情感有温度的品牌形象，通过广告为品牌带来正反馈与无形的用户忠诚度。由此可见，广告可以通过创意、画面语言以及故事脚本等打造丰富立体的品牌形象，优质且富有创意的广告还会为品牌带来潜在受众，提升品牌价值，进而提升海外受众对中国形象的好感度。

（三）国有品牌广告传播提升路径

国有品牌的国际传播离不开广告这一形式，广告能在短时间内突出品牌

---

① 高伯时 . 广告浅说［M］. 上海：中华书局，1930：2.
② 中国国际传播力（2017）系列研究报告在京发布［EB/OL］. 中国日报中文网，2018−01−24［2022−08−20］. https://caijing.chinadaily.com.cn/2018−01/24/content_35572788.htm.
③ 把握历史风口，创新中国品牌的国际传播［EB/OL］. 界面新闻，2021−03−18［2022−08−20］. https://www.jiemian.com/article/5826231.html.

的重要信息，受众在观看广告的同时，也在接受着广告无形的文化价值输出。一则优秀的广告能够为国有品牌带来巨大的流量加持，通过口碑传播产生受众黏性，通过社交媒体产生裂变效应，以强大的点击量和传播力影响着国有品牌的知名度与美誉度。国有品牌在进行广告传播时，需要对品牌有精准定位，明确品牌的独特优势所在；还需要深挖中华文化基因，为品牌注入文化内涵；更需要了解和深耕本土文化，将广告本土化，拉近与本土受众的心理距离。

1. 精准定位品牌

定位对于品牌来说至关重要，决定着品牌的发展方向。定位理论是营销战略的核心，品牌定位是品牌建设的核心。[①]艾·里斯和杰克·特劳特认为，定位是指要针对潜在顾客的心理采取行动，即要将产品在潜在顾客的心目中确定一个适当的位置。[②]因此品牌定位与产品、消费者等联系紧密，在国际传播中，企业对品牌进行定位时会受到多种因素影响，企业需要通过对企业自身、产品、消费者以及竞争者等多个维度衡量与考察，从而精准进行品牌定位。

传音，便是我国众多手机品牌中精准定位的突出代表。自2006年成立以来，传音手机避开了与vivo、OPPO等高端智能手机的竞争，将市场瞄准手机普及率较低的非洲。从消费者这一影响因素来看，传音手机根据非洲的经济条件和落后的通信设施，将手机设置成四卡四待和超长待机，解决了电力不足和信号不稳定的问题。由于非洲人肤色会影响自拍效果，传音手机还专门研发针对非洲人的自拍相机，解决了非洲人拍照难的问题。从竞争者这一因素来看，传音手机较早进入非洲市场，有先入为主的优势。从企业和产品自身来看，传音手机独特的功能优势甩开了非洲其余的手机竞争者。传音手机精准的品牌定位促使其成为"非洲一哥"，迅速打开了非

① 李雪欣，李海鹏.中国品牌定位理论研究综述［J］.辽宁大学学报（哲学社会科学版），2012（03）.
② 郑灿雷.企业品牌定位的影响因素研究［J］.商场现代化，2014（02）.

洲的手机市场。

2. 挖掘文化基因

国有品牌诞生于中国上下五千年的悠久历史文化的沃土之上，在国际传播中应深深立足于中华优秀文化，充分挖掘文化元素，在广告中利用具象的承载物进行表达。俗话说"民族的就是世界的"，国有品牌若能将中国独具特色的文化元素与世界匹配起来，在民族与世界的浩瀚天地中找到二者的契合点，便能搭建出一个中外受众共通的意义空间。丰富且独特的文化基因便成了加深品牌内涵，促进沟通交流的通道，为国有品牌的传播贡献价值。

我国近几年兴起的美妆品牌"花西子"，"以花为姓，以西子为名"[①]，品牌名字蕴藏着"西湖""西施"等中国元素，产品的包装设计更是将中国文化融入其中，口红采用浮雕技艺雕刻着"牡丹花神图"象征着"愿卿如牡丹，花开真国色"。从品牌理念、品牌名字到产品包装，品牌都体现着浓厚的中国元素。花西子首先选择开拓日本市场，凭借相近的地理位置和文化审美，与日本消费者构建了一个共通的话语空间。日本的樱花季和枫叶季与花西子的以花养妆的理念不谋而合，花西子独特巧妙的中国元素包装也激起了日本消费者对其的购买兴趣与欲望。花西子深挖中华优秀文化元素，彰显着文化自信与文化自觉，在国际市场中借产品诉说着品牌理念和中国故事。

3. 深耕本土文化

本土化是广告在跨文化传播中常用的策略之一，受众在观看广告时会受到选择性接触机制的影响，"选择性接触是指人们尽量接触与自己观点相吻合的信息，同时竭力避开相抵触的信息的一种心理倾向。"[②] 选择性接触机制的存在要求广告在进行跨文化传播时需要考虑当地民众的生活习惯和思维认知，选择当地民众乐于接受的方式进行广告传播才能达到较好的传播效果。

华为手机在国际社会中享有较高的知名度和美誉度便离不开华为的本土

---

① 高茜.浅谈传统文化与品牌设计的融合发展——以花西子为例 [J].西部皮革，2022（04）.
② 李彬.传播学引论 [M] 北京：高等教育出版社，2013：121-122.

化传播。在 *Dream it Possible* 这则海外广告中，华为讲述了一个练习钢琴的女孩勇敢追梦的成长故事，通过广告画面、人物情感以及背景音乐歌词的配合，使受众看到了一个女孩从因祖父对钢琴产生兴趣，到练琴遇到挫折，再到刻苦练琴，最终站在维也纳大厅演奏的成长之路。为了配合西方受众的思维习惯，华为将品牌从创立到遭遇坎坷再到成功的创业故事具象表达为女孩的练琴之路；为了减少中英文的语言差异，全程使用非语言符号的肢体语言和情感，并用全英文的华为背景歌曲作为辅助来进行表达。视频一经播出，收获了国外受众的一致好评，国外 YouTube、twitter 等社交媒体用户评论称赞这则宣传片是"很棒的艺术品""一首感人的歌和一个感人的故事""让人泪流满面"等。[①] 因此，广告采取本土化策略，易于被当地受众接受和认可，从而引起共鸣，达到良好的品牌传播效果。

二、中国产品的国际传播

产品是品牌的具象表现，二者关系如同鱼和水，优质产品能够提升品牌价值，增加品牌美誉度，收获良好的口碑效应，而优质的品牌可以为产品提供广泛的受众认知度，扩大产品销量。作为制造业大国，我国的产品以价格优惠、数量庞大的优势出口国际市场，中国产品遍布世界各地，"中国制造"遍布全球，它在繁荣国际贸易的同时，无形中成为中国文化和中国形象的代言人，许多西方人认识中国即从"中国制造"开始。作为一种符号系统，其设计、生产的过程就是中国形象的建构过程，它将中国文化、中国精神以产品形态及标识呈现出来，构成了关于中国的独特的话语体系。[②] 中国产品的国际传播能够提升其在国际社会中的知名度，中国产品将自身作为文化传播的载体，人们在使用和体验中感受中华文化的魅力，向世界各地传播着中华优

---

① 华为海外宣传片 Dream It Possible 惊艳亮相，让人泪流满面［EB/OL］.艾媒网，2016-11-15［2022-08-20］.https://www.iimedia.cn/c460/46121.html.
② 田龙过.国际传播视野中的中国设计与"中国制造"［J］.包装工程，2018（20）.

秀文化，因此，中国产品也是我国在国际传播中传递中国声音，塑造中国形象的重要组成部分。

（一）中国产品的国际传播逐步向好

随着我国技术和综合国力的提高，产品生产也经历了天翻地覆的变化。自改革开放以来，我国企业开始创立品牌并生产产品，由于科技和经济相对落后，在 20 世纪 90 年代，中国制造的产品在世界上数量较少，国际媒体对"中国制造"的认识比较碎片化，"Made in China"仅作为产品产地的标识，鲜少带有感情色彩。反而跨国公司的进入使我国产品多为国际知名品牌的加工厂，依靠大量的劳动力进行一些简单的零件组装和加工生产等，伴随着新世纪的到来，国际贸易和经济全球化加快了我国产品走出去的步伐，"中国制造"商品大量出口，但由于简单加工生产的产品缺乏技术含量、价格便宜等问题的存在，国际社会中常常对中国产品持有偏见，在国际市场上，"中国制造"仍然被看作是"中国粗造"和"中国仿造"的代名词。[1]

但随着我国综合国力的日益提升，在技术和经济的飞速发展下，中国产品逐步由过去的"劳动密集型"转变为"技术密集型"，由"中国制造"向"中国创造"转变。在 2013 年我国提出"一带一路"倡议后，中国产品在国际社会中的传播呈现逐步转好的态势，中国海关的统计数据显示，2018 年中国与"一带一路"沿线国家外贸总额为 8.37 万亿元，同比增长 13.3%，高出同期中国外贸整体增速 3.6 个百分点。[2] 中国产品正借"一带一路"出口到更多的国家。现如今，中国产品依托于先进的技术和较好的质量，借助海外社交媒体平台传播于世界各地，涌现出了一批以阿里巴巴的电子商务、华为、小米等智能手机为代表的中国产品，以物美价廉的优势驰骋海外。

（二）中国产品国际传播缺少文化注入

---

① 刘立园.扬弃与反思：后中国制造时代的中国工业设计［J］.设计，2016（09）.
② 央视新闻：2018 年我国与"一带一路"沿线国家外贸进出口 8.37 万亿元［EB/OL］.百家号，2019-01-14［2022-08-21］.https://baijiahao.baidu.com/s?id=1622614638863268020&wfr=spider&for=pc.

传播中华文化和中国产品出口存在互促共进的关系，传播中华文化有助于推动更多中国产品出口，而中国产品本身便是中华文化的重要承载形式，故中国产品的出口也有助于中华文化的海外传播。[①] 而在中国产品的国际传播中，更多的是注重产品自身的功能、价值，而忽略了中华传统文化的传承与创新。在中国产品的国际传播中，玩具产品占有一席之地。目前国内盲盒潮玩市值第一的品牌泡泡玛特，据《2020 跨境出口消费趋势报告》显示，海外盲盒线上消费爆发式增长，同比增速超 400%，有着火爆的发展前景，但泡泡玛特侧重于围绕迪士尼、哈利·波特等国外 IP 进行创作和授权，以便符合国际受众的好感度，快速打开国际市场，在传播时忽略了中国文化元素的挖掘，缺少中国文化底蕴的加持。泡泡玛特更应立足于中华传统文化，以现代科技碰撞传统元素，方能为产品注入新鲜且持久的生命力。

（三）中国产品国际传播提升路径

过去，中国企业出海主要集中在制造业，以产品出海为主。通过代工等方式，大量"中国制造"产品被销往全球各地，但往往难以摆脱"低端""山寨"等标签。近年来随着我国综合国力的提高，中国产品更注重技术的投入与创新，我国的汽车、电子产品、家电产品以及移动支付平台等产品的出海，引起了国际社会与受众的关注。中国产品正从不同领域和种类入手，提升中国产品质量，改变国际社会对其存在的刻板印象。

1.产品理念融合中国文化

文化是产品的灵魂，只有赋予产品丰富的文化内涵，才能凸显中国产品在国际传播中的价值。在国际传播中，中国产品除了关注产品性能、产品价格、产品开发等部分，还应重视中华文化的软植入，将中华传统文化融入中国产品中，赋予中国产品深厚的底蕴美。过去在中国产品出口时，为适应西方文化占世界文化主流地位的形势，中国产品在外在文化表现形式上往往弱

---

① 郎琦，张金辉 . 以中华文化海外传播助推更多中国产品出口［J］. 云南社会科学，2020（01）.

化中华文化属性而向西方文化靠拢，这种做法严重影响到中华文化走向世界和中国产品出口的长远发展。[①] 而现在中国的发展吸引了世界各国的关注，中国传统的历史文化以及现代的特色社会主义道路、价值观等都在彰显着中国文化自信。中国产品在国际传播中应从产品名字以及产品包装设计入手，将中华文化融入到产品的外形中，以便在国际传播中加深受众对于产品的记忆，塑造饱满的中国形象。

2.产品营销提升文化体验

中国产品不仅仅具有产品属性，还有文化属性，在中国产品的国际传播中，应将文化体验融入到中国产品的销售与传播中，让受众在购买中国产品的过程中能够享受中国产品的文化带来的好奇感与满足感。我国恰恰瓜子非常重视"嗑瓜子"的文化体验，瓜子是我国常见且普通的零食，在日常生活中经常能见到瓜子的身影，"嗑瓜子"也成为国人熟练的技能之一。恰恰瓜子，作为我国特有的零食符号，在产品包装袋上印有"嗑瓜子"的详细步骤，国际受众通过亲身尝试和体验来了解中国文化。此外，恰恰还通过在纽约、休斯顿、洛杉矶等地开展年货节，将瓜子作为赠送礼物，将中国人过年的氛围传递给美国友人。恰恰的产品传播以瓜子入手，潜移默化中影响着人们的生活习惯以及生活方式，通过"嗑瓜子"这一动作向国际受众传递了中国人的生活方式。以营销文化体验的方式更能拉近国际受众对于中国产品的全方位认知，使其印象深刻。

3.调整产品出口结构

中国产品，正在从"中国制造"转向"中国创造"，这一过程是一个缓慢发展与过渡的时期。从国内经济形势来看，中国出口产品长期以中低端产品为主，其竞争力主要得益于中国的廉价劳动力优势，而自21世纪以来，中国劳动力、能源和原材料价格经历多轮上涨，使得中国产品的人口红利优势

---

① 郎琦，张金辉.以中华文化海外传播助推更多中国产品出口［J］.云南社会科学，2020（01）.

正在减弱。① 这意味着中国已不能凭借密集的劳动力出海中国产品。中国通过技术研发与产品创新，也催生了许多享誉世界的中国产品，华为、联想、海尔、小米、海信等品牌的出海发展，有助于改善和优化中国产品的出口结构。无人机产品大疆，凭借过硬的产品和技术研发，长期在全球消费级无人机市场占据领先地位，2019 年被美国福布斯评为最具创新力的中国企业。大疆无人机产品的国际传播使我们看到了高新技术在产品研发与传播中的巨大力量，也为中国产品的转型发展提供了方向。

　　无论国有品牌还是中国产品，在国际传播中都应立足于中华优秀传统文化，深入挖掘和寻找具有世界共通性的文化元素，正如习近平总书记在中央政治局第三十次集体学习时强调："要更好推动中华文化走出去，以文载道、以文传声、以文化人，向世界阐释推介更多具有中国特色、体现中国精神、蕴藏中国智慧的优秀文化。"② 国有品牌与中国产品都是传播中华文化的重要载体，借国有品牌与中国产品的国际传播，书写着一个个生动具体的中国故事。

---

① 高金田，孙剑锋.我国贸易宏观质量综合评价探究［J］.中国经贸导刊（中），2019（06）.
② 杨晓凡.习近平在中共中央政治局第三十次集体学习时强调 加强和改进国际传播工作，展示真实立体全面的中国［EB/OL］.央广网，2021-06-01［2022-08-21］.http://news.cnr.cn/native/gd/20210601/t20210601_525501935.shtml.

第四章　中国故事的聆听客体

在全球化的时代背景下，世界各国间的文化交流与碰撞日益频繁，近年来，我国综合国力的迅速提升使我国日益走向世界舞台中央，自新中国成立以来取得的天翻地覆的成就引起了世界各国的注意，由上下五千年积淀的中华优秀传统与精神理念更为中国的发展提供着源源不断的动力，让中国文化走向世界，让世界更好了解中国，不仅能塑造良好的中国国际形象，亦能为世界提供中国经验、中国方案，促进文化交流与文化共享。"讲好中国故事"是党的十八大以来习近平总书记反复强调的重要理念，我国的深远历史与发展成就不断续写着中国故事的华丽篇章，而在中国故事的国际传播中，"人"是最为关键的影响因素，中国故事的讲述主体决定着故事内容的质量，而中国故事的聆听客体则影响着故事的传播效果。讲好中国故事需要充分考虑故事的传播主客体之间的文化差异性，要想实现良好的故事传播效果，则需深入了解故事的聆听客体。习近平总书记指出："要采用贴近不同区域、不同国家、不同群体受众的精准传播方式，推进中国故事和中国声音的全球化表达、区域化表达、分众化表达，增强国际传播的亲和力和实效性。要广交朋友、团结和争取大多数，不断扩大知华友华的国际舆论朋友圈。"①

中国故事的聆听客体是面向国内外的广大受众，其范围之大、地域之广的属性需要对其进行细分方可实现中国故事的精准到达与精准传播。美国人

① 2021 年 5 月 31 日习近平在十九届中央政治局第三十次集体学习时的讲话［EB/OL］.中国青年网，2021-06-02［2022-08-21.］http://news.youth.cn/sz/202106/t20210602_12989389.htm.

文社会科学院院士、哈佛大学燕京学社社长、著名美籍华裔学者杜维明先生用"三个意义世界"来诠释"文化中国"这一命题，他认为："文化中国的内涵是与地域、族群、语言等联系在一起的，具体地说，可以分成三个世界：一是中国大陆包括港台，这是文化中国的第一意义世界；二是世界各地的华人为第二意义世界；三是各国研究中国文化的学人，不妨看作第三意义世界。"① 在中国故事的对外讲述中，三个意义世界构成了中国故事的聆听客体，第一意义世界为长久生活在中国，由我国的汉人和少数民族组成的社会，这一群体长期受中国文化的熏陶，对中国文化有强烈的熟悉和认同感，而第二意义世界的海外华侨华人群体以及第三意义世界中与我国没有血缘或婚姻关系但仍对中国文化感兴趣的世界各阶层人士，由于长期受他国文化和思维体系的熏陶，对中国文化既熟悉又陌生，在中国故事的国际传播中，则需重点考察第二意义世界与第三意义世界的群体，本书重点讨论第二意义世界中的海外华侨华人以及第三意义世界中的对中国文化有兴趣的人群、国外社交媒体用户以及学术研究者这四类群体，他们在倾听中国故事的过程中实现对中国文化的关注与认同，使中国文化的传播做到"大音希声，大象无形"，潜移默化浸透于思维观念中，第二、三意义世界的聆听客体将有助于拓展中国文化的横向辐射范围，塑造更为真实、立体、全面的中国形象。

第一节　对中国文化有兴趣的人群

文化是一个民族的灵魂，是其生存和发展的重要力量，中国哲学家冯友

① 刘梦溪.传统的误读［M］.北京：人民出版社，1996：436.

兰曾说："在世界上，中国是文明古国之一。其他古国，现在大部分都衰微了，中国还继续存在，不但继续存在，而且还进入了社会主义社会。中国是古而又新的国家。"[①] 五千年绵延不绝的历史长河孕育出了历史悠久、底蕴深厚的中国文化，又随着历史的车轮缓缓向前，中国人民通过对中华优秀传统文化的继承、弘扬与创新，不断地为中国文化注入了新的内涵与活力。在当今各国间的文化交流日益频繁的时代背景下，不同人群对待中国的态度和了解中国的主观意愿上都存在着差异性，选择对中国感兴趣的群体加强传播，更容易得到事半功倍的效果。[②] 随着中国综合实力的提高，中国文化也在国际社会中广为传播，被越来越多的国际受众所熟知，中国文化凭借自身强大的包容性、独特性以及丰富性吸引着国际受众。中国文化如万花筒一般，由千万个侧面组成，便有对千万个侧面感兴趣的外国群体，这类群体通过亲身体验了解中国文化，并促使中国文化走向世界，从不同角度和不同方位展示与传播着立体真实的中国形象。

一、中国文化的感召力

中国文化既有五千多年的深厚历史底蕴，也有与时俱进的生机与活力。中华优秀传统文化是无数古人先贤智慧的结晶，为中国发展提供养分与补给，已内化为中华民族的文化基因，其中华优秀传统文化中的书法、太极、汉服等物象构成了丰富的文化符号，体现着中国文化的魅力，其思想观念又有助于培育中华民族价值观和精神品格。博大精深的中国文化，是中国得以不断发展的重要动力，不仅助推中国发展，也为世界发展提供方案，增进世界文化的繁荣。

---

① 中华文化的当代价值与意义（找准精神的根脉：传统文化系列谈）[EB/OL].人民网，2017-03-17［2022-08-23］.http://cpc.people.com.cn/n1/2017/0321/c64387-29159325.html.
② 刘扬，杨梓煜.中国国家形象对外传播的精细化发展[J].对外传播，2021（03）.

（一）符号表征魅力

符号，作为意义的载体，能够以直接形象的方式传递信息。正如符号学家莱斯利·怀特指出："全部文化或文明都依赖于符号，正是使用符号的能力使文化得以产生，也正是对符号的运用使文化延续成为可能。"① 中华文化符号是中国文化的浓缩与精华，能体现中华民族的价值观念与文化底蕴，是与其他文化相区别的重要载体。中华文化符号经过长时期的历史沉淀，由社会成员有意识或无意识的选择，最终为其广泛认同并传承下来的文化因素，是中华民族精神与中华文化的形态表征。② 在中国文化的国际传播中，显性直观的中华文化符号凭借独有的特色吸引着国际受众的注意，按其文化内涵与表现形式可分为多种类型的符号，以汉语为代表的语言文字符号，地大物博造就的千姿百态的自然生态符号以及充满历史底蕴的故宫、长城等传统建筑符号，众多符号为国际受众搭建了认识中国的通道。据 2015 年《外国人对中国文化认知调查报告》③ 数据显示，排在外国人认知度前三位的中国文化符号分别是熊猫、绿茶、阴阳，其中熊猫是我国国宝，也是外国人认知度最高的中国文化符号，中国将熊猫以国礼赠与那些与中国保持良好关系的国家，以此增进国家交流与人民友谊。

（二）观念魅力

中国文化能够绵延不绝、源远流长的魅力不仅在于丰富多样的中华文化符号，更在于背后思想观念的传承。习近平总书记指出："中华优秀传统文化是中华民族的文化根脉，其蕴含的思想观念、人文精神、道德规范，不仅是

---

① ［美］L.A. 怀特. 文化的科学——人类与文明研究［M］. 沈原，等，译. 济南：山东人民出版社，1988：33.

② 李乐，王艺桦. 铸牢中华民族共同体意识的符号机制探赜［J］. 西北民族大学学报（哲学社会科学版），2022（02）.

③ 马海燕. 熊猫是外国人认知度最高的中国文化符号［EB/OL］. 中国新闻网，2015-06-06［2022-08-25］.https://www.chinanews.com.cn/cul/2015/06-06/7326654.shtml.l.

我们中国人思想和精神的内核，对解决人类问题也有重要价值。"[①] 中国从中国文化的优秀观念中汲取营养，不仅为中国开辟出一条中国特色社会主义道路，也为世界的发展提供着中国方案。英国历史学家阿诺德·汤因比曾说："人类已经掌握了可以毁灭自己的高科技文明手段，同时又分处于极端对立的政治意识形态壁垒，最紧要的精神就是中国文明的精髓——和谐。"[②] 中华文化中有许多思想理念为解决当代人类面临的冲突提供了有益的启示，中国自古崇尚和平，新中国成立以来奉行"和平共处五项原则"的外交政策，"一带一路""人类命运共同体"等理念的提出也赢得了国际共识，与西方世界主张的"文明冲突论"不同，中国"文明和谐论"更能引起国际受众的认同与共鸣，在大灾大难面前表现的团结无畏、勇敢抗争的精神深深烙印着"以人为本"的思想理念，2008 年 5 月 12 日四川汶川发生地震后，中国一方有难，八方支援，让世界看到了中国的速度与力量，其和谐、团结、安全的观念符合当今世界主流，吸引着国际受众的关注。

（三）现实发展魅力

除基于中华优秀传统文化的文化符号与思想观念外，自新中国成立以来日新月异的发展变化更向世界展示着当今中国的综合国力。随着经济和科技的发展，中国自 2020 年已完成全面脱贫，成为世界上减贫人口最多的国家，也是世界上率先完成联合国千年发展目标的国家。[③] 中国正朝着建设社会主义现代化强国的目标迈进。近年来我国基础设施建设加快，中国文化借助媒体报道、产品品牌出海等走向世界，时速高达 300km/h 的高铁已成为中国制造的代名词，以支付宝、微信为代表的移动支付平台节省了现金与银行卡交

---

① 季冬晓.挖掘中华优秀传统文化的世界价值［EB/OL］.人民网，2018-10-09［2022-08-25］.
http://theory.people.com.cn/n1/2018/1009/c40531-30329334.html.
② ［美］约瑟夫·S·奈.硬权力与软权力［M］.约瑟夫·S·奈，门洪华，编.门洪华，译.北京：
北京大学出版社，2005：97.
③ 习近平：脱贫攻坚战冲锋号已经吹响，全党全国咬定目标苦干实干［EB/OL］.新华网，2015-11-
28［2022-08-26］.http://www.xinhuanet.com//politics/2015-11/28/c_1117292150.htm.

易的麻烦，中国特色社会主义制度下的治安管理提高了中国的安全系数，中国强大的实力造就了和谐稳定、生活便利、技术先进的社会氛围，易于激起国际受众对中国的好奇与向往。

二、源于兴趣，始于认同

在互联网时代，中国地大物博、人杰地灵，悠久的中华优秀传统文化以及现代高速发展的中国社会借助网络平台传播到世界各地，吸引着外国民众的注意。AISAS 模型虽是基于网络时代的消费者行为分析模型，由 Attention（引起注意）、Interest（产生兴趣）、Search（搜集信息）、Action（购买行动）和 Share（进行分享）五大阶段组成，[①] 但这一过程也同样适用于外国民众了解以及传播中国文化，这类人群通过网络平台接触并对中国文化产生兴趣后，受兴趣的推动与指引会利用网络渠道更加深入了解并研究中国文化，并以来华旅游或留学等方式体验中国文化，并在中国文化的体验与互动中逐渐产生认同与共鸣，进而成为传播中国文化的有机组成部分。

（一）好奇心理驱动

心理学研究发现，人类对新事物或新信息的好奇心理与生俱有，好奇心是个体感知环境微小变化并迅速构建应对之策、认识新奇性信息、从新奇因素中剥离信息的主要驱动力。[②] 好奇心理乃是人类共同的本性，由于地理环境和人文环境的显著差异，对国外民众来说，中国是遥远又陌生的存在，中国文化与中国事物都是未曾亲身接触的存在，强烈的好奇心理推动着外国民众对中国的了解与研究，早在我国元朝时期，意大利冒险家马可·波罗在中国游历 17 年写就的《马可·波罗游记》记录了其在中国的所见所闻，激起了欧洲人对中国的向往之情。在近代以来，好莱坞将中国元素纳入影片中，成

---

① 傅诗雨.基于 AISAS 模型视角下传统文化类节目的传播策略研究——以河南卫视《唐宫夜宴》节目为例［J］.传媒论坛，2022（16）.
② 殷雁君，唐卫清.好奇心理的人群聚集行为仿真［J］.智能系统学报，2014（04）.

龙、李小龙等武打演员的精湛演技深深折服了部分外国民众，在其心中植入了对中国武术向往的种子。好奇心理能够冲破异质文化所带来的阻碍，以强大的兴趣动力支撑着外国民众对中国文化的探索与了解。

（二）体验满足需求

外国民众受好奇心理的驱使，通过在互联网上搜索了解中国相关信息以及采取实际行动以旅游和留学的方式来感受中国文化。据全球化智库于2019年发布的《从出入境旅游看中国全球化发展》报告中，课题组对外国游客来华旅游展开了问卷调研与深入访谈，结果显示82%的受访者在来华体验之后产生了巨大改观，包括对中国文化、中国美食以及中国城市化建设的肯定，地区发展成效的认可以及中国科技创新的赞许等方面。①

相较旅游而言，留学期限更长，外国留学生更能在充足的时间内体验与感受中国文化。教育部2018年统计数据显示，来自196个国家和地区的49.22万来华留学生在我国1004所高校学习，中国已经成为全球主要的留学目的国。② 外国留学生长期处于中国文化的浸染中，通过与中国学生的交流互动在潜移默化中形成对中国文化的独到见解。浙江大学每年11月都会针对外国留学生举行传统文化体验日，2021年浙江大学举办文化体验活动让留学生群体亲身体验与制作皮贴画和灯彩③，有留学生表示："这个做起来不太难。因为我们有剪裁好的贴纸，蘸点胶水贴上去，还有老师专门指导我们，我觉得很棒。"④ 马斯洛需求层次理论将人类需求划分为生理、安全、社交需要、尊重和自我实现，不论是来华游客还是留学生，丰富多元的中国文化、

---

① "中国市场这么大，欢迎大家都来看看"携程与全球化智库发布入境旅游报告［EB/OL］.携程研究院，2019－11－06［2022－08－25］.https://mp.weixin.qq.com/s/5TdMHrln2TzXKadFd_MbLA.
② 谢文博.来华留学教育的中国价值观传播探索［J］.神州学人，2022（07）.
③ 皮贴画与灯彩发源于浙江省海宁市，属于国家级非物质文化遗产，皮贴画取材皮革的边角下料，是以各种色彩斑斓的羊皮、牛皮为原料，采用浮雕、剪纸、磨刻等技法制作成的工艺作品，硖石灯彩集诗词、书法、绘画、篆刻、金石、刺绣等工艺于一体，制成后以灯映画，能显出形象逼真、惟妙惟肖的立体画面。
④ 王家维，居秋渊.零距离接触海宁非遗，外国留学生爱上中国传统文化［EB/OL］.海宁市人民政府，2021－11－14［2022－08－25］.http://www.haining.gov.cn/art/2021/11/14/art_1229519873_59021214.html.

和谐稳定的社会氛围、广阔的发展前景等在一定程度上能够满足这类群体的多元需求，在文化的体验中获得需求的满足以及心灵的慰藉。

（三）共鸣强化认同

文化认同是指社会成员经由文化活动的参与过程，对文化活动的目标与价值内化于个人心中的一种现象，不但能体会文化活动与个人生活的关系，还能自然而然产生良好的情感与认同，而成为个人人格的一部分。① 外国群体在接触与体验中国文化的过程中，中国文化内在的精神理念和文化内涵若能与外国群体产生情感共鸣，则会加深外国群体对中国文化的见解与认知，强化认同。2021 年由优酷出品的网络剧《山河令》在美国播出后，一家纽约餐馆的老板因为特别痴迷中国的美食与功夫，为看《山河令》主动学习中文，并在餐馆门口张贴海报对《山河令》粉丝打 8.8 折优惠②，《山河令》成为连接美国餐馆老板与中国文化的纽带，爱屋及乌做法的背后体现着国外民众对中国文化的喜爱与认同。

三、参与式传播减少传播隔阂

参与式传播是"区别于精英式的、自上而下扩散的大众传播模式，是一种参与性、地方化、横向和自下而上的传播系统"，该理论预设是"假如人们拥有工具来传播他们所关心的社会事务和行动办法的话，人们就可以解决他们自己的问题"。③ 这类对中国文化感兴趣的外国群体通过亲身体验的参与式传播能够使内容更具真实性与可信度，减少在跨文化传播中的隔阂与阻碍，以生动形象的经历讲述在中国发生的故事，有助于提升中国文化的感召力与影响力，向国际传递真实可靠的中国形象。

---

① 张国良，陈青文，姚君喜. 媒介接触与文化认同——以外籍汉语学习者为对象的实证研究［J］. 西南民族大学学报（人文社会科学版），2011（05）.
② 唯美村：纽约餐馆给山河令粉丝打折 老板为追剧学中文什么情况［EB/OL］. 海峡网，2021-03-29［2022-08-25］.http://www.hxnews.com/news/yl/ylxw/202103/29/1977210.shtml.
③ 黄钦. 参与式传播：新闻传播教育的范式转换及其实践价值［J］. 传媒，2018（16）.

（一）改善刻板印象，提升文化亲和力

李普曼认为，刻板印象是人们对社会环境中某一类人或事物产生的固定概括的看法，虽能为人们认识事物提供简便的参考标准，但也存在对事物认识的片面性。西方媒体对中国进行的片面化报道和污名化报道容易影响外国受众对中国形象以及中国文化的认知状况，产生误解与偏见，而这类对中国文化感兴趣的群体，通过在华的深入学习和了解，用亲身经历讲述他们在中国的所见所闻所感，以生动丰富的事例向国外受众展现有血有肉的中国形象，其内容更易打动国外受众，使其信服，在一定程度上改善对中国的刻板印象。

非洲小伙英勇 2011 年来中国留学，西安深厚的历史文化底蕴、传统与现代相融合的国际都市风采以及当地人热情豪爽的性格，让他深深爱上了这座千年古都，[①] 在多年的留学生活中，英勇也练就了一口流利的陕西话，通过穿唐装、吃泡馍、以陕西话唱《西安人的歌》等行为表现着对中国文化的喜爱与认同，英勇穿梭在西安的大街小巷，以短视频的形式记录着自己对中国文化的所见所感，向国外受众传递着真实生动立体的中国形象。我国中央电视台中文国际频道（CCTV-4）为英勇拍摄了个人纪录片《来自刚果的"西安人"》，在刚果当地播出后产生了巨大反响，有助于刚果民众通过英勇的经历感受到中国丰富多元的文化魅力。我国应加大这类对中国文化有着浓厚兴趣的群体的关注程度，这类群体积极主动地传播中国故事，能为国外受众呈现一个有温度的中国形象，提升中国文化的亲和力。

（二）增加认同，提升文化感染力

这类外国群体通过亲身参与的方式与中国人民交流互动，在参与式体验中获得文化认同并成为传播中国文化的使者。杜威认为，传播即是人们参与社会的最完美的手段，传播或交流就是"参与"，"它是一种有许多伙伴参加

---

① 西安晚报.讲述非洲小伙在西安学习生活的故事，央视节目在刚果（布）热播[EB/OL].国际在线网，2020-10-16［2022-08-26］.http://sn.cri.cn/n/20201016/5e4f8d81-23a8-4239-7abe-b3e4bfb1af15.html.

的活动中所建立起来的协同合作，而在这个活动之中每一个参加者的活动都由于参与其中而有了改变或者受到了调节"。[①] 迪特福特是德国巴伐利亚州的一个小镇，此镇的居民十分热爱中国文化，每年的2月都会举办巴伐利亚中国狂欢节，相传几百年前迪特福特人用当地的白银、手工艺品等换取中国的丝绸、瓷器和茶叶，在交往中渐渐喜欢上中国以及中国春节等传统文化，并按照自己的想象开始过起了"中华文化狂欢节"。举办至今已有70多年的历史，小镇居民举办狂欢节的背后体现着对中国文化的深切认同与喜爱，在文化认同的前提下传播中国文化更能提升中国文化的感染力，塑造真实立体全面的中国形象。

中国悠久历史造就了千姿百态、丰富多元的中国文化，随着中国国际影响力的日益提高，世界各地民众通过媒体宣传、人际传播以及亲身体验等多种渠道了解中国文化，并对中国文化产生浓厚的兴趣。这一群体以浓厚的兴趣为动力，能更好地吸收与消化中国文化的深层内涵，助力中国文化走向世界。

第二节　国外社交媒体用户

随着互联网技术的发展和普及，传统媒体式微，社交媒体凭借双向互动的社交属性成为了人与人之间进行信息交流和情感沟通的重要媒介，成为传播信息的主阵地。牛津路透新闻研究院《2016年数字新闻研究报告》表明，社交媒体已经渐渐成为新闻获取的最主流渠道。[②] 马歇尔·麦克卢汉的媒介

① ［美］杜威.经验与自然［M］.傅统先，译.北京：商务印书馆，2014：179.
② 郭雅楠.新闻消费社交化移动化：看什么，怎么看，相信谁？——牛津路透新闻研究院2016年数字新闻研究报告［J］.新闻记者，2016（07）.

即讯息理论，预言了媒介与人之间边界的消弭，媒介是人的感官的延伸。①社交媒体借助互联网能跨越时空的界限，使社交媒体用户及时了解世界各国正在发生的事件和最新进展。相较于传统媒体而言，社交媒体更加符合互联网时代人们实时互动交流的需求，《Digital2021 全球报告》②指出目前全球有 42 亿社交媒体用户，社交媒体用户的数量现在相当于世界总人口的 53% 以上。③基于庞大的社交媒体用户，以 Twitter、Facebook、YouTube 以及 Tik Tok 为代表的国外社交媒体在"中国故事，国际传播"的战略中正突显与焕发着活力。古斯塔夫·勒庞在《乌合之众》一书中提到，"一出在一个国家激发起观众热情的戏剧表演在另一个国家不一定会取得成功，或者说只会取得部分或普通的成功，因为它没有对其他公众产生影响"。④国外社交媒体用户对中国文化的印象感知影响着中国国际形象的塑造，注重向国外社交媒体用户传播中国文化，使其实现中国故事倾听者与传播者的身份互换，对传播中国文化、塑造中国形象有着积极作用。

一、多元主体共叙中国故事

海外社交媒体平台基于互联网互联互通的特性，集聚了来自不同国家、不同种族、不同地区的网民用户群体，海外社交媒体平台为其提供了信息发布与意见交流共享的通道，也为中国文化的向外输出搭建了桥梁。雅克·拉康镜像理论表明，主体通过"镜中自我"确定自己的身份，从而完成真实身体认同"镜中自我"的身份确定过程，镜中形象显然是可见世界的门槛。⑤中

---

① ［加］马歇尔·麦克卢汉．人的延伸—媒介通论［M］．何道宽，译．成都：四川人民出版社，1992：64-65.
② 该报告由创意广告营销公司 We Are Social 与国际顶尖社交媒体活动管理平台 Hootsuite 联合发布。
③ SIMON KEMP:DIGITAL 2021:GLOBAL OVERVIEW REPORT［EB/OL］.datareportal，2021-01-27［2022-08-25］.https://datareportal.com/reports/digital-2021-global-overview-report.
④ 张翀．海外网络传播，如何讲好中国故事［EB/OL］.全国党媒信息公共平台，2021-01-28［2022-08-25］.https://www.hubpd.com/c/2021-01-28/987326.shtml.
⑤ ［法］拉康．拉康选集［M］．褚孝泉，译．上海：上海三联出版社，2001：91.

外用户在海外社交媒体上发布与中国相关的信息，其背后传达的思想观念将投射成用户镜像，影响着社交媒体其他用户对中国文化的感知与接受程度。在当今时代，海外社交媒体中的用户镜像对中国形象塑造与中国文化传播具有重要意义。海外社交媒体以社交和沟通为核心功能，巨大的流量加持为中国文化更广更深地传播提供了便利条件。中外用户对中国文化和中国形象的意见表达和观念输出互相影响着彼此对中国的认知，这类群体借助海外社交媒体积极倾听中国故事的同时，也主动参与着中国文化的传播。

（一）中国用户主动传播

近年来随着中国综合国力的提高以及取得的巨大成就，中国正借助自上而下一体的传播格局，积极向世界传递着中国声音，塑造着立体生动的大国形象，但西方国家对我国的污名化、片面化的报道不利于中国真实形象的建构。在中国网民构成中，青年群体是社交媒体用户的主力军，根据中共中央、国务院《中长期青年发展规划（2016—2025年）》文件，青年被定义为14—35周岁，他们是国家的未来、民族的希望，促进青年更好成长、更快发展，是国家的基础性、战略性工程。[①] 他们身上流淌着爱国血液，以高度的文化自觉和文化自信，自发通过互联网渠道在海外社交媒体中积极发声，澄清外国网民对中国形象认知的偏见与误解，主动讲述中国优秀的传统文化以及最新的发展情况。

青年用户是社交媒体用户的主力军，他们以积极主动的姿态在海外社交媒体上呈现着热情、包容、潮流的中国用户镜像，以自身的话语表达传播着有声有色的中国故事。近几年拥有3000多年历史文化的中华民族传统服饰——汉服，深受中国年青一代的喜爱，中国青年网民热衷于中华优秀传统文化元素，借助国外社交媒体将中国汉服文化带出了国门，在社交媒体上通过拍摄身穿汉服的图片和视频激起了国外社交媒体用户对中国传统服饰的兴

---

① 印发中长期青年发展规划（2016-2025年）［EB/OL］.中国青年网，2017-04-14［2022-08-26］. http://www.gov.cn/zhengce/2017-04/13/content_5185555.htm#1.

趣, 标注 "汉服" (#hanfu) 话题的短视频在 TikTok 上的观看总量已经突破了 3 亿次, [①] 中国青年用户长期浸润在中华优秀传统文化中, 以高度自觉的文化意识, 积极借助国外社交媒体平台, 以自身为媒介身体力行地向国外用户传递中国文化的魅力。

（二）国外用户积极参与

国外社交媒体, 是国外用户了解中国、认识中国的主要渠道之一。使用与满足理论认为个体是积极的、有目的性的媒介使用者, 动机影响受众的媒介选择。[②] 国外的社交媒体用户基于对中国文化的好奇与兴趣, 利用社交媒体搜索其他国外用户对中国的评价与看法后, 形成一个具体的认知, 从而满足对中国文化的好奇需求, 国外用户群体是社交媒体平台上传播中国文化较为关键的聆听客体。随着国与国之间的交流日益密切, 国外社交媒体上的中外联姻家庭博主以及外国网红博主以推文或视频的形式向国外用户讲述着中国与国外的文化差异, 以及中国最新的发展面貌, 为国外用户第一时间了解中国提供了便利, 这类国外用户群体在社交媒体的日常使用中不断加深着对中国文化的兴趣与认识, 在日积月累与潜移默化中了解中国, 社交媒体平台的操作便利性使国外用户从中国文化的倾听者转变为讲述者, 积极利用社交媒体平台发表自己对中国的看法与感受。

加拿大商人 Daniel Dumbrill 出于工作原因来到中国, 来中国后发现现实的中国与西方媒体眼中的中国完全不同, 在中国生活的 12 年中通过亲身体验与耳濡目染, 逐渐喜欢上了中国文化, 并致力于利用 YouTube 平台向国外网友介绍其在中国的所闻所感, 向国外网民传递真实的中国形象, 平均每条视频超 10 万次点击。[③] 充分动员海外社交媒体平台上的外国用户群体, 促使其

① 汉服出圈, 中国文化出海 [EB/OL]. 霞光社, 2022-05-11 [2022-08-26] .https://mp.weixin.qq.com/s/pHr6Y9o91XJNkj2lJ3dD8g.

② 程筠瑶. 使用与满足理论在新媒体研究中的应用 [J]. 西部广播电视, 2022 (04) .

③ 10w+ 关注! 这位加拿大视频博主刚到深圳, 就被一个地方吸引 [Z]. 南方都市报, 2020-11-27 [2022-08-26] .https://mp.weixin.qq.com/s/4RZtTYV2RXaHskc4qg1EBQ.

转变传受身份，通过改善其眼中的中国的刻板印象来塑造真实立体的中国大有益处。外国用户在国外社交媒体上积极参与中国故事与中国文化的表达，有助于营造一个对中国充满兴趣与善意的外国用户镜像，使其外国用户在互相观照中形成对中国文化的正向反馈，削弱刻板印象和文化差异，呈现真实的中国形象。

二、多元主体共享中国文化

国外社交媒体上的不同用户，基于自身对中国文化的喜好与认知情况在海外社交媒体上发布所想所感，并依据社交媒体平台上点赞、评论与分享等机制积极进行互动与评论，在沟通交流中加深对中国文化的认识，产生"1+1＞2"的传播效果，实现中国文化的多次传播。国外社交媒体用户在对中国文化共同叙事的基础上实现中国文化的共同分享，以多元主体共同发力促进中国文化在国际上更广泛地传播。

（一）平民视角增添传播亲和力

互联网时代"人人皆有麦克风"，国外社交媒体上的用户群体由各个国家的普通民众构成，与官方主流媒体的报道话语相比，其社交媒体平台的社交和沟通属性便决定了用户生产内容更加亲民与接地气。青年群体这种相对通达的对外传播方式，从自身视角和生活视角出发传递丰富多元的中国形象，其表达更为真切、诚实、易懂，也能够与主流媒体和官方机构的对外宣传形成较好的互补。[①] 在同一社交平台上，来自不同国家、不同地区的社交媒体用户由于彼此间的身份相差不大，能以平等姿态进行交流互动，通过分享对中国文化的经历与感受，增强中国文化传播的亲和力与感染力。

（二）双向对话打破传播隔阂

政府对外传播实践、大众媒体的外宣工作作为公共外交的主要力量，优

---

① 张志安，李辉.海外社交媒体中的公众传播主体、特征及其影响［J］.对外传播，2020（05）.

势在于其受众触达的范围、对目标用户需求的满足意识和大众传播过程中的设置议程能力，但其缺陷是无法影响信息在不同文化环境怎样被接受，不同国家、体制和社会情境中的文化差异很容易扭曲受众接触的信息内容，而对话性的交流方式，相比政府外宣拥有更好的跨文化可信度，也具有更大的内容和风格灵活性。[1] 社交媒体及时互动交流的反馈机制，有助于不同社交媒体用户及时交流想法，双方的情绪态度能在第一时间被对方感知，双向对话更能明确不同社交媒体用户交流双方的谈话意图，在一定程度上能够提升信息的精准度和到达率，减少中国文化传播过程中其他不确定因素的干扰。英国游戏玩家 @ 肖恩 Shaun-Gibson 是一名喜欢中国文化的视频博主，古风网游《逆水寒》是以中国北宋朝代为背景，画面内容取自河北省磁州小镇美景，肖恩被《逆水寒》美轮美奂的游戏画面所吸引，通过游戏了解了中国宋朝文化，并在 YouTube 上结合《逆水寒》网游向外国用户介绍着中国宋朝的历史文化，外国用户在观看视频后了解了北宋年间的历史与风土人情，在博主视频下方评论留言表达自己的感受。社交媒体用户彼此间进行及时的互动与反馈，在交流中感受中国文化的魅力，消除横亘在不同文化群体间的隔阂与障碍。

（三）分享机制实现裂变传播

海外社交媒体以庞大的用户群体为基础，在移动互联网领域里占据了非常大的流量，拉近了与受众的距离，可以实现双方的零距离互动，[2] 社交媒体的点赞、评论、分享机制能够以实时的数据反馈结果显示内容的浏览量，及时检测内容的传播力与影响力，国外社交媒体用户在浏览有关中国的信息时，若对信息产生认同会引起受众的分享欲望。2022 年 2 月北京冬奥会顺利举行，集聚了世界各国运动员来中国参加比赛，外国运动员对北京冬奥会场馆的建设、人性化的服务设施、先进的技术装备以及冬奥会吉祥物"冰墩墩"

---

① Joseph S.Nye Jr.The Pros and Cons of Citizen Diplomacy ［M］.The New York Times，2010.
② 李岩 . 国家媒体如何应用移动社交媒体提升对外传播能力［J］. 传播力研究，2019（36）.

等都体现出了极大的兴趣，许多外国网友利用社交媒体平台记录与分享着所见所闻所感。在冰壶比赛项目中，中国选手向美国选手赠送"冰墩墩"奥运纪念徽章，随后美国选手便在 Twitter 账号中分享了喜悦之情，并写道："非常荣幸收到这些精美的北京冬奥会徽章，我们的中国同行精彩地展现出了体育精神。"[1] 此外还有许多外国运动员利用海外社交媒体及时记录着在北京冬奥村居住的日常生活体验，众多外国运动员在海外社交媒体上发布信息，有助于为北京冬奥会造势，借助北京冬奥会这一国际事件塑造中国崭新形象。社交媒体的分享机制为外国用户发布与传播信息提供了便利，为中国文化的传播提供了更多的渠道。

中国走向世界的步伐日益坚定，中国文化必然走向世界，然而文化认知系统的差异、刻板印象、偏见等都在阻碍着中国文化的对外交流与传播。[2] 国外社交媒体平台，通过不同用户之间的交流互动，能够增进双方对中国文化的理解。互联网崛起将众多平凡且普通的社交媒体用户聚集在一起，提升了社交媒体用户的话语权与影响力，在积极倾听中国文化声音的同时，也利用社交媒体平台赋予的权利传播着中国文化。

第三节　学术研究者

学术研究者，又可称作学者，社会学认为其有广义和狭义之分，从广义上看"学者"是指具有一定学识水平，能在相关领域表达思想、提出见解、

---

① 孙丁.外国运动员花式晒出"冬奥朋友圈"，老有爱了[EB/OL].新华网，2022-02-08[2022-08-27].http://www.news.cn/world/2022-02/08/c_1128343343.htm.
② 罗楠."歪果仁研究协会"的跨文化传播启示[J].新纪实，2021（22）.

引领社会文化潮流的人，包括思想家、哲学家、文学家、史学家和各类文化专家；而狭义上的"学者"是指追求学问之人，即专门从事某种学术研究的人。"学者"有时亦称"专家"，指能在自己所在领域做出相应成就的人。不论是广义还是狭义，学术研究者都具备一定的学术造诣，立足于社会又造福于社会，通过自身对社会问题和现象的思考和研究挖掘事物背后存在和运行的思维逻辑，从而推动社会的发展。

梁启超当年谈到研究中国的方法时，提出三种研究的视域：在中国研究中国，在亚洲研究中国，在世界研究中国，在全球化的今天，今日之中国已经是世界之中国。[①] 我国丰富的优秀传统文化所蕴藏的思想理念以及当今中国所取得的重大成就与变化，为我国学术研究者提供了充足的研究素材，同时也吸引着外国学术研究者对中国的研究。在中国故事国际传播的体系中，中外学术研究者共同致力于研究中国文化更深层次的理论逻辑，因着学术信仰与人文关怀，从学术的角度出发理性审慎地对待中国文化，相较于官方与民间这两大中国故事的讲述主体，学术研究者能站在更高的角度构建中国文化的学术话语与研究体系，以著书立说、发表论文以及开展学术交流活动等，将研究中国文化的学术思想成果传播到世界各地，中外学术研究者对中国文化的研究，有利于构建中国文化的学术表达与理论逻辑，在深入了解和研究中国文化的过程中加深世界各国学者对中国文化的关注，以知识分子的视角丰富中国故事的内涵，推动中国文化的传播。

一、在传承中赋予时代意义

向世界讲好博大精深的中华文化故事，提升中国在世界的文化软实力，已经成为党的十八大以来中国文化"走出去"的重要国策。学术研究者以高度的文化自觉意识投入到学术研究的生产活动中，具有鲜明的个体化特征，

---

① 张西平.海外汉学研究的新尝试［Z］.光明网，2020-04-08［2022-09-04］，https://epaper.gmw. cn/zhdsb/html/2020-04/08/nw.D110000zhdsb_20200408_1-05.htm.

德国哲学家费希特在著名篇章《论学者的使命》中明确提出，"学者的使命主要是为社会服务，因为他是学者，所以他比任何一个阶层都更能真正通过社会而存在，为社会而存在。因此，学者特别担负着这样一个职责：优先地、充分地发展他本身的社会才能、敏感性和传授技能。"① 学术研究者立足于时代的潮流中，其学术研究承载了社会和时代发展的内涵，在继承历代学术研究者的研究成果上继往开来，不断丰富与完善着学术研究，为社会和时代的发展贡献力量。

学术是一个薪火相传、前赴后继的过程，不仅有知识的增长和智慧的创获，更是学术研究者个人思维理念和价值体系的凝结。自 19 世纪中叶中国大门被迫打开后，中国与世界的关系越来越密切，经历了从西学东渐的摸索阶段到新中国成立再到改革开放以来中国呈现的崭新面貌，学术研究在我国时代的变迁与世界各国的文化交流中茁壮成长，在西方学术思潮和观念的影响下，我国也立足于中国文化不断完善着自身的学术研究体系。随着我国时代的发展，外国学者对我国的研究，其研究对象经历了从海外汉学到海外中国学、中共党史的研究变化，研究对象与研究范围更加多样，有助于挖掘中国文化的价值。中外学术研究者跟随时代发展的脚步研究中国文化，有助于以学术话语传播中国文化，以其智力成果推动中国文化学术研究的发展。

二、学术研究助力文化传播

中外学术研究者以中国为对象开展的学术研究活动，不仅能促进世界学术的繁荣，还能通过中外学术研究者彼此的交流互动为学术研究提供思路，促进中外学术交流，其有关中国的学术研究成果还能惠及世界各国，提升中国的国际影响力，中外学术研究者相互配合，为中国文化的传播搭建了联通世界的学术桥梁。

---

① 外国哲学研究. 学者的使命就是为自由呐喊 [Z].2018-08-08 [2022-09-04]，微信公众号平台，https://mp.weixin.qq.com/s/vhCcJq5SWF-EGztCYHXyBg.

（一）译著多样，丰富话语样态

学术研究者从事的研究活动丰富多样，而学术翻译同样是一种具有创造性和专业性的学术活动，中国文学著作是中外学术研究者了解与研究中国及其文化的不二选择，中国文学著作浓缩着中华优秀传统文化与价值理念。清华大学人文学院外语系教授罗选民表示，中国学者要有意识地加强中国文化精品的翻译和翻译理论的建设。[①] 面对世界不同国家与地区的受众，文学著作的翻译工作除中国学者外，还需外国学者的介入与配合，以"他者"身份翻译著作，其话语表达方式更加符合国际受众的思维习惯。德国汉学家吴漠汀热衷于翻译中国现代文学，在接受中国新闻社记者采访时表示，中国文学只占德国文学总量的 0.3%。[②] 吴漠汀召集了德国一群年轻汉学家投入到对中国文学作品的翻译中，在多年的辛勤努力下，德文版的中国文学著作数量增加了一倍，提升了中国文学在德国的占有度与影响力，为德国读者了解中国文学著作提供了便捷窗口。学术研究者以其深厚的学术功底将中国文学翻译成众多语言版本，有助于扩大中国文学的国际影响力，进而传播中国文化。

（二）交流互鉴，促进学术交流

人是文明交流互鉴最好的载体，深化人文交流互鉴是消除隔阂和误解、促进民心相知相通的重要途径。[③] 中外学术研究者除埋头苦干、踏实做研究外，还需通过参加各种国际性学术交流会议和活动密切彼此间的联系。国际学术交流活动是原创性学术思想和观点的"孵化器"与"加速器"，学术交流中，思想的"碰撞""科学要素之间的相互作用"，可以激发出灵感的火花，从而产生"额外的"科学新成果。[④] 甘肃敦煌于 2019 年举办的"丝路人·丝

---

① 谢方.莫让中国文化魅力打"折扣"［N］.中国社会科学报，2012-12-05（A01）.
② 万淑艳.德国汉学家吴漠汀：我为何翻译中国现当代文学？［EB/OL］.中国新闻社，2022-05-30［2022-08-28］.https://mp.weixin.qq.com/s/dh4mM_pvFXVADtkcT23DIQ.
③ 习近平.深化文明交流互鉴 共建亚洲命运共同体［EB/OL］.人民网，2019-05-16［2022-08-28］.http://jhsjk.people.cn/article/31087252.
④ 颜丹平.加强国际学术交流活动［J］.北京观察，2021（06）.

路情——2019中外学者交流活动"，邀请了海内外多位专家学者就"一带一路"倡议的意义、建设成就，以及如何讲好"一带一路"精彩故事、架设不同文明互学互鉴的桥梁等话题展开深入讨论，[①]凭借学术功底和学术理据、以理服人、平等身份的学术交流更容易让人心服口服，更能够发挥传播的影响力。[②]中外学术研究者以平等的对话姿态进行交流，深入了解了中国"一带一路"倡议以及中国文化，通过交流活动能稳固中外学者的情感联系，减少外国学者因文化差异而对中国文化产生误解的可能，在学术交流中增进外国学者对中国的了解，使其成为中国文化的宣传者。

（三）视角互补，共塑中国形象

以中国为研究对象的学术研究者，除中国学者外，还有对中国感兴趣的外国学者。中外学者基于各自文化的价值体系与思想观念从事学术研究活动，基于研究主体不同的出发点与立场，其最终的学术研究成果将有利于中外学者的互相交流借鉴，从而提升学术研究能力，完善研究成果。外国学术研究者对中国的研究主要体现在海外汉学（中国学）与海外中共学的研究方面，哈佛大学历来都是美国汉学研究的重镇，也是海外汉学研究的核心之一，创刊于1936年的《哈佛亚洲研究学报》作为哈佛大学研究的权威级期刊，是中国文化海外传播学术界的风向标之一，[③]其期刊所发布的研究成果能一定程度上反映美国学者对中国文化的研究重点，便于使中国学者及时了解与掌握美国汉学的最新研究进展，从而促进中国文化的海外传播。

自中国共产党成立以来，与西方政党制度不同的中国共产党便引起了外国学者的注意与研究，尤其在改革开放以来我国综合国力的快速提升，外国学者对中国共产党的研究日益增多，外国学者试图通过研究中国共产党

---

① "丝路人·丝路情——2019中外学者交流活动"圆满落幕［EB/OL］.新华网，2019-07-21［2022-08-28］.http://www.xinhuanet.com/politics/2019-07/21/c_1124779347.htm.

② 周永生.出访学者与对外传播［J］.对外传播，2010（10）.

③ 周春.海外学术期刊与中国文化"走出去"战略［EB/OL］.光明网，2020-05-19［2022-08-29］.https://culture.gmw.cn/2020-05/19/content_33841877.htm.

的性质、历史以及建设等发现中国快速发展的奥秘，为本国的治理寻求借鉴意义。海外中共学以"他者"视角看待与研究中国共产党，拓展了中国共产党的国际传播视野。我国学者还可以充分借鉴海外中共学优秀的研究成果，积极回应与澄清研究中的误区，有针对性地思考如何在中共党史研究国际交流中增强话语权，促使海外中共党史研究更加客观真实地讲述中国共产党的故事。①

中外学术研究者立足于中国文化，在长期对中国文化的调查与研究中，形成自己的感悟与体会，并充分发挥自身优势，从较为客观理性的角度研究中国文化，有助于在国际中建立与完善中国的学术话语体系。中外学术研究者既是认真听取中国声音的倾听者，更是将中国声音与文化带向世界的传播者，中外研究者在中国日益走近世界舞台中央的同时，充分挖掘中国经济社会发展的丰富实践，用学术讲好中国故事，对于我国应对全球性挑战、繁荣学术发展都具有极其重要的意义。中外学术研究者应不忘初心，积极恪守学术研究者的使命与责任，摒弃有违学术道德的思想，不断提升学术修养与学术研究能力，为中国学术的发展注入不竭的动力，从而提升中国文化以及中国学术在世界的影响力。

第四节　海外华侨华人

海外华侨华人是中华民族和中华文化大家庭的重要组成部分，中华优秀传统文化与内在流淌的血液成为联系中国人民与华侨华人的纽带。根据国务

---

① 赵纪萍. 海外学者研究中共党史的历史考察［J］. 东岳论丛，2022（02）.

院侨务办公室关于印发《关于界定华侨外籍华人归侨侨眷身份的规定》的通知，华侨是指定居在国外的中国公民。[①] 而王赓武先生认为华人是指"加入外籍或具有永久居留权的华族"。[②] 无论是华侨还是华人，追根溯源均脱胎于中华民族母体，正如杜维明先生将海外华侨华人作为"文化中国"构成的第二圈层，即第二意义世界，可见海外华侨华人对传播中华文化的重要性。并且澳大利亚学者马克林（Colin Patrick Mackerras）认为，在 21 世纪，中国的普通民众，尤其是散居在海外的中国人，对于中国国家形象塑造的作用将越来越大。[③] 由此可见，海外华侨华人对中国文化的传播与中国形象的塑造至关重要。

海外华侨华人与祖国休戚与共，虽身处异国他乡，但在中华文化的感召与情感纽带的连接下仍积极主动关注着中国国内的变化与发展，是中国故事的积极聆听者，量变引起质变，海外华侨华人又会在了解充足的信息后化身为在居住国传播中国文化的践行者，同时海外华侨华人也是世界各国人民最早了解与认识中国的途径之一，其身份的特殊性为居住国认识中国提供了便利条件，也成为向世界展示与传播中国文化的重要窗口。因此时刻关注海外华侨华人在居住国的动态，加强与海外华侨华人的联系，对中国文化在其居住国的传播有着重大的现实意义。

一、内外优势添动力

海外华侨华人虽久居国外，但同属于中华民族，有着深深的文化烙印，海外华侨华人不仅是中华文化的承载者和实践者，也是中华文化的传播者和

[①] 国务院侨务办公室关于印发"关于界定华侨外籍华人归侨侨眷身份的规定"的通知［EB/OL］. 中华全国归国华侨联合会，2019-03-22［2022-08-29］.http://www.chinaql.org/n1/2019/0322/c420275-30990528.html.

[②] 王赓武. 华人与中国：王赓武自选集［M］.上海：上海人民出版社，2013.

[③] ［澳］马克林（Colin Patrick Mackerras）.我看中国：1949 年以来中国在西方的形象［M］.张勇先，吴迪，译.中国人民大学出版社，2013：6.

创造者，在异国他乡的长期生活中通过行为举止以及语言交流等，身体力行地向所在国的民众传播着中国文化，为所在国提供了更多接触中国文化的可能和机会。从外部环境来看，中国的发展态势是海外华侨华人积极倾听与主动讲述中国故事的重要支撑力量，"一荣俱荣，一损俱损"，中国综合国力的提升有助于增强海外华侨华人的文化自信。从内部环境来看，海外华侨华人在传播中国文化的过程中又具备着独特的身份优势，主体间性能助其打造祖籍国与居住国民众的对话空间，文化间性又能加强祖籍国与居住国文化的融合发展，从而减少两国文化间的摩擦与冲突。海外华侨华人凭借内外双重优势，积极向世界传递着中国声音。

（一）时代发展增强文化自信

海外华侨华人与中国有着千丝万缕的联系，中国的繁荣与发展作用于海外华侨华人，能够为海外华侨华人增添获得稳定生活与他人认同的底气，同时海外华侨华人亦能反作用于中国，在日常生活中积极向居住国介绍与传播中华优秀传统文化与价值理念。海外华侨华人随中国同成长，与时代共进步，在中国与时代的号召下积极向世界传递着中国声音。

1. 与中国同呼吸共命运

海外华侨华人是中国向外移民所产生的一类群体，移民的范围、规模等因素会受到中国国内环境与国际发展形势的双重影响。我国最早向海外移民开始于近代中国国内战争动荡的时期，中国大量劳工迫于生计而移民海外，其移民生活充满艰辛坎坷。自新中国成立以及改革开放后，我国加强了与世界的联系，涌现出三次海外移民浪潮，第一次为改革开放后，大量知识分子以公派留学的方式留学海外并长久定居，第二次为20世纪90年代前后，许多发达国家的企业公司等缺少人力资源，开始向中国吸收从事技术与体力劳动的移民，第三次为21世纪至今，我国综合国力的提升，移民群体主要是具有一定经济基础的富人以及知识分子，以投资和技术移民为主。

海外华侨华人在居住国的认可度与中国的国际影响力密不可分，近年来中国综合国力的提升让世界看到了大国崛起的力量，也激起了海外华侨华人的爱国热情与民族自豪感，加深了文化自信意识，在居住国以更加主动的姿态彰显着中国文化的魅力。目前海外华侨华人已达 6000 余万，分布在全球 198 个国家和地区，全球较大的华侨华人社团逾 2.5 万家，全球华文学校近 2 万所，数百万学生在校接受华文教育，海外华文学校教师达数十万，海外华人专业人士 400 余万，全球各类华文媒体 1000 余家。① 海外华侨华人分布地域之广、数量之多，成为了海外讲述中国故事，传递中国声音的重要载体之一。

2. 顶层力量支持助力传播

历史和现实表明海外华侨华人在中华文化国际传播、中外文化交流互鉴中具有独特优势，我国也积极维系海外华侨华人与中国的联系，以期强化华侨华人的身份认同，增进中国与世界各国的友好交流。习近平总书记曾在 2014 年《第七届世界华侨华人社团联谊大会》中指出："我们的同胞无论生活在哪里，身上都有鲜明的中华文化烙印，中华文化是中华儿女共同的精神基因。希望大家继续弘扬中华文化，不仅自己要从中汲取精神力量，而且要积极推动中外文明交流互鉴，讲述好中国故事、传播好中国声音，促进中外民众相互了解和理解，为实现中国梦营造良好环境。"② 2017 年 2 月，在全国侨务工作会议上，习近平对侨务工作作出重要指示，实现中华民族伟大复兴，需要海内外中华儿女共同努力。把广大海外侨胞和归侨侨眷紧密团结起来，发挥他们在中华民族伟大复兴中的积极作用，是党和国家的一项重要工作。我国从宏观战略上不断强调海外华侨华人对我国建设发展以及传播中国文化的重要性，其重视程度能够让海外华侨华人感受到中国强有力的支持与召唤，提升海外华侨华人传播中国文化的责任感。

① "一带一路"建设华人优势独特，担当多种角色［EB/OL］.中国新闻网，2019-07-22［2022-08-29］. https://www.chinanews.com.cn/hr/2019/07-22/8902694.shtml.
② 习近平.海外侨胞是实现中国梦的重要力量［J］.中国人才，2014（15）.

（二）主体间性创造对话空间

"间性"，原指某些雌雄异体生物兼具两性特征。[1] 德国现象学家埃德蒙德·胡塞尔首次引进"主体间性"概念，指出："正如他人以身体存在于我的感知领域中一样，我的身体也存在于他人感知领域中。"[2] 每一个作为主体的人是不可能独立存在的，他对于自身个性与个体的认同，是需要通过与他者进行交往并不断进行反思的。[3] 海外华侨华人既带有中华民族与中华文化的烙印，又以旅居者的身份生活在异国他乡，当其与居住国的本土民众沟通交流时，两个主体相差较大的思维观念会触动海外华侨华人内心深处对中国文化的认同基因，而当其传播中华文化时，又会考虑到自己与居住国其他民众的关系，双重身份共同作用于海外华侨华人，并且双重身份并不是二元对立的主客体之分，二者相互交织共同构成了具有主体间性这一特质的海外华侨华人群体。海外华侨华人与居住国民众在长期生活与交往中加深了彼此间的联系，当华侨华人在居住国开展活动传播中华文化时，能在一定程度上降低居住国民众对不同于本国的中华文化的抗拒心理，以与华侨华人建立的信任程度转化为对中国形象与中国文化的信任，主体间性的特质利于海外华侨华人在居住国传播中华文化。

七旬有余的挪威侨胞马列是一名中餐厨师，已从事餐饮行业 50 年，马列在挪威长达 50 年的居住经历，充分了解了挪威食客的饮食习惯。在 2016 年 G20 杭州峰会上，马列制作了一个介绍"杭帮菜"的小册子，用 150 多个图文并茂的双语故事介绍了菜肴的由来，让外国友人了解"东坡肉""宋嫂鱼羹"等美食背后的历史故事，结合外国友人的思维习惯和认知方式让其一目了然。海外华侨华人双重身份的特质对彼此进行文化交流沟通创造了有效的对话空间，主体间性助力中华文化在华侨华人居住国的深远传播。

---

① 黄鸣奋.网络间性：蕴含创新契机的学术范畴 [J].福建论坛（人文社会科学版），2004（04）.

② ［德］埃德蒙德·胡塞尔.生活现象学 [M].倪梁康，张廷国，译.上海：上海译文出版社，2002.

③ 曾少聪，陈慧萍.海外华人传播中国形象的理论探析与实践启示 [J].学术探索，2021（09）.

（三）文化间性提升传播效能

文化间性是主体间性向文化层面延伸的结果。20 世纪 80 年代，当哈贝马斯将"主体间性"理论向国际关系层面推进时，发现文化成为阻碍其发展的障碍，由此，哈贝马斯开始将"主体间性"概念运用到文化方面，试图在全球范围内建立话语性的"文化间性"关系，以求打破文化之间的壁垒。[①] 文化间性指不同文化间交互作用的内在过程，即在不同文化间的交互作用中，对方获得了由原文化的间性特质变异或意义重新生成而来的新的文化意义。[②] 海外华侨华人通过移民的方式旅居在异国他乡，移民前在祖籍国深受中华文化价值体系的培育，移民后的海外华侨华人及其后代以华人社团、华文媒体以及华文教育等途径继续接受着中华文化的熏陶与感染，同时也在日常生活交往中了解并掌握了居住国当地的文化，在中华文化与居住国文化双重作用和影响下形成了独具特色的海外华侨华人文化。这一文化具有明显的跨文化、跨地域特点，使得华侨华人能够自由游弋在两种文化之间，成为中华文化与其他文化交流、沟通的桥梁和使者[③]。

中华文化与居住国文化相互交织建构着海外华侨华人的思想观念，海外华侨华人可充分借助这一特质，以居住国民众喜闻乐见的形式传播中华文化，拓宽不同文化间的沟通交流的边界，从而提升中国文化在居住国的深度传播的可能性。舞狮作为我国优秀的传统民间艺术，其文化内涵极其丰富，也广泛流传于海外华侨华人社区中，马来西亚华人在继承我国舞狮文化的同时，对其加工改造，创造出"高桩舞狮"新兴表演形式，激起了马来西亚人对其的兴趣，马来西亚人在"高桩舞狮"的表演中看到了中华文化的魅力，"高桩舞狮"已被马来西亚列入"马来西亚国家遗产"。马来西亚华人对舞狮文化的继承反映出了华人对中华文化的情感认同以及身份认同。对舞狮文化

① 唐润华, 郑敏. 文化间性视域下出版业"讲好中国故事"的效果提升路径 [J]. 新闻爱好者, 2021（03）.
② 王才勇. 文化间性问题论要 [J]. 江西社会科学, 2007（04）.
③ 张冬冬. 华侨华人：构建人类命运共同体的独特力量 [J]. 人民论坛, 2018（17）.

的创新又凸显出华人对居住国民众以及文化的考量，以马来西亚华人为代表的海外华侨华人，作为双重文化的倾听与传播主体，为促进两国间的文化交流与传播发挥着重要作用。

二、凝心聚力谱华章

我国在海外的华侨华人高达 6000 余万，广泛分布在世界的各个地区，庞大的资源优势为中国文化的广泛传播奠定了基础。海外华侨华人在居住国为了能增加彼此间的沟通与交流，减少异质文化冲击的不适应性，寻求共同群体的归属感以及文化的认同感，在长期的生活与发展中形成了以"华人社团""华文媒体"以及"华人教育"为主的交流平台，这三大法宝不仅有助于增进华侨华人的交流沟通，互帮互助及时处理困境难题，而且在凝聚华侨华人共识，传播中国文化方面发挥着重要作用。

（一）连接器：华人社团

华人社团是海外华侨华人彼此间沟通交流与情感维系的重要桥梁，不同于西方的个人主义，中国自古以来的观念均呈现了集体主义的特征。费孝通先生在《乡土中国》中认为中国是熟人组成的社会，这一思想观念深深影响着海外华侨华人，其身处陌生的异国他乡时，华人社团以群体作为单位，以血缘、业缘、趣缘等因素形成了具有相同特征的众多群体，使华侨华人能在群体中获得安全与归属感，并通过参与社团活动实现自己的价值。截至 2016 年，海外华人社团数量达 2.5 万个，其中，有较大影响力的专业社团近 600 个。[1] 类型丰富的华人社团通过定期开展活动等形式，具有凝聚华侨华人共识，维系中国形象以及继承与传播中华优秀文化和价值理念等重要意义。

---

[1] 华侨大学华侨华人研究院.华侨华人蓝皮书——华侨华人研究报告 2017［R］.社会科学文献出版社，2018：10.

（二）传声筒：华文媒体

习近平总书记曾指出："当今世界是开放的世界，当今中国是开放的中国。中国和世界的关系正在发生历史性变化，中国需要更好了解世界，世界需要更好了解中国。"[①] 华文媒体大多由海外华侨华人创办，自创办以来便与中华民族与中国文化紧密联系在一起。海外华文媒体不仅是华人资讯的主要来源和信息交流的重要渠道，而且是中外文化友好沟通的桥梁，是国家形象展现的重要窗口。[②] 华文媒体立足于中国，以媒体敏锐的触角观察与倾听着中国的发展变化，与中国同呼吸共命运，中国取得的瞩目成就借助华文媒体的力量积极向海外华侨华人传播。通过海外华文媒体这一独特纽带和重要桥梁向世界传播中国梦，必将是一条现实可行的路径。[③]

据统计，当前海外华文媒体有 1019 家，其中报纸 390 家、杂志 221 家、电视台 77 家、广播电台 81 家、网站 250 家，分布在 61 个国家和地区。[④] 华文媒体自 1815 年《察世俗每月统计传》创刊以来，至今已有 200 多年的历史，回顾华文媒体走过的历史岁月，虽远在他乡却时刻关注着中国的发展与变化，在海外认真倾听中国的同时，也利用报刊、广播等媒体的力量积极向世界传递着中国声音，与中国发展荣辱与共，紧密相关，是一支不容忽视的重要力量。在辛亥革命时期，海外华侨积极利用海外华文报刊做辛亥革命的动员工作，以大量言论的发表激起海外华侨的民族意识与爱国热情；在抗日战争时期，海外华文报刊积极宣传抗日、凝聚华侨；在二战结束后，相对稳定的国际环境又促使新的华文报纸创办与成立，壮大了华文媒体的力量；在改革开放后，中国综合国力的提升让世界了解与关注中国崛起的力量，海外

① 习近平致信祝贺中国国际电视台（中国环球电视网）开播［EB/OL］.央广网，2017-01-01［2022-09-02］.http://china.cnr.cn/news/20170101/t20170101_523422500.shtml.

② 许向东，尹艺斐.原创力、智能化、共融性——海外华文媒体讲好中国故事的创新路径［J］.新闻爱好者，2022（01）.

③ 何亚非.海外华文媒体与中国梦［J］.求是，2015（01）.

④ 何亚非.海外华文媒体与中国梦［EB/OL］.中国共产党新闻网，2015-10-23［2022-09-02］.http://dangjian.people.com.cn/n/2015/1014/c117092-27696961.html.

华文媒体积极报道与展示中国取得的新成就与新进展。华文媒体始终与中国并肩同行，是传播中华文化的优秀使者，华文媒体在和平发展的时代，又在积极向世界传递着"一带一路""人类命运共同体"等中华文化先进理念，冲在时代发展的第一线。华文媒体用历史与实际行动向我们展示出海外华侨华人对中国文化的归属感、认同感以及自豪感，是海外华侨华人积极主动倾听与传播中国故事的得力载体。

在全球化的浪潮中，海外华侨华人以海外为阵地，积极利用华文媒体向身居异乡的海外同胞们传递中国最新发展动态，同时也向世界澄清有关中国的误解与偏见，向世界传播着华侨华人的崭新面貌。在信息鱼龙混杂的当下，华文媒体是海外华人华侨讲好中国故事，传播好中国声音必不可少的途径之一。

（三）播种机：华文教育

海外华文教育，是系统继承与传播中国文化的重要载体。近年来，在中国国务院侨办的大力支持下，海外华文教育发展迅速，不仅维系着华侨华人的民族特性及与祖（籍）国的情感联系，而且辐射到各国主流社会，对提升中华文化影响力、增强国家软实力具有不可替代的优势。[①] 华文教育是海外华侨华人聆听中国故事的重要途径之一，海外华侨华人在聆听中获得并维持对中华民族以及中华文化的认同感，使中国文化得以在华侨华人的居住国传承和发扬。开展华文教育，一方面有助于海外华侨华人对中国文化形成系统、深入且细致的了解与认知，加深海外华侨华人及其后代儿女与中国的情感连接与文化认同，另一方面也为中国文化在世界范围内的传播发挥着重要作用。

据统计，当前，世界各地有各类华文学校2万多所，在职华文教师几十万人，在读华裔青少年数百万，越来越多的非华裔学习者也加入其中。[②]

---

① 陈奕平.新时代中国发展战略与华侨华人的作用［J］.八桂侨刊，2019（02）.
② 李海峰.充分发挥侨务工作在弘扬中华文化中的积极作用［J］.求是，2012（08）.

新加坡华人选手李宜幸参加 2017 年第二季《中国诗词大会》综艺节目，曾在"飞花令"环节击败了本届冠军武亦姝，在总决赛中因答错三题遗憾离场，但华人选手李宜幸在节目中展现出对中国诗词文化的热爱与自身深厚的文学功底为观众留下了深刻印象，也在新加坡引发关注，新加坡华文报刊《联合早报》报道说："李宜幸对中国古典文学的爱好，是移居新加坡后培养起来的。"①李宜幸 9 岁随家人移居新加坡，在母亲的引导下对中国诗词文化产生了极大兴趣，新加坡的华文教育也为李宜幸学习中国文化提供了平台。正是借助华文教育这一平台，无数海外华侨华人得以系统了解中国文化，增强华侨华人及其后代对中国文化的认同，并积极助推其在世界的传承与传播。

　　华人社团、华文媒体以及华文教育，共同构筑了海外华人社会的三大支柱，是增进海外华侨华人同祖籍国联系的桥梁，华侨华人通过华人社团、华文媒体以及华文教育积极关注着中国发展，并在居住国身体力行地传播着中国文化。海外侨胞在传承中华优秀文化的基础上，发挥其"汇通中外"的优势，以"侨"架"桥"，在五洲四海弘扬、传播中华文化，②在文化日益交融的时代其沟通中外的作用更加明显，为中国文化走向世界添砖加瓦。

---

① 中国古诗词的海外"粉丝"［EB/OL］.新华网，2017-02-17［2022-09-05］.http://www.xinhuanet.com/mrdx/2017-02/17/c_136063139.htm.
② 王雪琳，郝瑜鑫.华文教育搭建中华文化海外传播桥梁［EB/OL］.中国社会科学网，2020-06-23［2022-09-05］.http://ex.cssn.cn/zx/bwyc/202006/t20200623_5146453.shtml.

第五章　中国故事国际传播主要路径

　　近年来，多样的新媒体技术发展为人们获取信息、感知世界提供了日趋丰富的渠道。同时，基于不同个人之间媒介素养的参差，信息传递和获取的效果也存在不容忽视的差异。因此，政府、团体、个人在向外讲述自身故事之时，面对不同的使用平台或媒介形式，选择怎样的媒介语言表达、采取何种表达策略，都决定了故事最终的讲述效果。随着媒介技术的更迭，当下中国故事的传播路径并不局限于某一特定平台或媒介形式。正如麦克卢汉所说，传播媒介真正传递的是媒介的特性。从传统媒体到新媒体平台、从主流媒体到个人用户、从线上传播到线下会展，多方位的故事表达构成了当下中国故事的传播路径。

　　以中国国际电视台——CGTN 为代表的传统主流媒体，自上世纪末就开始向世界多国播报中国新闻，将改革开放后的中国形象传播到世界各地；如今，CGTN 通过以 Twitter、Facebook、YouTube 为代表的国际社交平台上开设的账号，讲述各具特色的中国故事。另一方面，主流媒体在各种重大国际事件面前频频发声、对于国际舆论场中议题的主动设置、叙述语态的下沉等使得中国媒体在国际场域进行表达的空间进一步扩大；在外华侨、在华友人等个人用户群体也在自媒体平台上发布着"他者化"的中国故事，有力驳斥了西方国家对中国的歪曲报道以及种种误读与偏见。

　　透过不同的途径，我们能看到中国故事叙述的内在逻辑的差异，进而更好地调整中国故事的讲述方式。因此，我们将焦点放置到中国故事国际传播的主要路径上，包括主流媒体、影视剧、自媒体平台及各大会展活动等，探析目前中国故事传播路径的优势及可改进之处。

第一节　主流媒体

习近平总书记指出，党的新闻舆论工作具有"联接中外、沟通世界"的职责和使命；要增强国际话语权，集中讲好中国故事；同时要优化战略布局，着力打造具有较强国际影响的外宣旗舰媒体。[①] 尽管我国官方媒体与西方媒体有一定差距，但在多方努力下，中国官方媒体已经初步形成了"以中央级新闻媒体为核心，以地方媒体为协助（补充）"的对外传播格局。[②] 对当前中国的主流媒体而言，在走向海外的过程中，坚持传播主流价值观的立场，有力有效地讲出中国故事，推动国际传播高质量发展，是中国故事近年来对外讲述的重心。

当然，目前中国的主流媒体在讲述中国故事的过程中仍面临一大困境——在当下以美国为首的西方媒体依然在国际传播格局中占据着主导地位，国家故事讲述路径仍是由诸多西方国家所把持的。这一困境具体表现在两方面：在国际广播电视的传统媒介矩阵中，由欧美国家媒体占据着大多议题的主要话语权；在海外新型社交平台上，中国主流媒体在西方话语为主的语境下的表达也存在一定限制，难以准确讲述出故事背后的中国形象。由于欧美等少数发达国家长期掌握着国际传播话语权，在诸多国外普通民众心中

---

① 李源，秦华.习近平在党的新闻舆论工作座谈会上强调：坚持正确方向创新方法手段提高新闻舆论传播力引导力［Z］.2016-02-20［2022-07-20］.人民网：http://cpc.people.com.cn/n1/2016/0220/c64094-28136289.html.
② 黄典林，张毓强.国际传播的地方实践：现状、趋势与创新路径［J］.对外传播，2021（09）.

建构起的他国形象，很多时候并不是对一个国家的真实反映，而是在国际场域中掌握话语权的这部分少数国家所建的"拟态环境"。

正如李普曼所言，人们大多时候都生活在大众媒介所打造的，与客观现实存在一定偏差的"拟态环境"，即"象征性现实"之中。就国际场域中的普通民众而言，对于其他国家的认知也来自于这些处于不同文化语境下的国际媒体所提供的内容。而除了民众自身通过学习、个人体验等方式获取信息以矫正对他国认知的途径之外，国际场域中最具话语权、最具权威性，同时也最代表国家意志的主流媒体所提供的各类信息，对于普通民众认知的矫正、各个国家故事的讲述而言，往往起到了主导性的作用。

一、各主流媒体讲述的中国故事类型

目前在我国的学界研究视野中，对于主流媒体的定义主要分为两种：一是从媒体经营角度出发，将主流媒体看作经营性的媒体机构，认为主流媒体作为具有权威性和影响力的媒体平台，创造经济价值的同时，也肩负了社会使命和责任感。而另一种则是从政治角度出发，将重点置于主流媒体的宣传功能上，认为主流媒体承担着国家政府的宣传任务，其基调应始终与主流的意识形态相一致。就目前我国研究和实践现状来看，中国主流媒体的概念是以上两个维度相结合的，即首先应该是传播主流价值观的媒体，其次应该是具有强大影响力的媒体[1]，较为有代表性的有 CGTN、中国日报、新华社、人民日报等主流媒体，积极为党和政府、为人民在国际场域中发出中国声音。

（一）主流媒体国际话语的讲述格局

党的十八大以来，习近平总书记就推进国际传播能力建设提出了一系列新理念新思想新战略：让世界认识一个立体多彩的中国，世界需要更好地了解中国，"有理说不出、说了传不开"的局面必须扭转，要展现真实、立体、

---

① 刘帅，李坤，王凌峰．从主流媒体到新型主流媒体：概念内涵及其实践意义［J］．新闻界，2020（08）．

全面的中国；讲好中国故事，要以中国梦为引领，传播好当代中国价值理念，用好丰富的资源和素材，坚持讲事实讲形象讲情感讲道理；要争夺国际话语权，加强对外传播话语体系建设，打造融通中外的新概念新范畴新表述；要优化国际传播战略布局，加快建设国际一流媒体，发挥新兴媒体作用，借力国外媒体平台。这些观点为中国官方媒体加强和改进中国故事的讲述能力提供了理论指导和行动指南。

　　然而正如哈罗德·英尼斯在《帝国与传播》中所言：任何社会的传播媒介都会极大地影响社会组织的形态和人的交往。他将控制媒介视为控制权力的一种手段，而这一点放眼当下也仍有相同之处：在传统媒体语境中，中国主流媒体在西方新闻媒体机构所垄断的国际话语体系中，如果想要发出一定的声音，在多数情况下只能采用大国语态或与他国媒体合作的方式进行，最终传递出的声音经过西方话语的"过滤"，难免会产生一定的偏差。在此情形下，中国经过多年的实践和经验总结，根据自身国情及官方媒体的特性等，在进行了大量的尝试后取得了一定的成效。

　　目前活跃于国际传播的中国主流媒体主要包括：以中国日报、人民日报等为代表的对外报刊；以新华社为代表的国际性通讯社；以中国国际电视台等为代表的广播电视媒体；以 CGTN、人民日报、新华网、中国日报等在各海外社交平台开设的账号等新媒体。其中，以 CGTN 为代表的广播电视媒体及以人民日报英文版为代表的报刊媒体组成了传统主流媒体格局；由以 CGTN、人民日报、新华社等媒体在 Twitter、Facebook、YouTube 海外社交平台上的账号为代表构成了新型主流媒体格局。传统媒体渠道与新型媒体平台相互补充，引领着中国故事讲述的主要方向。

　　（二）传统主流媒体的国际讲述

　　法兰克福学派认为，媒介不仅是意识形态的工具，而且媒介本身就是意识形态。① 当我们把焦点置于传统媒体的运用历程上，可以看到早在美苏争霸时期，美国与苏联就开始通过报纸、广播等传统媒体进行大肆宣传，从意识形态领域进行争锋。而人们所熟知美国总统罗斯福的"炉边谈话"，除了通过广播宣扬罗斯福本人的热情、乐观、随和、亲民等领袖魅力，也为其日后竞选总统，维护政府稳定等奠定了重要的基石。意识形态安全作为国家安全的根基，是国家战略的重要组成部分。对任何一个主权国家而言，谁拥有信息权，谁就获得了信息资源相对更大的利益和相对安全的权利。② 传统主流媒体主要集中在新闻层面进行中国故事讲述。因此，传统媒体更加需要注重在确保意识形态领域媒体安全的情况下，用国外民众能够理解的方式进行对外传播。

1. 主流媒体的权威舆论发声

2016 年 2 月 19 日，习近平总书记在党的新闻舆论工作座谈会上指出："坚持党的领导，坚持正确政治方向，坚持以人民为中心的工作导向，尊重新闻传播规律，创新方法手段，切实提高党的新闻舆论传播力、引导力、影响力、公信力。"③ 习近平总书记深刻阐明党的新闻舆论工作的历史地位、重大作用、职责使命、目标任务和原则要求，以马克思主义立场观点方法对新形势下党的新闻舆论工作进行了系统部署，极大丰富和发展了马克思主义新闻观，为做好新形势下党的新闻舆论工作注入了强大思想动力，提供了科学行动指南。

新闻舆论引导力是指"特定的组织、个人和媒体根据其意图对舆论的性质、发展趋势和方向进行引导的能力"。④ 对于传统主流媒体讲述中国故事的

---

① 邵培仁，李梁．媒介即意识形态——论法兰克福学派的媒介控制思想［J］．浙江大学学报，2001（01）．
② 张维华．新制权理论：制信息权的几个问题［J］．情报杂志，2007（12）．
③ 习近平在党的新闻舆论工作座谈会上讲话［Z］．2016—02—20［2022—07—20］．人民网：http://cpc.people.com.cn/n1/2016/0220/c64094-28136289.html.
④ 计永超，刘莲莲．新闻舆论引导力：理论渊源、现实依据与提升路径［J］．新闻与传播研究，2016（09）．

渠道主要是通过权威性的新闻播报，新闻舆论引导力主要也体现在主流媒体的权威性上。就政治立场方面，官媒与党中央保持高度一致，在国内具备极强的权威可信度。但在国际场域中，由于意识形态和民族文化的冲突，中国主流媒体国际舆论引导力还有待提升。

1992 年 10 月，CCTV-4 中文国际频道成为中国第一个国际卫星电视频道，该频道的新闻类电视栏目《中国新闻》，主张以"全球新闻，中国播报"的立场和角度，采取了不同于当时国内新闻的报道模式。《中国新闻》对国内突发性、灾害性的新闻事件没有进行观点层面较明显的灌输或刻意地树立典型。该栏目更加注重例如突发事件后有关部门的抢险救援、积极疏导等客观内容的陈述。作为主流媒体的早期中文国际频道，通过巧妙的讲述方式将"正面报道"的思路隐蔽地嵌入新闻事实，淡化了宏观宣传的意识形态色彩。作为国际频道，需要更多地采用国际场域中的报道语态而非硬性的官方语态，兼顾了宣传效果的同时，也保证了主流媒体的立场。

另外不容忽视的是，除了国家级的中央广播电视总台，作为补充的部分省级电视台也在积极发展国际传播业务。上海电视台在 1995 年下半年成立了外语台，并于 1996 年开始向美国有线电视新闻网（CNN）提供英语新闻。①2011 年 1 月 18 日，广东电视台国际频道也开始试播，播出语言以英语为主，普通话和粤语为辅。至此，以中央级新闻媒体为核心，以地方媒体为补充的传统媒体国家故事叙述的态势已初步成型，在这一态势中最为核心的是作为新闻机构的权威性。面对国际局势的日益变动，真相与流言都在信息流中奔腾。官方媒体凭借较高的权威力和代表力发布具有权威性和可信性的信息，其核心的权威性也是中国故事讲述过程中重要的前提。

2. 重大媒介事件中的中国故事聚焦

早期传统的中国故事讲述侧重于输出，缺少受众信息反馈，更多的是作

---

① 李宇. 从 CCTV4 到 CGTN：浅析中国国际电视频道的发展嬗变［J］. 对外传播，2017（05）.

为一种单向度传播形式，传播方式局限于电视、报纸、发布会等官方性、正式性的传统媒体渠道，传播方式主要以传者为中心。而中国故事对外讲述的实质是跨文化传播，是建立在对不同文化的差异进行充分认知基础上的传播。只有充分认识不同国家、地区、民族、宗教之间的文化差异，才有可能在国际场域中创新话语体系。因此，巧妙地利用具有一定共同关注度和国际性通识的媒介事件，根据媒介事件调整话语策略，更容易获得受众更高的接受度和信任度，实现更好的聚焦效果。媒介事件作为经过组织规划、有媒体参与并向受众传播的有特定历史价值的事件，其作为一种文化仪式，在强化核心价值观、激发个人的身份认同、促进个人和群体的价值统一等层面上发挥着积极的作用。而另一方面，这些国际性的媒介事件对于他国受众也有利于催生强烈的文化认同。

2008 年的北京奥运会，2022 年北京冬奥会，对于全球亿万华人而言，都是非常熟悉的大事件。各式媒体的报道将这两次大型体育赛事构筑成了具有公共记忆的媒介事件。借助这些重大的、全球瞩目的媒介事件，官方媒体在聚焦全球目光的同时，也是在通过各种文化元素符号向世界讲述中国故事：2008 年北京奥运会开幕式上的万人表演、2022 年北京冬奥会开幕式上的别出心裁设计的雪花火炬，这些画面、这些记忆，不仅印刻在了电视机前或手机屏幕前的华人华侨心中，也扩散到了其他参与国家的民众之中。这些重大媒介事件形成的公共记忆，形塑着国际场域中具有通识性的民族文化认同，将中国故事深刻地讲述到了亲历者们和聆听者们的心中。

3. 国际场域中的互补表达

除了中国主流媒体对中国国家形象立足于自身的传播实践外，与其他国际媒体合作，也是多年来中国故事讲述的重要途径之一。早在 1979 年，中国中央电视台和日本 NHK 首次合作拍摄的纪录片《丝绸之路》就取得了很好的效果。在戛纳电视节期间就有几十家电视台提出购买意向，英国 BBC 电视台、法国电视台等提出购买全部素材，联合重编后发行，法国有两家电影制片厂和电影发行公司提出购买法文版的专利权，曾在亚洲、欧洲等 38 个国家广为传播，受到一致好评。

近年来，中国国际广播电台着力与亚洲、非洲、拉美等多个国家的主流媒体开展跨国合作，大力打造多语种影视译制项目"中国剧场"，为国际台译制、本土化配音的优秀中国影视剧作品提供海外播出平台。国际台坚持本土化译制与有效落地相结合，不断强化国家多语种影视译制旗舰品牌建设。借助和他国媒体的合作，中国媒体的故事制作融合了当地的特色文化，在讲述语态上也与传统的宏大叙述进行了互补，降低了海外民众的接受门槛。[1] 大批传统媒体用户向新兴媒体和新兴平台转移，网络空间成为媒介生态的重要组成部分，主流媒体的边界也从传统的报刊、通讯社、广播、电视等延伸到以互联网为信息传播渠道的新兴媒体或网络平台。不同于传统媒体讲述中国故事，通常不易得到效果层面的反馈，进而难以进行宣传策略上的改进，新媒体平台上的国际传播，则能收到来自世界各地的观众或用户在接收信息后的反馈。

英尼斯曾提出：新的媒介出现会改变社会组织的形态，开创新的交往模式，并促使权力结构的转移。近年来，以 Twitter、Facebook、YouTube 为代表的新型社交平台开始逐渐动摇由几家西方新闻机构对舆论环境的垄断构建，为除了少数西方发达国家以外的发展中国家提供了对外传播的路径。因此考虑到海外用户对于网络软件使用习惯，中国主流媒体也纷纷在海外社交平台上创建账号，开始尝试从个体角度，以中国特色文化为出发点，讲述不一样的中国故事。

目前看来，国外社交平台上的部分中国主流媒体运营状况如下表所示[2]：

---

① 赵淑萍,吴炜华,王靖雯.构建中国全媒体传播体系的三个重心［N］.光明日报,2019-12-03（006）.
② 数据来源各网络平台官方账号,数据统计截至 2022 年 8 月 12 日.

表5-1　国外社交平台上的部分中国主流媒体及纽约时报账户粉丝量

账号主体	Twitter		Facebook		YouTube	
	粉丝量（万）	创立时间	粉丝量（万）	创立时间	粉丝量（万）	创立时间
新华社	1224	2012.02	4806	2012.09	131	2012.05
人民日报	799	2013.06	276	2014.02	40.9	2012.10
中国日报	422	2009.11	10000	2009.11	5.31	2016.12
CGTN	1329	2013.01	11000	2013.05	291	2013.01
纽约时报	5390	2007.03	1800	2007.10	413	2006.10

　　以上各大主流媒体在各平台的账号构成了当下中国故事讲述的新型主流媒体矩阵。从上表数据中能看出，在部分平台上，来自中国的数据优于西方较有影响的主流媒体，但实际分析账号具体运营情况时就会发现，中国主流媒体在海外社交平台上的实际传播效力并不算高，关注粉丝虽然总量不小，但粉丝群体中华人关注者占大多数，关注中国主流媒体的外国粉丝量则较少。部分平台上的账号活跃度有待提高，评论区的互动情况较一般。虽然自2009年中国媒体在海外社交网络开通首个社交账号以来，十多年间中国故事国际传播的海外社交媒体矩阵已初具一定规模和影响力，但针对中国故事的主要倾听对象之一的国外普通网友而言，影响力还需进一步加强。

　　4.新型主流媒体故事类型的选择

　　中国的政治理念、经济建设成就和中华文化等对于国外民众而言具有较高理解门槛的中国故事内容只有通过"国际化"加工，才能更容易被其理解。因此，现今的新型主流媒体选择通过在不同文明之间架起沟通桥梁，建构新型的中国话语和叙事体系，在跨文化语境中讲述中国故事。这也要求新型主流媒体在讲述过程中，需要在充分了解他国文化传统与信息偏好的前提下，采用中国特色的价值内核，加上国际化的故事讲述形式，借助一个个的微观而富有人情味的故事选择，让中国故事以更易引起共情的路径被国外受众理解与接纳。

据统计，2015 年 1 月 1 日至 5 月 15 日间，人民日报 Facebook 发布内容中，关于社会题材的生活型故事最多占到 30.8%。[①] 不同国家的人们在看娱乐化的"小故事"时，文化隔阂得到了很大程度的消解。不同于传统媒体对于报道题材选择上的正式严肃，新型主流媒体对于内容题材的选择上就更加随和亲民。传统媒体在进行国际传播时，大多选择较为严肃且政治性较强的硬新闻报道，或宏大叙述的影视作品进行传播。而在新媒体平台上，新型主流媒体则可以通过把握人类共同情感，以达到与海外普通民众的共情，来实现中国故事国际讲述。如可爱的动物、和睦的家庭生活等题材，这类对于美好事物的喜爱和追求是人类所共有的，因此这类话题常常受人关注。

越来越多的新型主流媒体青睐于通过微观的小切口来诠释宏观的中国故事。新时代中国国家形象是一个系统复杂的概念，涵盖社会生活的各个方面。传统媒体早期过于强调整体形象，而忽略了个体；过于追求正面宣传，而忽略了细节。因此，要提升中国故事的国际传播效果，就需要将微观的叙事视角与宏大主题讲述相结合。微观视角讲述中国故事也是近年来新型主流媒体所采取的主要策略。2021 年 3 月，我国云南的野生象群自西双版纳一路向北迁移，牵动着海内外万千网友的视线。在此次事件中，中国主流媒体并未依照往常的传统思路，一味强调本国的正面形象或强硬的借势宣传，而是借助象群的微观描述，让网民们更多地通过"一路象北"的镜头，从侧面看到了中国云南美丽的自然景观、干净整洁的道路和当地民众的温情善良，最终展示了真实、生动、全面、立体的中国形象。在此过程中，也有部分海外媒体在进行报道。面对中国媒体价值共通的微观视角讲述，一些国外媒体也摒弃了以往的偏见，在此次事件中向海外受众传达出了客观正面的中国形

---

① 朱溪，宋毅.《人民日报》在 Facebook 上的传播特点分析［J］.国际传播，2014（04）.

象。而在此之后的深层逻辑则是中国近年来的发展理念、生态文明建设以及人与自然的和谐共生等是能够得到国外媒体及海外民众了解与认同的。从这里也不难看出，对于新型主流媒体而言，这类微观视角的故事类型选择在国际传播中比宏大叙事的传播效果要好得多。

二、各主流媒体讲述中国故事的方法

党的十八大以来，加强中国新型主流媒体国际传播能力建设，已经上升到国家战略的高度。当下主流媒体跨文化语境讲述中国故事的能力，在故事选题、叙事视角、呈现方式、素材选择、讲述对象、传播渠道上有了巨大的改动和突破，主流媒体跨文化传播的意识和能力有所增强，但中国故事讲述能力仍有可提升空间。

（一）叙述方式的转变

过去的主流媒体在跨文化报道尤其是一些政治议题时，缺乏对传播对象的深度把握，习惯性地以"我"为中心，政治色彩和宣传教条话语浓厚。不可忽视的是，国外受众一方面缺乏对中国政治制度的内在理解，另一方面对"高语境"话语的传播内容兴趣较低，传播效果自然也大打折扣。因而需要转变叙述语态，用"低语境"，更加生活化、平民化的姿态去讲述。

正如霍尔所提到的，高语境文化更加适用于拥有共同社会背景、拥有相似的风俗习惯、拥有类似的思维模式的交流双方，而低语境文化则适用于文化背景不同、各方面具有很大不同点的交流双方，他们要实现顺利交谈，必须借助直接的语言表达完成，如果交流隐晦，则很难使双方抓住对方表达的正确意义。中国文化本身由于覆盖地域辽阔，跨越历史悠久，部分内容需要较高的理解门槛，倘若主流媒体依然根据传统方式使用高语境中的中国叙述，对于低语境中的西方国家的普通民众而言则很难理解。因此，当下的主流媒体针对叙述方式也进行了一定的改进。

1.生活化的叙述话题

传统的中国主流媒体的话语表达宣传色彩较为浓厚，叙述话题多围绕国家顶层建筑，缺乏多元化的平民视角，使得早期中国故事的讲述较为生硬、不易得到受众的共情。新型媒介的崛起改变了传统的内容生产理念，受众本位的故事讲述也成为当下故事讲述的有效策略。主流媒体开始革新叙事结构，在叙述的过程中融入多元化主体，中国故事的话题"生活化"也大大贴近了受众的接受心理。另外，政治议题也逐渐融入生活内容，主流媒体不再只是遵循单一的宏观叙事框架。

据统计，作为国家级对外媒体的《中国日报》，其在 1981—2003 年期间，文化、社会和经济类主题的报道比例位列前三位，而在 2004—2009 年阶段，三者的排序变成了社会、文化和经济，社会类主题的报道比例明显高于其他两者而稳居第一[①]。其所建构的中国社会生活面貌在各个时期都不是以政治、冲突或犯罪为主的严肃或不安定的面孔，而是关于文化、教育、艺术的或关系民生的生活面孔。头版国内报道以及国内言论的选题也表现出类似的趋势。新型主流媒体的故事话题覆盖了多方面的议题，不只是关注宏观话题，也从平民视角入手剖析。采用自下而上的语态，将生活议题融入政治议题，政治议题隐藏于生活议题之中。叙述话题选择上的多元化、平民化，也让中国故事更立体和多彩，更易从题材上吸引国外一般民众的注意，扩大中国故事讲述的广度。

2. 平民化的叙述角度

不同于中国媒体习惯的"集体主义"的宏大叙事视角，在比较强调"个人主义"的西方社会，民众更喜欢从普通人的生活状况来看整个社会的发展情况。而在中国早期的主流媒体话语体系中，大多是采用"集体主义"的"我者"叙述角度，使得即使在面对被外媒扭曲的事实，受众却仍难以接受可能真实但不符合自身认知框架的中国故事叙述。近年来的主流媒体在保持

---

① 戴长征.《中国日报》国家形象建构研究（1981—2013）[D].上海：上海大学，2014：70—71.

"专业媒体"客观、权威、准确发布信息的同时，也考虑到社交媒体传播平台个性化、情感化、碎片化的特点，通过叙事视角的平民化、传播内容的趣味化、语言表达的亲民化，在对外传播的过程中提高讲故事的能力，从寻常百姓的视角叙述中国的发展成就，实现中国故事在海外的有效讲述。

　　人民日报在 2015 年讲述中国浙江钱塘江大潮的新闻中，并未直白地描述钱塘江大潮的景观，而是采用与读者对话的方式，拉近了文章与读者之间的距离的同时，也使得读者得以抱着兴趣阅读下去。传统的新闻报道一般会使用第三人称叙事，可以显得更为客观中立，但在钱塘江大潮的富有趣味性的新闻报道中，人民日报使用了第二人称，采用与读者对话的语态，加强了动感、互动性和趣味性。① 在面对海外受众时，人民日报没有使用模式化、刻板化、公文化的语言，而是采取了更接地气的创新表达方式，使用本土化、人性化的语言，运用诙谐幽默的语言，拉近与海外受众的心理距离，实现情感共鸣。②

　　3. 针对性的故事表达

　　中国故事的讲述涉及到了多差异化的文化圈层以及经济发展程度不同的国家和地区。对不同国家和文化的受众而言，针对不同议题或表达方式的关注程度是不同的。因此过去传统的对外传播采用"内容统一打包，分区到分发"的形式难以取得良好的传播效果。例如在关于"一带一路"报道的内容中，互惠互利性的新闻发布数量较多，但关注度却相对较低；而对于主流媒体对外解释"一带一路"政治意图的新闻报道数量较少，但传播效果却更好。在纷繁复杂的环境下，各大主流媒体也开始逐步转变自身的叙述方式。

　　大数据的运用可以实现异国受众真实信息的需求和中国故事内容的匹配度。在受众端，大数据可以通过分析异国受众的媒介使用习惯、量化其感兴趣的内容，进而描绘出不同国家民众的受众画像，为不同受众合理地设置国

---

① 朱溪，宋毅.《人民日报》在 Facebook 上的传播特点分析［J］. 国际传播，2014（04）.
② 罗令辉."讲好中国故事"语境下的对外传播实践路径探析［J］. 国际传播，2021（07）.

际议程提供依据，最终实现故事讲述效果的最大化。在中国故事的生产端，大数据本身也是生产中国故事的潜在素材和文本。以大数据为支撑的中国故事内容，让中国故事的讲述更加贴近当地民众生活，让异国受众更容易以本地化的方式读懂来自中国的故事。

（二）多元的表达形式

在传统媒体向新型媒体融合发展的当下，要加强新媒体渠道与智能化技术创新，通过技术助力主流媒体提升国际舆论影响力，多方位讲好中国故事。尤其是全球媒体正处于数字化转型的风口，新媒体平台成为了国家故事讲述的主舞台，其呈现出移动化、社交化、可视化和智能化的特征。因此，在信息碎片化、飞沫化的当下，如何使用多元的表达形式成为了主流媒体得以借新媒体技术为引擎，以内容为王，抢占国家故事讲述的新思路。

1. 高时效性的信息推送

移动互联网时代，信息极度充裕。过量的信息对应的是有限的受众注意。受众的注意力不仅成了稀缺的资源，也成了众多国际媒体争抢的目标。高曝光率的推送和强时效性的信息便是争夺受众注意力的途径之一。

在十九大召开期间，以人民日报、China Daily、CCTV 三家央媒为代表的中国主流媒体在 Facebook 等海外社交媒体上通过文字、图片、短视频、现场直播等多种呈现方式，着力向世界传递出中国日益蓬勃发展、开放包容、越发自信的新型国家形象。2017 年 10 月 18 日，十九大开幕当天，媒体一共发布了 52 条贴文，是对十九大报道中单日发布数量最多的一天，同时也是三家媒体单日发布对十九大的报道量最多的一天。当天的报道主要集中在对大会开幕的新闻报道和习近平总书记作大会报告的相关解读、评论。10 月 25 日上午，中国共产党第十九届一中全会召开，选举产生了新一届领导集体。当天三家媒体共发布了 40 条贴文，发布的贴文数量是单日第二多，仅次于 10 月

18 日十九大开幕。^① 三家媒体这种高频率、高时效性、重点突出的报道策略符合社交媒体环境下对重大事件的宣传报道规律，使媒体能将其想要传播出去的重要信息充分、及时地传达给受众，而不至于遗落在新媒体庞大的信息流之中。通过持续的信息发布，高频次、高时效性的信息推送能有效地在互联网的海量信息中主动设置议程，扩散中国故事的讲述"音量"。在如今西强我弱的国际传播格局尚未根本改变的情况下，主动大量的报道也有助于向国际舆论场传递中国的声音，为海外受众提供中国故事不同于西方媒体的另一种表达视角。

2. 智能化的报道方式

在 G20 杭州峰会期间，央视新媒体推出动漫宣传片《G20，杭州再出发》。宣传片中包含了 G20 合作共赢的宗旨，20 国集团引领全球经济发展，中国为世界经济增长作出贡献等内容，在国际范围内获得了不错的反响。同时，央视网还通过"VR+ 新闻"、直播和 H5 等全媒体模式进行了报道，央视全媒体平台和新媒体同平台融合生产实现同步直播。近年来，随着我国媒介技术的发展，全媒体形式的沉浸式报道也越来越多地出现在了中国故事的讲述中。

智能媒体平台的建设目前在国际场域中尚且处于起步阶段，在应用的深度和广度上还有很大的提升空间。随着媒介技术的发展，媒介生产方式、传播方式和对应受众的接受方式也在不断地被重塑。中国故事通过创新运用各类智能化的媒介技术，同时整合了传统媒体的内容优势和新媒体的传播优势，多元融合运用也让中国故事更加生动形象。

3. 多方的表述主体

借助新媒体技术的加持，中国故事的讲述主体已不局限于媒体本身。除了通过主流媒体发布官方立场的消息以外，通过聚焦两国侨胞、文化使者、

① 杜康. 主流媒体的国际传播与中国形象建构——以央媒 Facebook "十九大"报道为例［J］. 传播力研究，2018（07）.

留学生以及外交官等特殊的跨文化个体，也是一种寻求中国故事的讲述话语实现通约价值的尝试性渠道。在 2020 年春节期间，人民日报海外版推出《我在中国当大使》系列专题①，《驻华大使眼中的中国 2019》《英国驻华大使使用汉语向中国人民拜年》等系列视频短片讲述了各国大使在中国的故事。"大使馆"角色具有一定的政治隐喻，代表了两国在国家层面的友好往来。除了外交官，CGTN 也在联手类似于"小马逛吃"等驻华海外网红个体讲述中国故事。借助这些多方的表述主体，从纵向的历史维度分圈层、分层次地讲述国交民亲故事，融合从古至今的友好交往的史实，用真情聚民心，用国外受众能听懂的形式讲述着当地化的中国故事。

第二节　影视剧

从 1958 年中国最早拍摄但未留存档的电视剧《一口菜饼子》，到如今遍布影视市场供受众选择的各式电视剧、电影、网剧，中国影视剧事业经过几十年的发展已初具规模，且在国际层面也逐渐具备一定的影响力。十八大以来，以习近平同志为核心的党中央高度重视党和国家的对外传播工作。在 2013 年 8 月全国宣传思想工作会议上提出在对外开放的条件下做宣传思想工作，一项重要任务是"引导人们更加全面客观地认识当代中国、看待外部世界"，"要精心做好对外宣传工作，创新对外宣传方式，着力打造融通中外的新概念新范畴新表述，讲好中国故事，传播好中国声音。"

影视剧作为承载内容最丰富、表现形式最直接的文艺形式，能让海外受

---

① 我在中国当大使［Z］. 2019-12-31［2022-07-20］. 人民日报海外版：http://opinion.haiwainet.cn/china.

众以相对最直观的方式感受中国社会的光景与社会中普通人的生活。国产电
视剧《媳妇的美好时代》在坦桑尼亚热播，让坦桑尼亚的观众也能体会到中
国老百姓家庭生活的酸甜苦辣。2014 年习近平主席出访拉美，将《北京青年》
《老有所依》《失恋 33 天》等现实题材影视剧作为"国礼"送给阿根廷；出访
蒙古国，又向蒙方免费提供 25 部中国优秀影视剧作品，中国故事在多个国家
得到传播。

　　另一方面，为了满足人民日益丰富的精神文化需求，各国间的影视作品
也以各种形式在全球范围内流转。美剧、英剧、韩剧、日剧等国外影视剧作
品也相继进入中国市场。诚然，丰富的文化产品为观众带来的多样文化体验
并非坏事。但不容忽视的是，近年来，部分观众在热情追捧国外影视剧形象
的同时，无意识地接受国外的文化习惯输入，以一种过分亲昵的甚至是崇拜
的心态看待海外，进而追随其价值观。作为他国文化载体的外来影视剧如此
强势输入的情形让人不免担忧。因此，如何在保持当前国产影视剧成功讲述
中国故事的现有优势的同时，也有效地借鉴海外影视剧的成功经验，成为了
当下国产影视剧走出国门，有效讲述中国故事所需探究的问题。

一、影视剧的传播力量

　　影视剧诞生于历史文化语境之中，反映时代的主题和潮流，巧妙地将民
族文化、意识形态、百姓生活等结合在一起，是时代政治、经济、生活等领
域的载体。"图像学"理论中提出，时代的意识形态可以赋予图像一种同质性
的文化意义，而这个文化意义可以从一个时代的观念中抽象出来，印刻回这
个时代的艺术作品，最终在影像的题材、形象、语言、构图等多种形式中呈
现出来[①]。相对于国家宣传片在跨文化传播中较为硬朗的呈现姿态，影视剧
作为一种软性的外宣形式，能将其当下时代的价值观通过潜移默化的形式输

---

① 尹德辉. 新世纪以来国内"图像"研究述评［J］. 文艺争鸣，2010（05）.

入到受众的深层意识价值观中。

影视剧不仅是当代国家状况的概括和反映，也是对国家形象的建构和国家故事的讲述。韩剧凭借温情细腻的家庭生活，感人至深的爱情故事对外输出了韩国本土文化；日剧用严谨的医生角色、精明的政律精英等形象展现了日本生物科技的发达及其自傲的工匠精神。影视剧作为国家故事讲述的途径之一，以其独特的方式契合了国家故事的表达和传播诉求[①]。类似于日韩影视剧中强烈的镜头语言表达，通过情感生活、日常生活等人类共通的话语，引发各国观众对于日韩文化和其国民生活的情感触动与跨文化共鸣。而在这背后的是具有各国家、民族特色的影视剧，通过构建共通意义空间的文化认同，在他者语境中突破文化壁垒，所进行的跨文化交流。

（一）影视剧建立的文化认同

弗洛伊德将"认同"视作个人与他人或群体在感情上、心理上的趋同过程，个人通过投向他人的认同来创造出自我的身份认同。文化层面的认同特指人们对某种文化的认可、接受，并根据该文化特质形成自己的价值体系以获取自我身份、融入群体、追寻人生价值意义。作为国家故事传播途径之一的影视剧，其在对外叙述国家文化时，应该区别于新闻媒体的宣传性报道。但在我国早期对外传播的影视剧中，尤其以主旋律影视剧为代表，大多以宣传为本位，并未过多考虑到处于异质文化环境下的外国受众对于影视剧中的文化认可与接受。因此，近年来，如何通过影视剧建立文化认同，强化影视剧讲述中国故事的传播力量逐渐得到官方和制片方的重视。

美国英雄电影《复仇者联盟》中超级英雄们挺身而出，对抗邪恶，拯救世界，博得全球观众们一致叫好。"救世"这一主题贯穿着该系列电影的始终。然而，不论是神盾局集结英雄保护美国国家和人民的安全，还是各式英

---

① 黄灿灿.国产影视剧"走出国门"对我国国家形象的塑造——基于国产影视剧海外传播发展历程的研究［A］//媒介秩序与媒介文明研讨会暨第二届新闻传播伦理与法制学术研讨会论文集［C］，2015：62-67.

雄们挺身而出对抗邪恶，其背后都是具有浓烈个人色彩的美式"英雄主义"。在好莱坞电影对于观众群体的长期影响下，美国电影在观众中具备相当强的忠实度和信赖度。在这种现代科技手段大规模生产文化产品的工业体系下的影视作品，凭借其强烈的视觉表现和精妙的价值观包装，借助电影品牌的口碑造势，在众多年轻观众心中建立起对美国形象的好感。进而在此影响下，这些年轻观众的认知框架也逐渐适应了美国的价值观认知，对美国文化产生了认同。当然，我们也应看到海外影视剧成功打破文化壁垒输入的内在逻辑，寻找影视剧中文化认同建立的有机过程。

1. 文化认同建立的前提：影视剧对受众的涵化

20 世纪 60 年代末期，随着电视媒介所发挥的社会影响力尤其是负作用越来越大，美国暴力和犯罪问题日趋严重。美国政府便成立了"暴力起因与防范委员会"，由学者格伯纳主持的"培养分析"就是在该委员会的支持和赞助下开始的。尽管已过去数十年，"涵化"理论仍以影视剧、短视频等新型媒介形式体现着其对于受众潜移默化而又深刻的影响。正如格伯纳所言，在现代社会，大众传媒提示的"象征性现实"对人们认识和理解现实世界发挥着巨大影响。由于大众传媒的某些倾向性，人们在以上描绘中的"主观现实"与实际存在的客观现实之间正在出现很大的偏离。同时，这种影响不是短期的，而是一个长期的、潜移默化的、"涵化"的过程，它在不知不觉当中影响着人们对于现实和文化的认知。作为其载体的影视剧，在经过编剧、导演、演员等多方演绎诠释后，为观众提供了一个在独特民族文化语境中精心设计的"象征性现实"。

尽管"象征性现实"与客观存在的现实存在一定的差异，但适当地利用影视剧的"涵化"效果，也能让不同文化语境中的受众通过这种经过再构却更易理解的情形来感受到不同文化的国家故事。在国家故事的讲述中，由于文化背景本身存在差异，因此，在国际传播中的文化产品会不被其他国家的受众接受和理解而导致其价值降低，这就是跨文化传播中的"文化折扣"。文化折扣的本质是知识的差异，不同受众之间的知识差异是文化折扣产生的本质原因。这一"知识"的概念，是在不同文化背景下受到不同文化符号的规训而形成的。借助在更加柔和的文化交流语境中形成的"象征性现实"，影视剧能够让观众在一定程度上不完全抗拒的情况下，跟随剧中人物，走进相应的文化情境中，通过特定的共识性价值观交流，从而很好地避免了"文化折扣"所带来的对他国故事的不解。这也是大多影视剧成功走向海外，讲述国家故事的重要前提。

2. 文化认同强化的途径：民族文化符号

文化符号作为影视剧承载民族文化的重要形式，其代表着来自不同地区民族的差异价值观。近年来，海外互联网受众对中国影视剧中文化符号元素的理解正逐渐发生结构性变化，从传统单一文化符号开始走向现代复合多元文化符号。新媒体兴起发展前，世界范围内获得认可的中国影视剧中的文化符号多以传统单一文化符号为核心，给海外受众造成一个"中国过去式"的认知形象，例如古代武侠、农业社会等符号都以单一化的方式表达。而现代社会中，不论是飞速发展的高新科技、先锋建筑、现代工业，还是层出不穷的发明创造、艺术成果，在当今的影视剧中都是以复合形式进行表达，从多方位表现也强化了在海外受众心中的文化印象。

通过影视剧强化民族文化符号来加深文化认同，实际是强化影视剧中角色的政治身份、价值思想和文化特色，进而实现与观众间的共鸣。民族文化符号是人们在物质生产生活实践中不断总结形成的，其最直接地体现在人们的物质产品之上。国民衣着的样式、饮食的特色、居住环境的差异风格等出现在影视剧中的文化符号都体现了民族的文化特色。人们在日常生活实践中接触最多的就是这些文化符号，尽管异国间的衣着、饮食、居住等都存在一定的差异，但共通的情感也使得观众对于这些文化符号仍有理解空间。当然，通过影视剧中的文化符号的强化，并不意味着就一定能讲好国家故事。对于文化符号的认同只是文化认同的外在表现，很难决定人们对文化本质的认同。有时认同了文化形式，其核心的价值和追求却相差甚远。因此，除了追求文化符号的认同，影视剧中更应该找寻合适路径进行价值观的普适性输出。

3. 文化认同的核心：价值观的普适输出

美国社会心理学家费斯廷格提出的认知不和谐理论认为，当人们在认知出现不协调时，就会在心理上形成不舒适，人们为了达到心理上的平衡，比较倾向于重构或者协调事物间的选择，以消除或者减轻内心的冲突感和不和谐。在观看影视剧时，受众大部分情况下是基于以往形成的道德和价值观念、文化习惯等内容为着眼点进行选择和消费的。而当遇到跟自己原有的价值观不一致的电影，受众就会趋向于选择性漠视或者抵制，也就是人们所熟知的"选择性注意"和"选择性接触"。

长期形成的社会价值观、文化背景在受众的心里形成了特定的审美偏好和审美预期，符合这种预期的作品就更能获得受众的选择兴趣。这种在符合人们"选择性接触"的必要条件的价值观输出，实际上是建立在某一文化形态下的特定影视剧长时间对观众进行的"涵化"之下。例如在人们的普遍性认知中，韩国的明星们大多是俊男美女，韩国人喜欢辣白菜和部队火锅等。这一系列与韩国文化所绑定的普适性认知，是在人们从各种媒介上接受到的来自于韩国文化的信息基础上形成的。类似于韩国演员的俊朗外貌、中国的功夫武术、日本的寿司等这类独具民族特色的文化景观，在观众长期观看相关影视剧过程中，也在逐渐培养着对于某一国家或民族的特有预期，最终形成了一些具有普适性的价值观。影视剧中传播的这种类似于"常识"的普适价值观，与客观存在的文化现象存在一定的差异，但同时也给予了官方或制片方进行故事建构的弹性空间。

（二）"他者化"话语下的跨文化突围

"他者"的概念常见于西方后殖民主义理论，在后殖民主义理论中，西方人将自己称为"主体性"，即自我，而将殖民地的人们称作"他者"。"他者"

由认同产生，与"自我"的同一性产生对抗。而这种消极的对抗常常体现在"自我"对"他者"的排斥、诋毁和侵犯。而"他者化"则强调这种对抗，制造"我们"和"他者"的二元对立①。由于视听符号解读的多义性，影视剧在"他者"话语下仍具备一定的解读空间。

1. 讲述角度突围："自我"话语到"他者"话语的转变

2017 年，国产电影《战狼Ⅱ》造就了现象级的国内高票房。然而据美国权威票房排行网站统计，电影《战狼Ⅱ》在美国总票房为 266.9 万美元，澳大利亚总票房为 135.2 万美元，而英国总票房仅为 3.1 万美元。票房落差的背后，反映的是国外受众对于电影中过于强烈的中国符号和民族情绪并不接受，在西方观众眼里，关于这部电影的评价多数集中于这是一部中国的政治宣传片②。当下西方主导的国际舆论中对于中国故事的歪曲表述，使得《战狼Ⅱ》所承载的中国文化、中国故事在"他者化"的话语环境中传播受阻。

影视剧在跨文化传播的过程中由于他者与自我的差异，使得社会群体总会潜意识地把他者归为无法理解、无法认同的一类。然而和谐的文化交流应该试图缩小这样的差异或者从文化的共同点出发。当今的国际传播秩序仍是以欧美为主导，而许多带有中国家国主义、集体至上价值观元素的影视剧往往被妖魔化，打上政治宣传的符号而不被西方话语体系所接受。而借助讲述角度的转化，这种"自我"中心的话语也能成为"他者"所能接受的话语。以国内较为出名的电视剧《甄嬛传》为例，在国内观众心中，其讲述的是在古代封建君主专制下，后宫中诸位嫔妃围绕帝王情爱的争夺，是在一定文化理解门槛下的故事。而美版《甄嬛传》经过美方的剪辑，以中文原声、中英文字幕、每集时长 90 分钟，总共 6 集的形式播出。播出 10 天左右，美版《甄嬛传》在 Netflix 上获得了平均 3.7 分的评分；在 IMDB 上获得 8.5 分的评分，

① 单波，张腾方. 跨文化传播视野中的他者化难题［J］. 学术研究，2016（06）.
② 王硕.《战狼Ⅱ》背后的 4 个故事［Z］. 2017-08-08［2022-08-21］. 中国新闻网：https://www.chinanews.com.cn/yl/2017/08-08/8299300.shtml.

取得了不错的播出效果。但美版《甄嬛传》从西方世界更加接受的爱情、友情等角度出发，将围绕皇帝这一男权象征的情节侧重倾向了以男女间情爱的情节，以美国观众的"他者"话语讲述了一个虽然和原版有出入但文化背景仍未变的故事。

2. 讲述内容改进：情感共鸣减弱文化折扣

近年来，影视剧国际上的传播逐渐趋向重视受众价值观的认同趋势。讲述内容中重点的形象塑造也不仅仅是单方面的宣传或者扁平化的呈现，其体现的是传受双方的互动。从背后逻辑上而言，故事的国际讲述需要调动国内外受众的情感，进而在此基础上获得相应的社会认同。传播者和受众，他们既是传播单向流动的两端，又是双向流动的回归点。[①] 例如动画电影《西游记之大圣归来》上映后取得国产动画片里程碑式的突破，刷新了由好莱坞动画电影《功夫熊猫2》创下的动画电影票房纪录。影片中在"孙大圣"这一角色塑造上，更加注重对于命运的反抗，对于观众而言更容易激起其作为个体对于生活无奈的情感共鸣。而这种斗争性共鸣的来源并非局限于"孙大圣"这一中国传统神话形象，而是来自各国观众共通的情感空间。

当今的影视剧在海外网络传播中能精准找到受众接受的切入点，《功夫熊猫》《流浪地球》等影片中所体现的人与人之间的温情和角色高尚的牺牲对于海外受众而言并不陌生。这些影视剧情节普遍注重在情感方面的传播效果。对于海外受众群体而言，不需要有对于功夫、中国科技等元素的理解，也能够感受和产生基于共通意义空间的情感共鸣，最终通过观众期望的认同感实现减弱文化折扣的效果。在此影响下，基于影视剧在国际中讲述内容的变更，中国影视剧的符号话语体系的重心也开始逐渐转变为坚守文化自信，经过历史沉淀的、弘扬精华的民族文化符号。从日常场景、共通感情等符号元素出发，让海外民众产生了情感上的联系，削弱了文化折扣带来的负面影

---

① 戴元光.20世纪中国新闻学与传播学·传播学卷［M］.上海：复旦大学出版社，2001：115.

响，增强其对于中国文化的深刻理解和认同。

3. 倾听对象定位明晰：国家故事的本土化表达

国家故事的讲述固然要抓住核心价值观这一重点，但也要掌握全球化与本土化的表达。根据不同地区受众定位，尽可能地降低接受门槛，拓宽海外市场，不断扩大受众群体，也是许多影视剧实现跨文化突围，走入他国平民生活的路途。其中，在影视剧创作之中融入海外本地的风土人情，体现当地特色，对民族文化符号进行现象上的运用。他者化语境下，这样看似比较表面的文化符号运用，却往往是能让影视剧传达到海外受众的一大前提。例如迪士尼出品的相关电影往往针对不同地区对象，吸收不同地区文化。人们熟知的诸如以中国为背景的《花木兰》、以夏威夷为背景的《星际宝贝》等具有当地特色的作品。就传播效果而言，针对不同对象采用本土化的表达是具有一定效果的。比起睡美人、白雪公主的故事，中国观众会更加熟悉"花木兰"这一文化形象。迪士尼电影在清晰定位本土观众喜好、利用当地优势资源的同时，深层传递的价值观是较为西式传统的。在本土化过程中，影视剧借助他者熟悉的表层文化符号，却成功地强化了深层的我者价值表达。

另一方面，本土化的海外元素运用时，没有注意到其在本土文化中所代表的含义，进行生搬硬套的元素融入也很难实现表达的顺畅。就以中国票房成绩不俗的《唐人街探案》系列为例，其第二部、第三部中对于纽约、东京等的海外文化元素的使用过于停留表面，制片方试图通过元素的堆叠来吸引海外受众目光。但反观其较为平庸的海外票房，不成功的本土化表达使得《唐人街探案》系列在面对海外受众时反响并不尽如人意。

二、国产影视剧的"出海"现状

（一）起步阶段

1978 年 12 月党的十一届三中全会提出，将党的工作重心转移到经济建设上来。围绕这一重心的转移，国产影视剧制作和对外宣传的政策和路线也发生了变化。中共中央出台一系列有关加强对外宣传工作的文件明确并强调，正面报道改革开放成果，放弃说教，创新方式方法，积极争取广泛的国际舆论支持成为国际传播工作重心[①]。

　　自 1987 年以来，第一批由中国自己生产和制作的影视剧开始向世界和其他国家地区输出[②]。国产影视剧对外输出的起步阶段，作品题材的选择上以历史题材为主，包括以中国经典文学为基础改编的古典文学题材和以爱国主义为主的革命历史题材。古典文学题材的影视剧主要反映当时的社会现象及人们的思想观念。在当时中国面目焕然一新，亟须向外界传达这一形象的宣传工作要求下，这类题材很好地体现了对旧社会封建制度的反对与批评。另一方面，古典文学题材的作品也能更好地展示中国古代悠久的文明图景，体现中华文化的瑰丽与深厚。而革命历史题材的影视剧则是早期对外宣传中弘扬主旋律文化的重要组成部分。这一题材的作品以爱国主义和革命英雄主义气概为主要基调，以壮烈的镜头与强烈的感召力，向海外观众展示着带领中国人民的中国共产党光辉的革命征程。1983 年中国电视首次在法国戛纳电视节上设立展台，迈出了中国影视剧作品走向世界文化市场的第一步，因为早期和多国的积极合作及海外对新生中国的陌生与好奇，起步阶段的影视剧对外输出初见成效。

　　（二）发展阶段

　　2001 年中国加入 WTO，同时国家广电总局开始实施广播影视"走出去"工程。这一年也被誉为我国传媒年，为了响应广播影视"走出去"工程，国家积极推进影视剧海外落地。据统计，这一时期，国产影视剧在海外市场的销售价格一路飙升，在第一届中国国际电视节目展（2003 年）到第五届，国产影视剧的制作总量也在不断攀升。其中，现实题材一直占据市场份额的

---

① 李岚.【观察】改革开放推动广播电视国际传播大发展［Z］. 2018-12-17［2022-8-15］.国家广电智库微信公众平台：https://mp.weixin.qq.com/s/YFt8Q5GkVt_bvSFkIZsOlw.

② 何晓燕.全球化语境下中国电视剧的跨文化传播研究［D］.中国艺术研究院，2012：36.

50%以上。① 较为经典的历史题材电视剧，如《铁齿铜牙纪晓岚》《雍正王朝》《康熙王朝》及家族历史题材的《乔家大院》《大宅门》《金粉世家》等作品描绘的中国传统家庭社会凭借神秘的东方文化与能引起共情的家庭生活，在诸多海外国家引起不错的反响。另外，对外输出的国产影视剧也开始注意走起了类型化路线，例如以《天龙八部》《笑傲江湖》等为代表的"金庸剧"、以《情深深雨濛濛》《还珠格格》为代表的"琼瑶剧"等。类型化的表达不仅受到了中国国内观众的青睐，同时这些影视剧中的各式中式文化也吸引了海外受众对于进入世界市场的中国的注意。

（三）转型阶段

党的十八大以来，广播电视服务国家外交总体布局，"走出去"工程转型升级。随着时代的发展和技术的进步，影视剧对外输出的能力建设由以硬件建设为主向硬件建设与软件提升相结合的重心偏移。另一方面，传播方式也由以过去传统媒体为主，向以多种媒介融合的形式转变。截至2017年底，我国对外电视播出语种19种，播出套数41套，对外电视节目落地国家和地区190个；电视节目境外用户数5.38亿户；国内影视机构运营的境外社交媒体平台账号474个，发布信息量82.87万条，总点击量181.16亿次，评论量和转发量分别达到1.09亿次和3.50亿次。② 从2012年起，以中共中央宣传部为指导单位，国务院新闻办公室、国家新闻出版广电总局等国家事业单位先后实施了海外媒体供片工程、中非影视合作工程、丝绸之路影视桥工程、中国当代影视作品翻译工程等一系列影视"走出去"项目③。在这些"走出去"工程的推动下，近万集的中国优秀电视剧、电影、动画片、纪录片等国产影

---

① 黄灿灿.国产影视剧"走出国门"对我国国家形象的塑造——基于国产影视剧海外传播发展历程的研究［A］//媒介秩序与媒介文明研讨会暨第二届新闻传播伦理与法制学术研讨会论文集［C］，2015：62-67.

② 李岚.【观察】改革开放推动广播电视国际传播大发展［Z］.2018-12-17［2022-8-15］.国家广电智库公众号平台：https://mp.weixin.qq.com/s/YFt8Q5GkVt_bvSFkIZsOlw.

③ 窦金启.镜像中国——新时期中国影视"走出去"盘整与研究［D］.临汾：山西师范大学，2019：256-258.

视剧被译制成 20 多种不同国家的语言在 100 多个国家和地区播映。

三、国产影视剧讲好中国故事的类型表现

对外传播过程中，国产影视剧坚守中华文化立场，向世界讲述中国故事，成为发出中国声音、传播中国精神、展现中国风貌的重要载体。国产影视剧也多次在重大外交场合作为跨国交流的文化载体。随着我国经济水平的不断发展，与其他国家进行国际交流也日益频繁。国产影视剧的内容题材及背后的创作思路也在跟随时代发生结构性的转变。通过中非影视合作工程、丝绸之路影视桥工程等跨国影视政策支持，如《父母爱情》《金太狼的幸福生活》《三十而已》等一批国产影视剧推广至非洲国家及丝路国家的主流媒体。回望国产影视剧对外输出的历程，也能看到影视剧对于不同时期的中国故事的叙述类型选择上也有所不同。梳理近年来对外输出的国产影视剧创作，既能看到成功对外输出的创作经验，也能为新时代的国产影视剧对外输出的创作提供借鉴。

（一）意识形态塑造下的历史故事

上世纪 80 年代到 90 年代间的中国，正处于社会转型期，国际形势剧变，中国尚在发展阶段，国力也尚且不足，西方部分国家却借机丑化中国国际形象。此时的中国亟须提升国际场域中的文化软实力，而古典文学、爱国主义题材的故事类型正好契合了中国当时的国家形象需求。古典文学承载的是优秀的中华文明与悠久的历史文化，借助这类题材，依靠当时国际场域中西方世界对神秘东方大国的好奇心和探索欲，向世人展现了源远流长的中华文明成果。

（二）主流文化表达中的现实历史变迁

随着经济全球化的进程加快，讲述历史变迁的国产影视剧成为了当时中国转型历程的缩影。以"戏说历史"为题材的国产影视剧出现在了海外影院的视野里。一方面是主流文化表达的指向与要求，另一方面也面临来自市场

经济和海外消费文化的猛烈冲击。当时正式进入世界视野中的中国面临着来自海外国家政治、经济、文化等多方面的冲突。在这一现实的历史变迁环境下，国产影视剧的类型选择更多贴近主流文化表达下的普通民众生活。2010年在海外播出的都市生活轻喜剧《媳妇的美好时代》在一些国家甚至掀起了中国都市情感剧的收视热潮。该剧展现的热情、善良、轻松、幽默等中国式价值观感动了不同国家的观众，也让更多的海外受众了解了当代中国社会。这一时期的影视剧类型选择更多的是追求民众真实的普通生活。主流文化的表达也更多地融入当时中国社会的时代风尚、价值观念中，通过表现普通人的精神世界来描绘中国的宏观发展。

（三）多元叙述下的平民生活故事

当下国产影视剧的类型选择不再局限于单一的题材，在经济实力及媒介技术发展的加持下，中国故事的讲述越发多元。当今对外输出的影视剧中，比起宏大叙事的题材，反映中国人当下价值观念、普通人的日常生活、平凡人的情感世界等内容的微观叙事的题材更为海外市场所青睐。由于西方话语中对于中国影视剧"宣传本位"思想的刻板成见，面对宏大叙事的主旋律影视剧时，海外受众往往第一时间难以接受其中的价值观设定等。而微观叙事的平民生活故事大都以中国大众文化为主要载体，将中国文化的传统精神赋予其中，更容易引发海外受众情感和文化上的共鸣。在以《三十而已》为代表的一批国产影视剧中，海外观众看到了中国人生活的五味杂陈的个性化表达。中国的普通民众之间，也并非一直都是完全融洽的，而是在不断碰撞中磨合。这些平民故事讲述的是对于不同文化体系中生活的西方民众依然具有共通意义空间的生活故事。这些讲述家长里短的影视剧，揭开了中国传统文化的神秘面纱，展现了普通而又真实的国人形象。海外观众可以从中真切地感受到近些年来中国社会的发展，人民生活的变化，一定程度上消解在西方话语体系下对东方的固有观念。通过自己体会中国文化的魅力，海外受众借助在多个故事、多元题材中所刻画的普通人形象，进而更加真实地了解当代中国亲切的国家形象和以人为本的价值取向。

第三节　自媒体平台

自媒体平台作为一个随着时代变迁、媒介技术发展以及用户端不断升级而兴起的新型媒介平台，其内容发布几乎不受空间和时间的限制，对每一个用户都实现了极大范围内的"技术赋权"。目前国际场域中，使用较多的自媒体平台包括：Twitter、YouTube、TikTok、Facebook、Instagram 等。在国家故事的讲述过程中，这些平台将"麦克风"交给了处于不同国家、不同民族以及不同群体中的每一个微观个体。借助平台所具备的低门槛、即时性、开放性、多样性等特点，在传统叙事中原本处于弱势的个体在当下却成为了与官方媒体互补的强大推力。

一、短视频平台的传播优势

近年来，短视频不仅在国内范围风靡，以 TikTok 为代表的短视频平台甚至还火遍全球，深得海外用户们的青睐。短视频之所以在国内外都具备这般惊人的增长力和与日俱增的影响力，与其鲜明的传播特征是分不开的。首先短视频内容的碎片化。短视频的时长通常限制在一分钟以内。在有限的时间里所呈现的内容大多是片段式的，对于不具备长时间阅读习惯的普通用户而言观看更加便捷。再者是内容生产的简单化。短视频的内容生产门槛较低，其制作不需要传统的专业设备，只需要一部智能终端就能同时实现拍摄、编辑和发布。并且短视频平台的操作也日益便捷，免去了专业软件的高门槛与繁杂。通过随手拍摄、现成滤镜、即时上传和分享使得人人都能成为生产者和传播者。视频的制作不再局限于电视屏幕后的专业人员，其扩散也不依赖专业的宣发部门。其次是表达的个性化。短视频生产的大众化使得它可以不再严格遵循专业视听语言的语法，同时能展现不同年龄不同阶层的人的多元生活状态。[①] 在 TikTok 常常能看到对于同一个"网络迷因"，不同国家不同地区的用户所进行的有民族特色的"翻拍"。

与短视频平台的低门槛、个性化以及用户碎片化、娱乐化的使用习惯相对应的是短视频的大众化或者说去政治化。短视频平台的传播特征决定了其在内容创作上的相对自由。对于长期处于西方话语体系下，对中国故事讲述抱有偏见的西方民众而言，短视频平台的"去政治化"更加具备跨越文化隔阂的能力。在各平台中，国家故事目前的叙事伦理有两种思路：宏大叙事和个体叙事，其中个体叙事通过微观的个人故事侧面讲述国家故事，而短视频平台上便是多以个体叙事为主。作为国家故事的讲述途径，短视频的个体叙事站在更容易引发海外受众共情的民间立场上，通过民间立场中的个体叙事借助对于同一故事的多维度表达，又能一定程度上突破当下媒介情境中差异化的个人框架，实现国家故事深层次的文化认同。

（一）去政治化

伴随着新媒体技术的普及和网络应用的渐趋丰富，互联网的"政治化"和"去政治化"同步进展[②]。一方面是面对国际环境中，来自其他国家文化入侵的威胁，本国政府必须采取的"政治化"内容的宣传，以加强国家软实力，抵抗外来文化入侵，维护国家安全。另一方面，由于短视频碎片化、大众化、娱乐化等传播特性，一般民众的短视频内容创作大多围绕分享生活、吸引流量等非政治目的展开。马库斯·普莱尔（Markus Prior）区分了互联网

[①] 胡岑岑.个体视角下的短视频叙事与国家形象建构——以北京冬奥会中的短视频为例［J］.当代电视，2022（04）.

[②] 汪晖，许燕."去政治化的政治"与大众传媒的公共性———汪晖教授访谈［J］.甘肃社会科学，2006（04）.

时代"政治倾向性"和"娱乐导向性"两类公民①，前者频繁地通过网络和媒体获取和思考公共事务相关信息，而后者则更多受到娱乐、消费的影响。与宣传色彩浓厚、意识形态较强的"政治化"内容相对应的是娱乐色彩较重、大众化的"去政治化"内容。过度娱乐化的内容或许并不属于"高级趣味内容"，但不可否认的是，对于长期在西方媒体关于中国媒体过度政治化的意见影响下的普通海外受众而言，短视频平台的"去政治化"明显更加有利于国家故事的讲述，具体体现在叙述角度、话语来源以及故事编码这三方面的"去政治化"。

1. 宣传叙事的突围

早期的传统主流媒体对外进行国际传播时，将惯用的宣传本位的议程设置思路直接套用在海外社交媒体上，而忽略了社交媒体平台上受众群体的个性化需求及文化隔阂。这使得主流社交媒体设置的许多议题无法进入公共视野，中国故事讲述难以深入人心。一方面是宏观层面议题叙事无法引起西方观众共鸣。宏观议题主要以宣传为主，早期的国家形象片，其较为强烈的政治色彩内容以直接灌输的形式输出国家意识形态，对于长期受到西方媒体影响及自身所处社会价值观的差异下的西方民众而言是难以接受的。另一方面宣传本位下的议题设置略显被动。早期的主流社交媒体缺乏设置国际议题的主动，为了避免争议往往跟随大流，导致面对西方政客和媒体就中国相关话题进行抹黑，并鼓动其他国家时，早期的传统媒体没有第一时间制作证据并通过社交平台进行反击的力量。

区别于主旋律过强、形式较硬的传统政治传播，在短视频平台上的叙事色彩则更多体现了叙述语气上的"柔化"和融合思维②。不像以往单纯以说服为手段，以认同为宗旨，而是更加看重娱乐性与共情度，看重民众对一般

① 孟天广，宁晶.互联网"去政治化"的政治后果——基于广义倾向值匹配的实证研究［J］.探索，2018（03）.
② 满静.新时代主流社交媒体在国际舆论战中的困境与突围［J］.声屏世界，2021（07）.

议题与民族文化的理解与消费。即使是政治相关内容，也会更多塑造政府和领导人的亲民、服务的形象，很大程度上打破了以往死板僵硬的宣传方式，转向了较为亲和但具影响力、主动设置国际议题的共情式叙事，尽管叙述方式上尚有改进空间，但也确实实现了过往宣传本位的叙述语态突围。

2. 话语来源的多元化

中国故事讲述话语的建构并不只是单纯依靠政府、主流媒体和精英，便捷化的短视频平台使得大量普通民众也能够参与内容生成。内容生产方式上进行革新体现在话语生产的去政治化，但这并不简单等同于宏观政策层面的去中心化，而是通过互动和共享价值增强民众话语生产的普适性，让民间话语来源也参与到建构国家议题的过程中，最终实现主流话语和平民话语的互补。

自媒体短视频作为互联网浪潮下飞速发展与普及的媒介载体，成为当今中国故事国际传播的重要路径之一。在短视频平台上，具有天生亲和力的民间个体所具有的传播优势展露无遗。自媒体对于民间个体的赋权，打破了传统媒体固有的传播信息的方式。传受双方不再局限于官方与个人之间，而是二者都可以是独立的个体，内容上也更加随意化、大众化。自媒体短视频通常以记录普通生活、分享日常趣事为主要内容。作为话语来源的一般个体很少具备过于宏大的主题、精湛的剪辑技术或拍摄手法。自媒体上的内容更多的是凭借其短篇幅、多样化内容以及强社交属性与感染力等较为基础的特点，即可满足用户的需求。而这些特质刚好又契合海内外受众互动交往的需求，更利于填充多元海外受众的碎片化时间。其与当下受众需求和使用习惯相契合的特点，使得短视频快速积累了大量的海内外受众群体。在这过程中，产生了许多将中华文化对外传播的自媒体账号。以知名博主"李子柒"为代表的这些用户，其短视频内容基本从日常生活出发，容易引起海外受众共鸣。从与自己贴切的事物开始接触中华文化，弱化文化折扣，提升海外受众对中华文化认同的可能性。

3. 叙事题材的大众化

"去政治化"的文本生产与内容编码力求"娱乐化""具象化"和"生活化"①。"娱乐化"强调传播内容的可消费性，比如通过叙述方式的幽默化、表现形式的趣味化等途径满足受众的心理需求。"具象化"则强调用短视频等直观化媒介手段进行软化表达，拆分较冗长的主题，在表达方式上更加可视化。"生活化"则体现在叙述题材与一般民众日常生活的密切关联，下沉立意上的深远宏大，使其更加接地气，更具有当下感。故事编码的"去政治化"的具体体现就在于短视频本身具备的叙事题材选择的大众化。一般民众并没有能力选择过于专业化的内容进行生产，因此其内容编码的过程中也会更多选择娱乐化、具象化、生活化的"去政治化"题材。短视频在内容中天然地会回避意识形态或政治价值取向，尽量减少内容中政治含量的创作题材。②也正是这样，在向全球范围传播的过程中，大众化选材的短视频更能适应本土受众追求娱乐化内容的需求。同时也避免了因本地的意识形态背景的不同而招致本土受众抵触。去政治化的叙事选材也因此为国家故事的讲述提供了一个相对稳定、易于他国民众接受的温和环境。

（二）民间立场

西方民主模式中，欧美国家的大众媒体标榜其具有独立立场，即一种与政府立场保持距离的纯粹的民间立场。而西方民主模式对大众传媒民间立场的强调，其本质在于强调与官方立场相对立的一种立场，而并不是真正看重它是不是民间立场。"电视通过将精英文化定位在它自身的民主化冲动中而否定精英主义。"③而短视频平台中的民间立场，则更倾向于一种处于民间叙事中的民间立场。视频发布者以民间的视角通过民间形式和民间意象自觉地表达民间文化心理、民俗观念、民众情感和认知逻辑以及传统文化的叙事立

---

① 满静.新时代主流社交媒体在国际舆论战中的困境与突围［J］.声屏世界，2021（07）.
② 李辽宁.多学科视角下的"去政治化"话语评析——兼论人文社会科学与政治的关系［J］.海南大学学报（人文社会科学版），2014（04）.
③ 张建生.大众传媒的政府立场与民间立场［J］.兰州商学院学报，2006（02）.

场。[①] 其更突出地表现在对社会中普通民众的生存方式、思维方式、文化心理以及情意指向的体谅和关照方面。同时，这种区别于精英立场或官方政府立场的叙事角度，更容易使各国受众作为社会中普通一员而具有的社会经历或生活体会，产生基于民间立场的情感或文化共鸣。

故事讲述者的民间立场首先体现在短视频平台上中国主流媒体基于民间立场进行的叙述语境调整。当今世界仍是以西方主流话语权体系为主，全球影响力较大的媒体都来源于这些低语境的欧美国家。中国作为高语境国家，传统官方意义上的视频文本的叙事特质往往表现出天然的含蓄、平实与节制，这恰好与欧美国家的表达与接收方式相反[②]。因此，当下在短视频平台上的主流媒体讲述者往往会采取基于东西方民间立场的共通之处，采用低语境中的表现手法，生动直白的画面传达明确的情感，运用即使身处不同文化环境中人们也能接受的共通的意义、价值、文化来叙述故事。例如 CGTN 在 YouTube 上发布的熊猫系列视频，并不需要国外观众对中国文化具备多高的文化理解，只需要借助民众对于熊猫这一形象的喜爱，便可实现讲述熊猫背后中国社会水平的发展、人民精神生活的富裕等中国故事。

来自民间、生活于民间的普通民众，本身就带有民间立场的特质，也是短视频平台上讲述国家故事的重要组成部分。普通民众本身就是以"民"之一员的身份存在和出现的，而其生活的场域或者说空间就是"民间"。他所从事的生产、经历的生活、掌握的知识、负载的传统、怀有的情感、传承的文化、把持的观念、崇奉的信仰以及表达的话语等等都是民间的[③]。因此，在通过民众的身份讲述国家故事时，其自然也就秉持着民间立场。较为有代表性的是李子柒的视频内容创作，其故事所讲述的田园生活、人与自然的亲近、东方菜式的美味，都带有民间立场独有的烟火气息。

---

① 梁家胜，董育红.论民间叙事中民间立场的审美表达和多维呈现［J］.青海社会科学，2019（05）.
② 王亚雪.论跨文化视域下人文纪录片的中国故事讲述［D］.保定：河北大学，2020：14.
③ 梁家胜，董育红.论民间叙事中民间立场的审美表达和多维呈现［J］.青海社会科学，2019（05）.

　　不同于少部分持有官方立场、精英立场者所爱好的"高级趣味内容"，作为社会大多数的把持民间立场的普通民众则对于立足于民间立场的民间叙事故事更加喜闻乐见。民间叙事突出地表现在故事中对社会普通民众的生存方式、思维方式、文化心理等方面的体察和观照。这种体察和观照始终洋溢着不分国界、不分文化界线的人文情怀，负载着人共通的人道精神[①]。也正是因此，短视频才进一步凸显了其民间性、生活性和娱乐性，迎合了故事倾听者的民间立场。

（三）同一故事的多维度表达

　　戈夫曼的"框架理论"提出：框架作为一种"解释图式"，能帮助人们"定位、感知、识别和标记"发生在各自生存空间及整个社会生活中的事物。框架被定义为一种为人们提供观察、处理各种事务的价值判断和内在规则。具体基于个体差异所形成的对事物认知的判断标准，又被称为"认知框架"。在中国故事的讲述过程中，由于讲述主体、讲述媒体及讲述内容的立场、措辞和文化背景的差异，基于不同认知框架的受众容易对陌生语境中的他国故事产生歧义的理解。然而，短视频本身所具有的差异化、个性化的讲述视角和"碎片化""去中心化"的多方位表达，对同一故事进行的多维度表现等诸多区别于传统叙述的特征，则能很大程度上弥合由不同国家民众的认知框架差异所带来的文化折扣，避免对故事的错误解读。

　　1. 差异框架下的多维度分析：个性化的表达

　　"当代生活或文化中的方方面面都要求某种程度的视觉性和视觉效果，无处不在的视觉化扫荡了一切领域和传统规则，把可视性凸现出来。"[②] 短视频的内容体现了个体民众的身体在场与主观镜头叙事，其中被放大的国家文化细节体现了文化局部与整体的间接关系。不同用户以相似的拍摄角度、语气和动作再现同一局部空间的民族文化现象，进一步构成了短视频文本内容的

---

① 梁家胜，董育红. 论民间叙事中民间立场的审美表达和多维呈现 [J]. 青海社会科学，2019（05）.
② 周宪. 视觉文化的转向 [J]. 学术研究，2004（02）.

视觉互文关系。而当这些短视频又进一步发布于这一民族文化现象相关的同一话题下时，这一短视频文本题材与该民族文化现有标签化特征又产生了联系。这一系列的意义过程除了建立在对民族文化的共同认识上之外，个性化的表达也形成了同一文化现象的多维度讲述。

以抖音为例，其海外版就很善于借助这种本土化、差异化、泛生活化的情景表达。2019 年 12 月，在 TikTok 马来西亚版的话题 #suneclise（日食），许多参与的马来西亚用户在上面分享了自己遇到的日全食现象[①]。借助马来西亚用户们的个性化表达，不仅让其他国家看到了日全食的有趣现象，也让人们看到了马来西亚人的家庭、社区和亲友关系等日常文化生活，凸显出当地的语言、音乐、民俗和宗教等特色情境。

2. 媒介情境中的"去中心化"表达：国家故事的多元构建

短视频为受众们提供了民族文化相关的丰富多元的视觉符号，而借助碎片化的文本，受众又可以进一步拼接出他国民众生活的不同侧面。在此基础上，长期以来以完整叙事和宏大叙事为基础的国家故事建构，正逐渐走向从整体到局部、从宏观到微观的多元构建方式。

"去中心化"的表达首先体现在民族文化景观的碎片化。在短视频的视觉要素中，民族文化的视觉形象不再局限于特定的地理区域或文化空间中。过去被国家宏大的形象宣传片笼统掉，被"边缘化"的少数地区也开始逐渐显露在短视频话题中，如阿坝等地区虽然地处偏远，但雪山的秀丽风光却未减分毫，在 TikTok 平台为国外网友所赞叹。

其次体现在市民生活的碎片化。市民生活作为国家文化经济水平的直接反映，也是短视频吸引海外用户的媒介素材之一。在中国故事的讲述过程中，短视频为受众搭建了以民间叙事为基础的生活情境，引发海外用户相似生活经验的共情体验，消融文化差异背后的心理距离。在展示类似石棉

---

① 刘仕铭.全球本土化视角下抖音海外传播研究——以马来西亚版为例［D］.广州: 广东外语外贸大学, 2020: 31.

烤肉这样的地方特色美食的短视频中，大多采用特写镜头描绘美食样态。而烧烤这一食物加工方式对于很多海外用户也并不陌生，中外烧烤的异同、对于美味的通感等也更易引起海外用户们对于该情境下他国市民生活的共鸣。

最后是语言文本上的碎片化。语言文本不仅能用于描述现实，还具有将杂乱无章的外部世界以特定方式分类、组织、形成逻辑联系的功能。短视频平台上，具有特色的方言越发高频、大量地出现在与国家故事相关的短视频中，借助语言再现了本地人生活化的口语习惯。一方面引起了他国受众在既有媒介接触经验中对特殊音调的好奇，另一方面也强化了海外民众对异国日常方言更原生态的真实认知。例如 B 站博主"嘿话师徒"，本身作为非洲人具有一定文化识别度，在对外交流时采用较有特色的四川方言。交流过程中，不仅让其他外国人体会到了对于四川的听觉记忆，也与视频里的四川美食形成声音上的互文关系。无论观看者是不是本地人或是否生活在该民族文化之中，这些方言中携带的民族文化信息都能引起观者听觉上进而是视觉上的好奇，并加深对短视频本身以及其讲述的中国故事的记忆。

二、以 YouTube 为中心的传统文化传播

（一）媒介奇观的重新构建

美国学者道格拉斯·凯尔纳根据美国社会和文化的发展现状，在居伊·德波的"景观社会"理论基础上提出了"媒介奇观"。德波的景观理论倾向于生活的大领域，而凯尔纳的视角则更聚焦于媒体领域，在他看来德波所述的"景观"发生了异化，正在演变成一个个令人瞠目结舌的"奇观"。他在《媒体奇观——当代美国社会文化透视》一书中提到，"媒介奇观"能反映当代社会最基本的价值观，引导人们适应现代生活，并解决当代社会矛盾冲突中的

戏剧化现象①。

当代国际媒介环境创造了越来越多的"媒介奇观"。在互联网技术蓬勃发展下，各类新媒体平台使得奇观找到了"落脚点"，媒介产品的奇观化效应也使传统文化对外传播的内容有了一定的价值依托与思路导向②。作为一种新型的媒介形式，以 YouTube 为中心的视频平台迅速席卷国际网络，一跃成为近年来国家传播的重要途径之一。随着各国政府和一般民众的加入，爆炸式的复制生产与视觉消费加速了媒体的奇观化现象诞生。短视频在深化图像视觉性的同时，简化了内涵叙事的表达，也为传统文化传播提供了新思路。在短视频中媒介奇观具象为视听奇观和叙事奇观两个层面③。而近年来建立在视听符号与叙事方式的奇观构建基础上的传统文化内容生产，因其对于海外受众使用习惯和阅读思维的契合而大放异彩。

1. 视听奇观的重新建构

以 YouTube 为中心的视频平台上的内容，凭借各色多元的文化符号及富有冲击力和吸引力的视觉符号极力讨好受众视觉感官。另外，各国的热门音乐，病毒式传播的背景音等也在同时讨好听觉感官。在此基础上，视频平台上的内容构建了与其自身特质相符的视听语言奇观。不同于讲究规整和严谨的传统视听语言，网络视听语言自诞生起大多就不遵循甚至背离旧有的语言逻辑规范，刻意淡化了语言的严肃性。网络视听语言广泛吸收了书面用语、网络用语、方言白话甚至外国语言作为素材，经过一系列的再创，最终以一种口语化、戏谑化、病毒式的方式表征出来，其表述逻辑和使用过程带有强烈的娱乐色彩。但由于其带有的地域性特色或民族文化特色，这些多元的视听语言又能用一种接地气的方式传递传统文化。尽管在网络视听语言的表述中，传统文化是以为大众提供消遣娱乐的谈资的形式表现，但不可否认的

① ［美］道格拉斯·凯尔纳.媒介奇观：当代美国文化透视［M］.史安斌，译.北京：清华大学出版社，2003：15.
② 裴培.媒介奇观视域下短视频的建构与传播研究［J］.西部广播电视，2021（10）.
③ 栾轶玫.视觉说服与国家形象建构——对外传播中的视听新话语［J］.新闻与写作，2017（08）.

是，当某种语言奇观风行时，同类型的语言奇观便很容易以病毒传播式的形式被批量生产扩散，在此过程中传统文化在海外受众群体中的高曝光和重复率是以完整语态叙述难以达到的扩散效果。在 TikTok 上，可以看到中国传统服饰、神话人物、古风音乐等元素经过网络语言加工后所受到的国外用户的喜爱与追捧。日本主播用毛笔写下中日歌词进行对比、越南小妹身穿古装演唱中文歌曲、英国小伙带着家人一起去海底捞体验中国火锅等等有趣的景象层出不穷。

2. 叙事奇观的重新建构

叙事奇观的重新建构主要体现在文本叙事的去中心化和非线性。网络影像不统一的叙事思维需要多元叙事方式的支撑，才能在视听符号与叙事之间形成诠释张力的最大化。去中心化是较为常见的叙事手法。传统的影像作品都会设置一个或多个主角，所有故事情节都是围绕主角展开。观众在观看影像作品时，是通过对主角角色的长线阅读来体会剧情。而在以 YouTube 为代表的网络视频平台上博主们的视频中，常常很难看到对某一个特定的微观符号元素的聚焦，更多的是为了迎合受众碎片化阅读的较为随意自然的表述。相对惬意轻松的碎片化观看体验使得受众可以选择性地体会故事中理解门槛较低的部分，实现文化因子对一般用户的"广撒网"。另一点则体现在叙事逻辑的非线性上，即采用不同于传统影视中的线性叙事结构，通过穿插各类元素来完成故事的表达。虽然在视觉层面上具有一定的断裂感，但作为视听奇观的这种去逻辑性的叙事化表现，始终是在同一个主题下展开的叙事，采用类似文学中"散文"的讲述方式，使得故事的内容和情感仍具备一定的连贯性。

以上两点在 YouTube 上的旅游博主 @Stef Hoffer 发布的内容中可见一斑。以其 2016 年发布的关于在广西凤凰村的游历过程的作品 China Tourism-Ancient Fenghuang town 为例。视频中，观众能看到江上漂荡的竹筏、侗族人的银饰民族服装、特色剁椒的美食文化以及本地的传统活动项目"抢花炮"

等各式文化符号。这些表达都是采用的非线性、去中心化的表述。通过非线性、弱逻辑的方式来表达故事，淡化"故事"本身具有一定理解门槛的叙事性，进而增加各类较为表象易于理解的传统文化符号的占比。传统文化的故事讲述，如果采用集中式的传统讲述对于受众文化理解和长阅读习惯的要求较高，难以适应当下自媒体环境中实际的受众需求。因此，不论是中国官方媒体还是国外博主，在以 YouTube 为代表的自媒体平台上对于叙事奇观的重新构建也就顺应而生了。

（二）以人为中心的观念融合

马克思指出："人的本质不是单个人所固有的抽象物，在其现实性上，它是一切社会关系的总和。"[1] 人只有在社会交往中才能不断更新理念，实现理念与实践的有效对接，并发挥理念的预测和研判功能。而在传统故事表达中，基于结构功能主义出发的"宣传本位"思路，将国家故事的讲述设定为了一个基于想象的秩序，人不再是处于社会交往中现实的人，而是处在一个个宏观故事中的失去个性的人。连接传统叙事的中国故事中的"人"的，不再是社会关系、人情关系，而是一张张无情的技术之网。"人间烟火"逐渐消失，"只见数据不见人"[2] 的现象体现的是传统宏观叙事下对于人的"简化"或者说"异化"，将其社会性忽视了。随着自媒体平台的赋权，国家故事的叙事主体日益多元，传统意义上国家故事的工具主义或功能主义立场逐渐解构，转向以人为中心的新型国家故事叙事思维。

1. 叙述语态的变更："非人"到以人为本

回望早期忽视"人"的宏大叙事的形象宣传片时不难发现，对"人"的忽视与结构功能主义及其影响下的"行为主义"的行事逻辑之间存在的关联[3]。结构主义对工具理性的宣传目的的追求，使得人存在的具体形式被消解，最

---

① 中共中央马克思恩格斯列宁斯大林著作编译局.马克思恩格斯选集:第1卷[M].北京:人民出版社，2012：129.

②③ 孙晶.从工具主义到人本主义：国家治理理念的现代化重塑[J].理论导刊，2022（01）.

终呈现的只是没有生机的特定的社会关系和国家制度。这种叙事中人的主动性被结构主义的理性问题所取代。具体说来就是，"结构功能主义"视野下的国家故事叙述一方面固守"行为主义"的方法逻辑，在涉及具有差异化的"人"时进行了简化，忽视了人的精神实质和社会属性。另一方面因为工具性和目的性太强而忽略了对国家故事讲述的价值和伦理思考，因而缺乏人民性。"在结构主义的构想中，人不过是承载结构的中介，经验并非文化的源泉，而是文化结构的结果。"① 随着媒介赋权的影响，个体获得了在国际场域中发声的权利，国家故事的讲述语态逐渐从"非人"转向了"以人为本"。冬奥期间，吉祥物"冰墩墩"在网络社群中爆火。回望其爆火的过程可以看到，吉祥物的故事讲述主力并不是以政府或官方媒体为主，而是由互联网中的每一个微观个体促成的。其中，日本电视台记者冈义堂因其对冰墩墩的狂热喜爱被众多网友戏称为"义墩墩"，在这场围绕吉祥物展开的网络狂欢中，个体叙事从个体和微观的视角出发，通过个人与冬奥会的联系，讲述了更为多元和立体的北京冬奥故事。

2. 个人叙述的体现：中国传统文化故事的微观表达

塑造和传播国家形象的主体日趋多元，非官方、非机构的个体也能参与其中②。当下短视频的个体叙事，其所具备的去中心化和差异性，使得"人"这一角色在国家故事建构和传播中能创造出微观的、个性的、具象的内容。虽然从结构主义的角度而言，短视频的形式到内容都缺乏统一设计而显得极度碎片化，但在社交媒体语境中，正是通过短视频中个体叙事的积累和黏合，实现了对国家形象这一意义集合体的堆砌和重组③。2022 年北京冬奥会期间，短视频平台上就能看到不少家庭利用现有的相机或手机拍摄下自己和家人体验冰雪运动或模仿冬奥会项目，通过一个个没有关联的微观故事，一

① 胡翼青. 西方传播学术史手册 [M]. 北京：北京大学出版社，2015：215.
② 江作苏，李理. 传播视野：国家形象的官方民间舆论场互补建构 [J]. 华中师范大学学报，2014（06）.
③ 谭宇菲，刘红梅. 个人视角下短视频拼图式传播对城市形象的构建 [J]. 当代传播，2019（01）.

同构建起了在冬奥氛围下全民参与的热烈氛围，为海外民众描绘了中国当今的社会发展和民众生活的真实写照。

第四节　会展活动

会展是会议、展览、大型活动等集体性的商业或非商业活动的简称。狭义上的会展概念仅指会议和展览会；广义上的会展，包括会议、展览会、节事活动、各类行业相关的展览等，也被称为 MICE（M：Corporate Meetings，公司业务会议；I：Incentive Tour，奖励旅游；C：Conventions，协会或社团组织会议；E：Event，事件活动）[①]。会展作为一种集体性活动，是在一定的时空范围内围绕着特定的主题、人物定期或者不定期遵循一定的规则组织起来的一种交流活动，其基本形式包括各类会议、展览会、博览会、交易会、展销会、展示会等。会展活动有以城市为单位，促进城市或地区间特色经济进行贸易、地区文化相互交流的城市会展，也有以国家为单位，面向全球各国各地区具有国际传播性质的大型会展活动。而在国际场域中讲述中国故事的主力则以具有一定规模，涉及范围较广的国际会展为主。

从产业发展的经济角度来看，会展业作为新兴的服务业、我国 21 世纪的朝阳产业，随着经济全球化的迅速发展，正逐渐成为第三产业日趋成熟后出现的一种新的经济形态[②]。其发展也日益成为国民经济发展，尤其是第三产业发展的重要标志。而从跨国交流的跨文化角度来看，国际性的会展作为一种新型的传播媒介，连接起了来自不同文化语境中的政府官方和一般民众。

---

① 余华，朱立文 . 会展学原理［M］. 北京：机械工业出版社，2008：14.
② 王颖 . 会展经济与经济发展［M］. 武汉：湖北科学技术出版社，2014.

国际会展作为当今经济全球化形势下，沟通异国和聚集资源的文化平台，为中国故事的国际传播提供了一条独特的路径。

会展活动就中国故事国际传播的途径之一而言，区别于前文中提到的主流媒体、影视剧和自媒体平台等，是一种以线下活动为主，线上宣传等活动为辅的特殊融合形式。其中，国际性的会展不仅能发挥出会展活动本身的经济主题作用，也具备对本国的风土人情、自然环境、民族文化等特色内容展示的文化功能。作为一种形式融合的故事讲述渠道，其特殊性体现在会展活动的跨媒介叙述和发挥传播功效上，是以举办者与参会者间的交互、受众的体验参与为核心的。

一、会展的核心：体验式文化交流

美国学者亨利·詹金斯在其著作《融合文化：新媒体和旧媒体的冲突地带》中提到了"融合文化"这一概念。他将融合文化定义为"新媒体和旧媒体相互碰撞、草根媒体和公司化大媒体相互交织、媒体制作人和媒体消费者的权力相互作用"的过程[①]。会展的形式可以被恰如其分地诠释为当今国际传播过程中的一种融合文化的体现，也是"融合文化"所涉及到的媒介融合、参与性文化与集体智慧几个概念的具象化。大型国际会展是围绕特定主题进行的集体性活动，一般说来，会展不仅仅是经济全球化的产物，更是国际交流、互利的平台和窗口。会展能够彰显民族文化精神，呈现民族文化的多元化。会展促进各民族文化的彼此了解和认识，它创造性地把全世界各地的不同文化汇聚到一起，使不同地区的人们能够足不出户就可以饱览世界各地的文化精粹，同时对于文化的包容、认同和交流都有不可替代的作用。不仅是媒介形式上的融合，会展的核心还体现在了参与性文化的体验式交流上。

---

① ［美］亨利·詹金斯.融合文化：新媒体和旧媒体的冲突地带［M］.杜永明，译.北京：商务印书馆，2012：30.

（一）会展活动中的跨媒介交流

1.线上线下相配合

詹金斯所使用的融合概念，包括横跨多种媒体平台的内容流动、多种媒体产业之间的合作以及那些四处寻求各种娱乐体验的媒体受众的迁移行为等①。而这种行为的实质是内容在跨媒介区间内的交流。随着媒介融合进程日益加深，会展活动的形式也开始运用跨媒介交流扩散其传播力和影响力，被誉为"中国第一展"、中国外贸第一促进平台的中国进出口商品交易会（简称为"广交会"），作为中国对外开放的窗口、缩影和标志，2020 年 6 月在线上举办。广交会从"线下展会"到"线上展会"的转变考虑到目前国际大环境，但同时也是会展活动的一次尝试性变革。这也体现了随着信息技术的发展，会展交易和举办方式所做出的改变，以及会展活动借助互联网平台，积极借鉴国外线上线下相结合的趋势。2022 年北京冬奥会既是全球体育盛会，也是文化交流展会，参会者们在线下参与项目之余，也在线上社交平台分享自己的体验及故事。参会者不论国籍，都是以青年人居多，作为随着互联网成长起来的"网络原住民"，也是线上软件的活跃用户群体。作为讲述冬奥故事的亲身参与者，他们的故事具有更强的可信度。而这些参会者尤其是外国参会者，他们提供的冬奥会线下信息又引来线上海外其他群众的"围观"，在此过程中实现了线上线下的相互融合。

2.媒介融合多方位开展

詹金斯曾指出，"迟早所有媒体内容都会通过唯一的一个黑匣子传送到我们家中的起居室"②，这种技术至上主义的误判被称为"黑匣子谬论"。实际上，随着媒介融合的进程，并未产生这样高集中性的单独融媒体，反而依据受众个性化的使用习惯产生了多方位的媒介。为了满足这些个性化的不同需

---

① ［美］亨利·詹金斯.融合文化：新媒体和旧媒体的冲突地带［M］.杜永明，译.北京：商务印书馆，2012：31-32.

② ［美］亨利·詹金斯.融合文化：新媒体和旧媒体的冲突地带［M］.杜永明，译.北京：商务印书馆，2012：30.

求，接收信息的"黑匣子"正变得日益多样化。信息技术、新媒体手段正逐渐成为会展行业创新和发展的原动力[①]。

实际上，会展中已经有很多智能化技术得到了应用，例如基于 H5 技术的邀请函、一些推广平台上的网络宣传、数字化的签到形式、会展中各种与手机结合的互动形式、移动端在线支付、在线直播等等。除了线上线下交互体验，实体与虚拟技术也在互相促进。近年来，虚拟现实（VR）、增强现实（AR）、混合现实（MR）技术也在不断发展突破，通过各种信息的融合和交互来创建接近真实的视觉体验环境，从而实现人机交互和沉浸式环境[②]。2019 年，在日本最大规模的 B2B 内容产业综合展会——CONTENTTOKYO中，举办方使用了日本当时最新的电子技术成果，在展出的 MR 作品中融入了手势识别、工作识别和视觉识别等技术。语言交互等图形学领域和人工智能领域的媒介技术应用也出现在这类产品里。在三维图像可视化方面，也由原来的 VR/AR/MR 设备向新元素拓展，如基于水幕投影的图形可视化，基于高速转动扇投影的三维全息可视化[③]。借助这些多样的"黑匣子"，会展活动的外延得到了进一步的延伸。

（二）交互中的参与文化

区别于把认知作为主要目的，重视客观理解的传统交流模式，体验式交流强调情感、意志与认知的结合。重在情感、意志的体验，尤其是过程中基于参与性文化的意义建构。借助传统的大众媒介，海外民众在交流过程中的固有成见难免会阻碍中国故事的传播。而会展的体验式交流从海外民众的实际体验出发，通过多种体验交叉式的互动模式，在文化情境、文化体验、感官交互、意义建构等方面开展交流。在体验式交流中化解隔阂，

① 蔡尚伟.刘果.5G 时代的文创新场景创想［N］.中国文化报，2019-11-09（003）.
② 段鹏，李芊芊.叙事·主体·空间：虚拟现实技术下沉浸媒介传播机制与效果探究［J］，现代传播，2019（04）.
③ 刘傲霜.沉浸式体验视阈下的当代会展设计研究——以"捕获野生熊孩子计划"主题展为例［D］.江汉大学，2020：9-10.

增进不同文化之间的共识。体验式交流在新型会展中体现为交互式设计与沉浸式设计。

交互式设计立足于改善举办者与参会者之间的交流方式，并改变了信息传播的方式，从而提高了人与人、人与信息交换的效率[①]。技术的发展为人们提供了多渠道的"立体"感受，促进信息的全方位传播。技术加持下的交互式设计在参与人数众多的大型国际展会中的作用尤为突出。冬奥会的海外运动员在居住过程中，从入关后体检到冬奥村中用餐、住宿、参赛等进行实际的体验交流，能感受到类似于折叠床黑科技、送饭机器人等技术，在与技术的互动中加强体验感与印象。

另外，沉浸式会展力图通过视觉设计、数字媒体设计以及装置艺术等领域结合高科技设备使参会者在空间内实现全方位的体验。参会者的感知已成为会展表述国家故事的一部分，通过模糊媒介之间的界线，"科学与文化"的关联拓宽了跨文化领域和技术之间的界线。毫无疑问，沉浸式会展艺术的未来仍然有巨大的上升空间[②]。

二、公益组织：用共同话题实现异质文化交流

会展活动作为商业性行为，从文化传播角度上，具有促成了不同国家人们进行精神文化、行为模式的交流与互动过程的潜力。但在这一语境中，也对会展的文化资源聚集功能提出一定的要求。文化资源泛指人们从事的与文化活动有关的生产和生活内容的总称。国际展会的举办，也具有极强的文化资源聚集功能。然而，在不同文化环境中诞生的文化资源都具备本土化较高的话语门槛，会展作为商业活动大多时候只能聚焦于主体相关的主要文化主

---

① 田金良.谈虚拟现实对新媒体艺术表达的影响［J］.传媒论坛，2018.
② 阮璐阳.沉浸式展览"网红"频出，科技与艺术融合吸引资本参加［Z］.2019-11-28［2022-08-25］.新浪网：https://www.baidu.com/link?url=A9whZJEnthSY7ZLhN_DsTclunLD4bq71-gwePWuu3y8X5q-u9pyBQsV54uckN2L8qZ0HcToQTk2LilSbRLGn_TchCPmM4MY7wTVIlCaSUmi&wd=&eqid=bfbbc7e0000399a800000003630f9ebc.

体,而忽视其他附带的文化资源。网络新媒体、移动新媒体的兴起与迅猛发展为公益组织统合会展文化资源能力的建设带来了新的机遇。由于国际传播的需求,公益组织也逐渐站上了中国故事的讲述舞台。新媒体技术的加持,使得公益组织在国际传播中得以在多元化方式下发挥作用,一定程度上也提高了公益组织在国际场域中的话语权。另一方面,公益组织运用自身所具备的资源募集能力、通过服务联盟的搭建、较高的专业服务能力,弥合了大型国际会展中对于丰富的异质文化资源的利用不足,在跨文化沟通中搭建其共通话题的桥梁。

(一)"交往行为"中的异质文化交流

哈贝马斯提出的"交往行为理论",强调加强人与人之间的沟通,以真诚的对话实现话语的自由、民主和平等,并解决异质文化的矛盾和冲突,这个理论适用于处理在国际会展活动中与不同文化类型之间的矛盾。"交往行为理论"倡导各种不同信仰、价值、生活方式和文化传统之间,不应以任何军事、政治和经济的强制手段干涉别人、贯彻自己的意志,应该平等对话、互通有无,借鉴彼此的优点与长处,应该坚持用相互理解、宽容、和解的立场处理不同价值观和道德观、异质文化之间的差异与冲突,实现平等对话、和谐共处与共同发展的宏愿。①

十八届三中全会提出,激发社会组织活力,重点培育公益慈善类社会组织。政策加持下,作为非商业性质的公益组织得以通过对话相互理解,通过对话互通有无、融会贯通、取长补短,提升彼此文化境界,开拓彼此发展新方向。公益组织内部由价值观趋于一致、认同组织运作宗旨和具有一定文化包容心的公民组成。在实际工作的过程中,借助与国内外受众的对话,公益组织一方面能有效调动组织内外成员、志愿者和海外民众的参与,另一方面在异质文化的语境下,以互相理解的态度宣传国家文化,促进实现对话的进

---

① 刘睿姝.《交往行为理论》视域下的跨文化交际 [J].知与行.2020(05).

一步深化。从 2009 年开始，包括中国扶贫基金会、中国青少年发展基金会、中国红十字基金会等公益组织先后走出国门，在海外落地公益项目，涉及儿童教育、医疗卫生、抗震救灾等领域，以友好的态度与他国民众进行对话。

（二）公益组织构建共通意义空间

异质文化作为文化人类学和文化传播学中的概念，特指每个民族在文化发展历史、民族精神特质上的不同[①]。国际交流中，文化的异质性可以凸显其具有民族特色的精神内涵，但在对话的过程中，也势必面临着异质文化之间的碰撞。另外，在异质文化的交流过程中，还会存在着发声不足的现象。异质文化的交流中必然会受到政策因素、社会利益因素的影响，最终只能根据政策、海外用户接受度等指标选择部分具有代表性的民族文化。因此，民间立场的公益组织，尤其是国际性的公益组织，在对于盈利要求没有置于首位，发声受政策限制较小的前提下，能凭借志愿者自身的中间立场与海内外受众对话。西方国家所重视的主要是中国古代传统文化中的相关元素，对近现代中国核心文化的了解甚少，现代中国文化产品在异质文化环境中的竞争力仍然较为有限。虽然国际展会为国内外提供了各种文化背景的建设者、经贸合作者和游览参观者进行人际传播的平台，也为人们提供了感知异族文化的契机。但交流沟通过程中，以个人面貌出现的传播者所传播的文化信息往往是随意的、模糊的、没有预先制定目标计划的[②]。在参会者对于会展内容以直观性、真实性和冲击力的角度对异质文化符号进行理解体验后，由于其自身特质的认知框架，会生产出基于该名参会者的文化环境的交流体验。然而在公益组织的志愿者们的帮助下，不同国家的参会者实际体验过后，基于由公益组织的人员协助建立起的共通意义空间，思维范式也会进行一定的拓展与转变。在公益组织的"对话"引导下，基于会展这一共同话题，异国参会者生产出较为接近的思维框架。国际妇联、国际志愿者组织等公益组织人

---

① X. J. ZHANG. 探析异质文化背景下的中国文化推广 [J]. 传播力研究，2018（35）.
② 郭昕. 上海世博会中我国国家形象的对外传播研究 [D]. 杭州：浙江大学，2011：22.

员在此过程中，作为文化交流的协助者，能以共通的意义角度，最终实现异质文化间的交流。

三、会展产业：中外文化交流 IP 的生成与传播

1992 年，唐·E·舒尔茨等在其著作《整合营销传播》中提出："整合营销传播是一个业务战略过程，它是指制定、优化、执行并评价协调的、可测度的、有说服力的品牌传播计划，这些活动的受众包括消费者、顾客、潜在顾客、内部和外部受众及其他目标。"[①] 随着各种大型国际展会的举办，会展行业的发展受到的青睐程度越来越高。会展业发展的同时，也在促进我国的文化产业的繁荣和发展。比如当前全世界范围内兴起的孔子学院学习汉语的热潮，便是中国传统文化实现产业化发展的一个重要体现。在大型国际展会结束后，展会涉及到的文化产业大多都会被催化进一步地快速发展，而整合营销的理念也逐渐深入这两个行业发展的深层逻辑之中。整合营销传播理论所强调的以顾客为中心，借助对不同媒体的组合传播，以富有特色化的传播符号对营销信息进行传播，最终建立良性互利的社会关系[②]。会展活动的举办以及会展进一步的延伸——文化产业，随着经营意识的改进，近年来也越发强调要以受众为中心展开。展会活动召开，到后期文化产品和品牌的诞生，都是在为进一步强化海外民众对于中国文化的体验，从而拓宽中国故事在国际场域中的讲述广度，从经济和文化传播角度形成了关系紧密的互文性结构。

（一）以"文化"为核心的会展产业形成

会展活动对所展示的行业做文化宣扬与推广，进而与对应的文化产业发展相互促进。与活动相关的文化产业以会展活动为依托，而会展活动的内容又体现了该行业文化特征，表明了精神、理念、价值等方面的人文属性和文

---

① ［美］唐·E·舒尔茨.整合行销传播［M］.吴怡国，等，译.北京：中国物价出版社，2002：3.
② 何修猛.现代公共关系学［M］.上海：复旦大学出版社，2011：150.

化含义[①]。"西塘汉服文化节"将弘扬传承中华传统的服饰文化、礼仪文化作为出发点，会展的主题就围绕汉服文化及相关产业展开。而中华传统服饰和传统礼仪文化大规模地呈现又拓宽了会展活动本身的文化内涵。此次活动还吸引了大量外国友人前来参观，通过消费、观赏、扩散等行为，又进一步扩大了这一会展活动在国际场域中的传播力。"海上丝绸之路国际艺术节"上来自亚、欧、非三大洲的艺术家、非遗传承人同台演出，对话交流，弘扬和传承了优秀文化，共同推动中外艺术与文明交流互鉴。[②]

（二）打造文化交流 IP

除了对文化产业的影响，会展活动的另一个影响就体现在品牌建构上。品牌建构及传播强调以品牌的核心价值为原则，在品牌识别的整体框架下，选择广告、公关、销售、人际等传播方式，将特定品牌推广出去，以建立品牌形象，促进市场销售[③]。会展活动中的品牌建构表现为作为会展本身的品牌和会展延伸 IP 的品牌。

前者强调会展活动本身的长期化运作和可持续发展，作为典型的是中国对外开放的三大展会平台对于自身品牌的打造。中国国际服务贸易交易会（服贸会、前京交会），是全球唯一涵盖服务贸易 12 大领域的综合型服务贸易交易会。中国进出口商品交易会（广交会），被誉为"中国第一展"，是中国外贸第一促进平台，是中国对外开放的窗口、缩影和标志。中国国际进口博览会（进口博览会、进博会等），是世界上第一个以进口为主题的国家级展会。这三个重大展会，借助公众号、短视频等线上媒体，反复巩固自身作为权威性展会的认知，同时也在国际场域中加强了国外受众对于中国商贸相关会议的品牌认知。

---

① 陈献勇. 骆梦柯. 双循环格局下会展业与文化产业的融合创新[J].沈阳师范大学学报(社会科学版),2022（02）.
② 陈献勇. 骆梦柯. 双循环格局下会展业与文化产业的融合创新[J].沈阳师范大学学报(社会科学版),2022（02）.
③ 罗丹丹. 新媒体环境下品牌传播的研究［D］. 重庆：西南大学，2012.

　　后者则体现为展会中出现的特殊文化符号的具象化。文化符号作为"一个民族、国家或地区文化资源的凝结式标示，反映了社会或社会群体特有的精神、物质、智力与情感等方面的一系列特质"①。而作为周期性的活动，类似上海世博会、北京奥运会、北京冬奥会等赛事活动都会诞生相应的吉祥物IP。作为文化符号载体的吉祥物，在进行品牌构建的过程中还需要展示出国家的文化特色，但一味地强调传统文化符号，以"自塑"为中心，就难以形成海外公众的文化共鸣。因此，在衍生IP品牌的建构中，传统与现代、文化与科技、艺术与生活等元素都要考虑到受众的文化语境进行交融。冬奥会吉祥物"冰墩墩"的设计兼顾现代的中国气质与中国的传统符号，减弱了海外公众对"冰墩墩"的陌生感和差距感，形成无障碍的符号传播，增强了海外公众对"冰墩墩"的认知，也更好地传递出了我国友好和平的形象②。

　　通过良好的产品体验和参与，建立起良好的品牌关系，以自身的经营理念和价值观等建立起良好的品牌反应，通过实施差异化的品牌战略丰富品牌含义，借助社会化媒体整合营销强化品牌识别。至此，完成了会展品牌的构建。③在受众为核心的当下，不论是会展活动的展开，还是展会品牌的建构，既需要不断加深海外民众对于中国传统的经典文化符号的认识和理解，也需要结合现代理念，以"低语境"话语与受众建立理解的意义空间，避免过高的文化壁垒阻隔品牌的成功建构。与海外民众建立友好的国际交流语态，以受众为中心，不断创新表现形式，不仅是为了会展活动的顺利召开，更是为了在会展内外，以平等友好的"他者"话语讲述中国故事。

① 蒙象飞.文化符号在中国国家形象建构中的有效运用［J］.社会科学论坛，2014.
② 薛可，古家谕，陈炳霖.共情·创新·融合：文化符号与国家话语体系构建——基于"冰墩墩"的社交媒体平台内容分析［J］.新闻与写作，2022（05）.
③ 郭昕.上海世博会中我国国家形象的对外传播研究［D］.杭州：浙江大学，2011.

第六章　中国故事国际传播的方法

　　新时代以来，西方的知识界和新闻界在国际传播领域共同建构起一个具有强大话语力量的二元话语体系。[①] 他们通过"历史终结论"影射中国，"文明冲突论"直指中国，"大国责任论"捧杀中国，"非洲殖民论"干扰中国，"中国霸权论"恫吓中国，"中国威胁论"孤立中国，"普世价值论"重塑中国，"价值观外交"围堵中国，"霸权稳定论"遏制中国，"民主和平论"忽悠中国，"航行自由论"剑指中国。[②] 对此，2021 年 5 月 31 日，习近平总书记在主持中共中央第三十次集体学习时强调："要注重把握好基调，既开放自信也谦逊谦和，努力塑造可信、可爱、可敬的中国形象。"即通过提高中国国家形象的亲和力来消弭认知鸿沟，"尽可能得到其他国家认可"[③]，"用各种生动感人的事例，说明中国发展本身就是对世界最大的贡献、为解决人类问题贡献了智慧"[④]，并借此改善中国在国际舆论体系中的地位，完成对中国话语能力和国家叙事体系的深层重构。

　　自改革开放以来，中国自身实力不断增强。但面对"西强东弱""北强南弱"的全球化格局和英美为首国家构建的国际话语体系时，中国长期以他者的身份被言说和定义，中国故事在海外舞台的传播也屡屡受限，形成"国际传播忽略中国声音"这一不利局面。在此背景下，"外国版中国故事"特别是

① 任孟山，陈强．五位一体与中国版中国故事：中国国际传播的象征框架 [J]．现代出版，2022（03）．
② 洪晓楠．中国特色话语体系与国际形象构建 [Z]．人民论坛，2021（11 上）．
③ ［日］岸田秀．ものじち精神分析 [M]．东京：青木社，1977．
④ 加强和改进国际传播工作 展示真实立体全面的中国 [N]．人民日报，2021-06-02（001）．

"西方版中国故事"主导了国际传播场域中的中国内容，并以封闭的叙事逻辑拒斥"中国版中国故事"[1]，中国版中国故事亟待优化和调整，以消弭中国真实形象与西方主观印象的惯在"反差"，消除海外受众不全面、不立体、不真实的刻板印象，并减少跨语言交流和跨文化沟通带来的不利"信息差"，让更多外国人读懂中国的时与势，拉近中国与世界的距离。

一般来说，中国版中国故事包括官方立场的中国故事和民间立场的中国故事，二者会影响中国故事的对外输出，限制外国版中国故事的主题与范围；而外国版中国故事主要包括外国媒体参与的中国故事和外国民众参与的中国故事，二者会影响中国故事的同化和异化，削弱中国版中国故事的传播语境。在他强我弱的话语体系下，中国故事应以自塑为目标，高效利用"讲故事"这一最佳国际传播方式创新中国表达、彰显文化自信、汇聚中国和声、发掘中国之美，提高中国版中国故事的国际传播能力，解决我者视角下"中国版中国故事"供给不足的问题。根据翻译学家傅雷对东西文化差异的判断，"我人重综合、重归纳、重暗示、重含蓄；西方人则重分析，细微曲折，挖掘唯恐不尽，描写唯恐不周"，东西方受众在思维方式上具有很大差别。因此，在国际舞台的传播实践中，中国故事为实现"他塑主导"到"自塑主导"的递进，需从原则转变、渠道整合以及姿态调整三个方面加强受众共情，掌握形塑主动权，进而提高中国版中国故事的触达率和影响力，打破他者定义的不利格局。

---

[1] 任孟山，陈强.五位一体与中国版中国故事：中国国际传播的象征框架[J].现代出版，2022（03）.

第一节　原则的转变

首届中国网络文明大会网上内容建设论坛上，中外专家学者围绕中国国际传播影响力、中华文化感召力、中国形象亲和力、中国话语说服力、国际舆论引导力等议题展开讨论，认为中国故事在选材时应该"回到中国、避免迎合"①，在彰显文化自信的基础上完成精英路线到平民路线的拓展；叙述时应该"互动传播、个体叙事"②，在注重互动、强调个体的基础上完成从政党视角到文化人类学视角的转变；破壁时则应努力"打破霸权、消除偏见"③，在适应国际传播环境的过程中完成宣传原则到效果原则的转变。

一、从宣传原则到效果原则的转变

宣传原则作为一种自我独白式的自述，受制于形式，通常传播效果有限；效果原则作为重视互动和受众的软性传播，往往能在一定程度上影响镜子折射式的他塑型中国故事。在国家叙事中，想要"囊括最大范围的国民情绪"④，往往需要共情传播的支撑。而"共情传播始终贯穿于传播过程，涉及国内外政治社会和文化建构等方面的共情应用与量度把控"。⑤因此，以严肃为主要特征的宣传型中国故事需要不断向习近平总书记提出的"可爱"型中国故事贴近，让"可爱"成为中国的新名片⑥，在一定程度上制衡外国版中国故事中的负面态度或消极立场。

---

①②③ 袁秀月.大变局下中国故事如何借网出海［Z］.2021-11-19［2022-07-18］，中国新闻网微信公众平台.
④ ［日］岸田秀.ものじち精神分析［M］.东京：青木社，1977.
⑤ 刘海明，宋婷.共情传播的量度 重大公共卫生事件报道的共振与纠缠［J］.新闻界，2020（10）.
⑥ 赵新利.萌力量：可爱传播论［M］.北京：人民日报出版社，2017：235-238.

（一）宣传原则的内涵及特征

上个世纪五六十年代，新中国为应对国际经济封锁和政治打压，在对外传播领域采取了"内外有别"的宣传策略，并认定读者对象、宣传目的、宣传内容、宣传方法和语言文字[①]等五个方面是影响中国故事国际传播效果的宣传主体。这一时期，宣传原则具有良好的对外传播效用，不仅推动了我国对外传播能力的提升，推动了我国对外传播效果的提高，也推动了我国对外传播研究的学术发展。[②]虽然期间外宣策略曾受计划经济影响追求超验的"内外一体"目标，"把国内的硬搬来对国外，不管对象"[③]，但随着改革开放政策的推进，国家对外传播工作持续向"内外有别"原则回归，达到了内宣和外宣效果的最大化呈现。[④]从此以后，"内外有别"原则成为中国深入国际舞台、进行多维对外传播的主要策略。但同时，随着社会形势和传播环境的剧变，"内外有别"的适用性受到了一定影响，对外传播也不能再停留在"内外有别"阶段，而必须迈上"内外一体"的新高度。也就是说，中国故事在国际传播时，既要从技巧和方法上注重内外有别，更要从战略和策略上注重内外一体。

1.宣传原则的内涵

宣传原则以宣传为核心，通过"运用各种有意义的符号传播一定的观念，影响人们的思想、引导人们的行为"[⑤]，借助具有目的性、附和性、社会性和倾向性的理论、方针、政策、伦理道德、立场态度将特定观念传递给受众。从"内外一体"和"内外有别"的角度来看，当前中国利用宣传原则讲述中国故事时，常常存在对"内外一体"原则的误读和对"内外有别"原则

---

① 沈苏儒.对外传播的理论与实践［M］.北京：五洲传播出版社，2004：81.

② 唐润华.既要内外有别 更要内外一体——对我国对外传播原则的重新审视［J］.新闻与写作，2015（03）.

③ ［波］伊斯雷尔·爱泼斯坦.周恩来百周年纪念——全国周恩来生平和思想研讨会论文集（上、下）［M］.沈苏儒，译.北京：中央文献出版社，1999：949.

④ 阎立峰.外宣内外有别原则 地理与心灵的辩证法［J］.现代传播，2008（04）.

⑤ 李良荣.新闻学概论［M］.上海：复旦大学出版社，2011.

的误用。

（1）"内外一体"的误读

中国中央电视台（CCTV）出海以来，很多时候都将目标受众定义为华人、华侨，直接将未经异化处理的内宣型视频投向海外，使得中国故事在出海进程中渐渐走向"内宣化"误区，给海外受众留下"中国媒体刻板生硬、缺乏活力"的固有印象，导致传播效果不佳。虽然"内外一体"原则能够强调全球化和一体化，扩大共情传播的辐射范围，提高中国形象的亲和力，但在国际传播的实践过程中，传播主体很容易对"内外一体"原则产生无意误解或有意曲解，于某些层面忽略内外语境差异，认为"内外一体"就是议题内涵的一体、介入视角的一体、文本语境的一体，或是叙事特征的一体，并因此形成一定程度的传播隔阂，削弱中国故事在国际舞台的传播效果，不利于中国国际形象的修正和自塑。

（2）"内外有别"的误用

虽然国际传播实践中"内外有别"具有一定的局限性，但是，"内外有别"原则作为我国对外传播的经典原则，在中国故事高效出海方面发挥了巨大作用，并且今后也将继续成为我国对外传播的基本准则。[1]一般来说，内涵的错认、外延的误判、思想的保守和利益的驱使，都会导致传播主体错误理解"内外有别"原则，客观上促成一些人或机构违背传播规律甚至胡作非为。常见的"内外有别"误用表现在：只报喜不报忧……遮掩、回避存在的问题，有时甚至弄虚作假，对已经发生的"负面新闻"矢口否认；对海外传播主体进行人为素材干预或者传播范围限制[2]；刻意鼓吹外媒和海外世界，削弱中国在国际舆论格局下的存在感等方面。

---

[1][2] 唐润华.既要内外有别 更要内外一体——对我国对外传播原则的重新审视［J］.新闻与写作，2015（03）.

2. 宣传原则的特征

新中国成立后，我国就开始使用内外有别的宣传策略进行国际传播。通过对国内情况的对外宣传，上个世纪六七十年代，我国顺利完成中美建交，又通过对中美乒乓外交的有效外宣，获得了更多国家对于新中国的支持。这从侧面表明，在传统时代，宣传原则也能向海外受众讲好中国故事，提升中国国际形象。如今，利用宣传原则向海外受众讲述中国故事的传播主体基本以我国官方媒体和政府机构为主，他们在对外宣传时往往需要"着眼营造有利于我国的国际舆论环境；着眼在国际上树立我国的良好形象；着眼维护国家安全和稳定"，在"介绍国情、宣传中国""推动交流、促进合作""赢得理解、争取人心""开展国际舆论斗争，维护国家安全""传播文化、增进友谊""反对分裂、促进统一""维护世界和平、促进共同发展"①的基础上借中国故事之力，在国际舆论场塑造出"文明进步""民主法治""改革创新""对外开放""爱好和平"的中国形象②。

（二）效果原则的内涵及优势

传播主体在对外讲述中国故事时从宣传转向传播，从目的为先转向效果为先，并非对传统宣传原则的全盘否定，而是在强调各种宣传痛点的基础上对国际传播进行恰到好处的策略优化，弥补自身在宣传原则下缺失和忽略的成分，以适应国内外目标受众的需求波动，渐渐融入到国际话语的叙事体系之中，塑造出更能引起海外受众共情、共鸣、共振的"可爱"中国形象。

1. 效果原则的内涵

从本质上来看，效果原则是利用各种传播手段和传播技巧，将传播主体的信息意图、信息意义传递给接受主体，让受众充分"相信"和高度"接受"内容指征的叙事策略。从"内外一体"和"内外有别"的角度来看，效果原则则是传播主体在正确理解国际传播内涵、正确认知内外语境差异的前提

---

① ② 蔡武. 努力创造有利我国发展的国际舆论环境［Z］. 2006-03-29［2022-07-16］. 国务院新闻办公室网站: http://www.scio.gov.cn/zxbd/nd/2006/Document/309213/309213.htm.

下，遵循新闻传播和媒介发展普遍规律的一种叙事策略。其既注重"内外一体"，又适度关照"内外有别"，能够将国内传播和对外传播"作为一个有机整体统筹运营，形成协同效应，实现协调发展"。而从传播效果的微观视角来看，效果原则在认知层、态度层以及行动层对"可爱"型中国故事的构建和讲述具有重要意义。

（1）认知层面：内外共鸣

"没有在情感关系认同基础上进行传播，其实很大程度上都是无效传播，甚至有时候是负效传播。"[①] 效果原则强调主体作为核心所承载或所体现的传播效果，这种效果以作用与反作用的形式呈现。[②] 对外讲述中国故事时，传播主体的社会身份、信息操控能力以及社会参与意识都会影响效果层面的信息能动性，从而促进不同文化语境下的接受主体对共性知觉、共性感觉和共性记忆产生不同程度的信息共鸣。

（2）态度层面：内外共情

"可爱是一种给人以小巧的、令人依恋的、亲密无害的感觉"[③]，可以用来表达"令人敬爱""深受热爱"等含义。[④] 因此，在对外讲述中国故事时，可爱的中国人、可爱的中国符号都可作为文本象征，促进海外受众准确理解传播主体想要传递的情感和意义，并在特定情境下呈现情绪情感方面的变化，用以制衡"中国威胁论"。事实上，效果原则在认知层所具备的共情功能，不仅能让中国故事在国际传播中走向刚柔并济的新生态，更能改善国际社会对中国的陈旧认知。

（3）行动层面：内外共振

麦克卢汉指出"媒介是人的感觉的延伸"，梅洛维茨也认为情境决定着人

---

① 周敏，郅慧.共振、融通、调试：媒介化视阈下国际传播能力体系构建与创新［J］.对外传播，2021（08）.

② 欧阳宏生.认知传播学［M］.北京：科学出版社，2021：98.

③ ［日］四方田犬彦.什么是可爱［J］.蒋雯，译.北京电影学院学报，2006（01）.

④ 赵新利.共情传播视角下可爱中国形象塑造的路径探析［J］.现代传播，2021（09）.

的行为。效果原则下，"互联网＝连接＋价值观＋内容"。[①]内容与价值观交互联结，能够有效提升海外受众的共鸣认知和共情态度，在一定程度上加强中国故事在国际舞台同频共振的力度，推动外国个体用实际行动反馈传播效果。就中国故事国际传播而言，"共振"主要体现在"情感共振"之上，传播主体利用"爱"升华"信"，使故事能"作为社会媒介化的载体实现国际公众的情感、关系联结，进而实现传播价值"。

2. 效果原则的优势

效果原则在中国故事的国际传播过程中，相较宣传原则而言，具有"非复制""弱类型""低政治化"等优势和特征。

（1）非复制

宣传原则下，流入国际场域的中国故事依赖主流媒体和权威机构，并通过模式化、机械化的文本生产在海外媒介简单"复制"，实现大批量、大规模的同质化扩散。而"非复制"的传播实践，不再以"宣传"、"炫耀"或"汇报"为先，也不再陷入误读"内外一体"和误用"内外有别"的偏向之中，而是在尊重差异化和个性化、强调全球化和一体化的基础上，由"信息搬运"转向"意义塑造"，将主体创造纳入意见表达、情感融通和双向互动等环节，强化中国版中国故事在传播重心、传播逻辑、传播内容等方面的"非复制"倾向。

（2）弱类型

"信息介质越丰富，高度体验的内容就越稀缺。"[②]新媒体时期，信息高速流动，传播主体为提高叙事效率、发挥传播"宣传"功能，往往瓦解"个性"，追求和表现具有普遍性特征的大众文化。这就在无形之中导致出海的中国故事变得刻板、单一，缺乏活力，成为"类型化"的代名词。而反观"弱

① 吴晓波.互联网＝连接＋价值观＋内容［N］.三湘都市报，2016-02-21，引自 http://hunan.voc.com.cn/article/201602/201602210717028753.html.
② 欧阳宏生.认知传播学［M］.北京：科学出版社，2021：147.

类型"的传播实践，其效果导向正好弥补了这一缺陷。在效果原则的推动下，"弱类型"中国故事极为重视内容生产，不仅借鉴、创新故事表达渠道，也在具体实践中不断追求"人无我有、人有我优、人优我特"的内容生产选择。

（3）低政治化

"政治化"的本质是将较低政治化水平（公共领域）提升至较高政治化水平（政府领域），包括"经济问题的政治化"[①]"民族问题的政治化"[②]"宗教问题的政治化"[③]"文化层面的政治化"等。[④] 而"低政治化"的本质是将高度政治性的问题降至较低水准，[⑤] 进而提高信息的贴近性和亲和力。如今，传播主体不再以"政治宣传"作为传播目的，而以情感融通作为首要传播目标。在向海外受众讲述中国故事的过程中，以"低政治化"的角度切入叙事，可以很好实现情感共振，引发情感共鸣，塑造出更加友善的"可爱"中国形象，助力消除刻板印象。

（三）中国故事从宣传到效果的转变

随着新媒体和全球媒介环境边缘的淡化，宣传原则与时代的契合度越来越低，中国故事的出海策略亟待转变。对传播主体而言，在进行中国故事国际传播期间，应该尽量避免不科学的单向直线传播，并通过寻找可爱元素和共情话题引起海外受众共鸣、共振，更好实现宣传原则到效果原则的转变。具体表现为以下几个方面：

1. 实现外宣策略的转变

---

① 毛德松.当代"国际经济政治化"简析［J］.世界经济与政治，1998（10）.

② 陈建樾.多民族国家和谐社会的构建与民族问题的解决 评民族问题的"去政治化"与"文化化"［J］.世界民族，2005（05）.

③ 陈根发.论宗教宽容的政治化和法律化［J］.环球法律评论，2007（02）.

④ 潘玥，肖琴.东南亚华人文化的"政治化"探析［J］.华人华侨历史研究，2021（03）.

⑤ A.Toplisek, Rethinking（De）Politicisation in Liberalism:Macro-and Micro-political Perspectives, in J.Buller, P.E.Donmez, A.Standring and M, Wood（eds.）, Comparing Strategies of（De）Politicisation in Europe:Governance, Resistance and Anti-politics, New York:Palgrave Macmillan, 2019, p.25.

从宣传原则向效果原则转变的过程中，传播主体通常需要遵循三个规律：一是"一个整体"，即将国内、国际传播场域视作一个有机整体，尽可能全面地调整内容、方法和语言文字等传播要素，以适应不同特征的海外受众群体；二是"同一准则"，即传播主体在对外讲述中国故事时，应和对内传播保持一致原则，不能违背传播基本规律；三是"协同行动"，即国内传播与对外传播要相互配合，形成协同效应。

2. 实现传播创意的转变

新时代、新技术、新环境背景下，信息传播手段日益丰富，社会化媒介也渐渐成为中国故事国际传播的主要载体。为适应国际传播新背景，更好地将中国故事触达海外，传播主体需要不断调节和扩大传播媒介的体量，活用新媒体、善用自媒体、适应融媒体，完成传播媒介的多元体系建设，提升中国故事的辐射能力。与此同时，借鉴和创造具有亲和力的传播新渠道、新路径，也是推动中国故事实现话语融通、情感共振、角色调试、姿态调整、内外协同和高效出海的重要战略手段。

3. 实现目标受众的转变

马斯洛认为，"人的动机是由人的需求决定的"，时期不同，需求也不同。目前，中国故事在国际传播中更多地追求"尊重需要"，希望通过源源不断的正面故事获得海外世界的"他尊"，通过必要的"话语权"改变不利的"他塑"局面。然而，对于海外受众来说，中国故事是满足"求知需要"的载体，他们通过中国故事了解中国历史发展，探索中国地理人文，关注中国当代发展，满足他者话语体系下自身对实际中国客观状况的好奇心。因此，对外讲述中国故事时，传播主体应该充分关照海外受众思维，将效果原则与"平民视角""文化人类学维度"联系起来，使中国故事更加贴近国外受众对中国信息的需求、更加贴近国外受众在国际场域内的惯常思维习惯。纪录片《勇敢者的征程》就以真人秀探险求生的电视形式，带领观众亲身感受中国革命勇士的伟大精神力量。这部纪录片一方面很好地关照到"内外有别"，从海外视角出发，利用外国人感兴趣的中国地理呈现和真人秀探险叙事模式，吸引更多境外观众前来"一探究竟"，搭建起红色文化"走出去"的重要桥梁；另一方面也充分体现"内外一体"，将国内外受众的需求有机协调并整合在了一起，既满足了彼此需要，也将宣传很好地融入到了传播之中。

二、从政党视角到文化人类学维度加持

对外传播拥有三个重要概念内涵：政治内涵、文化内涵和市场内涵，分别对应国际话语权、文化软实力和市场竞争力。长期以来，"我国对外传播主要被赋予政治内涵"，即偏好从政党视角出发去发掘中国之美。其核心目的是通过国际地位和国际话语权的提升，更好、更高效地传播中国声音、讲好中国故事。[①] 然而，在这种传播指向的束缚下，国内传媒的发展始终受到一定程度的限制，不仅面向海外的传播效果得不到迅速发展，叙事能力也得不到有效增强。[②] 与此同时，国内权威主流媒介作为政党维度的叙事主体，常常在信息严重失衡的前提下向海外受众讲述中国故事，导致中国媒体在国际舆论场中丧失公信力，削弱了国际传播效果以及中国故事的出海水准。在此背景下，远离受众的政党视角亟须与文化人类学维度有机协调起来，以适应新媒体时代的传播规律，双管齐下强化中国故事在国际传播中的自塑能力及交流能力。

（一）政党视角的国际传播

政党是现代民族国家的重要领导力量。在国际舞台上，政党作为构建人类命运共同体的重要主体和彰显国家硬实力的关键对象，常常担负着引领方向、凝聚共识、促进发展、加强合作、完善治理等重大责任。[③] 也正因如此，政党视角的中国故事多与"伟大工程的历史演进、管党治党的实践驱动以及政

---

① 李宇.对外传播工作切忌内宣化［J］.对外传播，2020（01）.

② 彭伟步.海外华文传媒概论［M］.广州：暨南大学出版社，2007：336.

③ 栾欣超.政党在构建人类命运共同体中的履责难题与中国方案［J］.决策与信息，2022（08）.

党治理的中外比较"①联系在一起，于国际场域内形成别具一格的叙事风格。

1.政党视角的内涵

政党视角下的中国故事在对外传播中注重政党认同。1989年12月30日，中共中央颁发了《关于坚持和完善中国共产党领导的多党合作和政治协商制度的意见》，第一次以中共中央文件的形式明确提出："中国共产党领导的多党合作和政治协商制度是我国一项基本政治制度。"②在我国，中国共产党是执政党，政党视角的中国故事也通常围绕中国共产党的属性优势而展开，体现"广泛的代表性、治理的有效性与强大的整合性"③。正因如此，"领导核心""党群关系""党际关系""党政关系"四个具体层面的政治内涵渐渐成为政党视角加持下中国故事的主要构成部分。

（1）领导核心

从领导核心看，"中国共产党集中统一领导与不断自我革命，展现出卓越的领导力"。④因此，政党视角的中国故事通常将共产党作为故事主体，用积极正面的故事内核向海外受众讲述伟大工程的历史演进、中国实力的高速崛起、中华民族的伟大复兴。

（2）党群关系

从党群关系看，"中国新型政党制度强调真实持久代表最广大人民利益，而不是代表少数人利益"。⑤因此，政党视角的中国故事通常立足改革发展实践，围绕民生设施建设、社会重大事件等议题展开，利用国家层面的宏大叙事强调个体集合的"中国梦"，为"国民荣耀与价值观"⑥的连续与一致提供

---

① 柳保军.中国特色政党治理的生成逻辑、核心议题与战略前瞻［J］.学习与实践，2022（07）.

② 慕江发布.【统战知识】中国特色政党制度，你知道是谁最早提出来的吗？［Z］.2017-06-13［2022-07-25］.https://mp.weixin.qq.com/s?__biz=MzA5MDQ2Mzg2Mg==&mid=2657225062&idx=5&sn=fac15cc3d9c259b97d07b8229cc83a87&chksm=8b9de27fbcea6b69aee577d9755ae618f78f687750696bab874b1dc367f0285434f55361e29d&scene=27.

③ 曾毅.新型政党故事彰显中国优势［N］.人民日报，2018-03-07.

④⑤ 张洪松.中国新型政党制度的比较优势［J］.理论探索，2020（05）.

⑥ ［日］岸田秀.ものじち精神分析［M］.东京：青木社，1977.

支撑。

（3）党际关系

从党际关系看，"中国新型政党制度强调多党间肝胆相照的合作，而不是党派之间的恶性竞争"。[①] 因此，政党视角的中国故事常与管党治党的实践驱动结合起来，借助"两会"等特殊故事议题，向海外受众展现中国别具一格的新型政党制度。在这种制度下，作为共产党的执政党与作为参政党的其他亲密友党脱离竞争关系、转为合作关系，形成了"长期共存、互相监督、肝胆相照、荣辱与共"的"领导—合作、执政—参政"关系模式[②]，更好地向海外受众展现中国特色社会主义发展与建设层面的政治故事。

（4）党政关系

从党政关系看，"中国新型政党制度强调负责任的治国理政，而不是利益集团导向的施政"。[③] 因此，政党视角的中国故事通常借助政党治理的中外比较和"国家间话语权力的互动博弈"[④]，将发展的、现代化的中国形象融入中国故事，并通过大国形象的构建、塑造、传播，完成中国故事的回溯与重构，向国际世界展现"最为真实的、鲜明的、立体的文明大国、东方大国、负责任大国、社会主义大国故事"[⑤]。

2.政党视角的特征

基于"领导核心""党群关系""党际关系""党政关系"四个具体层面的政治内涵，政党视角下的中国故事往往在话题选择上具有政治性特征，在内容生产上具有说理性特征，在传播方式上具有"二律背反"特征。

（1）话题：政治性

---

① 张洪松.中国新型政党制度的比较优势［J］.理论探索，2020（05）.
② 杨雨林.从党际关系看我国新型政党制度的显着优势［Z］.2021-06-07［2022-07-26］.https://mp.weixin.qq.com/s/_8wE77m0tec2YHdPR4_LWg.
③ 张洪松.中国新型政党制度的比较优势［J］.理论探索，2020（05）.
④⑤ 洪晓楠.中国特色话语体系与国际形象构建［Z］.人民论坛，2021（11上）.

政党视角的中国故事以政治故事讲述为主，政治故事一方面能够推动上层建筑构建大国关系框架，实现"民族因素和政治因素的有机结合"①；另一方面能够集中阐述中国"站起来—富起来—强起来"的发展脉络，彰显文化自信。中国作为世界上最大的发展中国家和世界第二大经济体，正前所未有地接近世界舞台中央。②在此背景下，用政府话语进行内容生产成为"讲好中国故事、传播好中国声音、弘扬好中国精神"的重要手段③，形成了重视政治宣传的议题设置倾向，更导致传播主体认为讲好中国故事"最核心的就是讲好中国共产党带领人民浴血奋斗，争取民族独立、国家统一，实现国家富强、人民富裕的故事，讲好全面建成小康社会，实现社会主义现代化的故事，讲好实现中华民族伟大复兴的故事"④。

（2）内容：说理性

政党视角的中国故事常常用来凸显中国"强而不霸"的自塑形象，并凭借专业化的政治话语和逻辑化的身份表达，提高叙述主体的权威性及可信性，强调中国在政治领域的"建构性、主体间性、集合性、可塑性、相对稳定性"等特点。⑤但同时，这种话语体系注重内容综合和价值引领的统一，受众不易获得知觉、态度、行为上的共鸣，制约了中国故事的传播效果。2017年12月6日，中国经济学家林毅夫在《纽约时报》撰写《发展中国家可以向崛起的中国学到什么》一文，向外国受众详细阐释了中国特色社会主义内涵。虽然这篇文章思路清晰、逻辑性强，能够帮助外国人充分、客观理解中国特色社会主义，但由于纯正的政党维度和脱离共同空间的基础构架，导致传播范围受限、传播声量不足，海外受众对于中国政治故事的"认同感"仍旧没有明显改观。这也从侧面说明，单纯政党视角下的中国故事更多吸引

① 王晓丽，张振卿.国家形象视域下讲好中国故事的双重价值意蕴［J］.青海社会科学，2022（01）.
② 何毅亭.中华民族伟大复兴与中国话语的崛起［N］.学习时报，2019-09-27.
③ 陈映锜.牢牢把握讲好中国故事的话语权和主导权［J］.当代传播，2022（01）.
④ 国防大学政治学院.讲好中国特色社会主义的故事［N］.解放军日报，2020-11-09.
⑤ 洪晓楠.中国特色话语体系与国际形象构建［Z］.人民论坛，2021（11上）.

到的只是外国媒体和政府，至于海外普通受众，往往很难引起有效共鸣，甚至容易诱导传播主体形成错误理解或者认知偏差，陷入西方话语体系的陷阱当中。

（3）方式："硬传播"

在媒介环境不断重组的全球传播格局下，承载国家形象的中国故事已经不再限于政府部门，并逐渐形成"硬传播"和"软传播"两种传播方式。其中，"硬传播"意识形态色彩突出，涵盖新闻报道、时事评论、政治宣传的报纸、广播、电视、互联网等新闻、大众传播媒介、部分新闻性、学术性、政治性的期刊和图书等传播渠道[①]，这种类别的传播方式高度符合政党视角下中国故事议题设置的政治性特征及内容生产的说理性特征。也正因如此，政党维度的国际传播常常会将中国故事在海外的符号解读引向对抗模型，促使受众根据自己的经验采取非主导地位编码，解读出全新的故事意义和价值观念。

（二）文化人类学维度加持的国际传播

随着社交媒体颠覆了原有的价值创造规律，"万物皆媒"时代悄然来临，受众阅读信息的方式也从曾经的被动接收转变成当下的主动筛选，受众的声音被逐渐放大，远离受众的政党视角在信息传播中变得越发艰难，亟须与文化人类学维度有机协调起来，共同强化中国故事在国际传播中的自塑能力和交流能力。

1. 文化人类学的内涵

在欧洲源流的文化人类学中，不只是远离生活的异民族，社会中的所有人以及人创造的各种文化都可以作为该领域的研究对象。而文化人类学维度的中国故事作为贴近现实、贴近生活、贴近受众的故事类型，常常强调对外传播指征中的"文化内涵"和"市场内涵"，并借助神话故事、传统习俗、非

---

① 明安香. 国家形象的国际传播：硬传播和软传播［A］// 第六届亚洲传媒论——国家形象传播论文集［C］.2008.

物质文化遗产、社会生活等多种事实性象征，更加高效地完成他塑与自塑路径的二维糅合，实现共通意义空间的种族超越，完成国内国外相通文化及现实生活的"共在"链接，同时满足海外受众对中国故事所蕴含文化要素的生理需要和有关娱乐、交往、传承方面的他者功能需求。

（1）文化内涵

文化内涵是文化人类学视角下中国故事的关键内征，其核心要义与目标诉求是提升国家文化软实力，并通过文化交流和文明互鉴促进主体间的文化认知，强化彼此价值观认同。[①] 根据社会人类学家马林诺夫斯基的研究，文化是沟通"需要"与"功能"的重要桥梁，"文化的存在就在于满足人的需要，文化满足人的需求的过程就是功能"。对于人类而言，首先必须得到生物性需求的满足，其次才会追求心理上的满足，而应对这些需求就会生成相应的文化措施，如此，人类便形成了一种派生的文化环境，调节了连接彼此共同空间以及共通意义空间的近似文化与现实生活。[②] 在这个过程中，民间话语成为中国故事国际传播的一大话语维度，并以"工笔画"和"大写意"[③] 等艺术技巧弘扬中国精神，凝聚中国力量，增强文化自信，助推文化共振，在提高中国故事感染力、感召力与表现力的同时，获得更多来自他国的自觉认同，实现国家自身话语体系的反哺，为消解"大而不强"等潜存层面的二律背反问题提供了可能。

（2）市场内涵

传媒本身就是一个拥有完整生态链条的舆论产业市场。根据迈克尔·波特（Michael E.Porter）的观点，一个国家某种产业的国际竞争优势往往来

① 李宇.对外传播工作切忌内宣化［J］.对外传播，2021（01）.

② ［英］布罗尼斯拉夫·马林诺夫斯基.西太平洋上的航海者［M］.张云江，译.北京：中国社会科学出版社，2009.

③ 陈映锜.牢牢把握讲好中国故事的话语权和主导权［J］.当代传播，2022（01）.

源于产业生存的国家环境。[①] 中国故事想要在国际场域中获得好的传播效果，首先需要提升国内传媒市场竞争力，并借力"提升文化产业的国际化水平和文化产品的市场竞争力，强化内容产品的输出能力和我国媒体产能的国际转化能力"[②]。根据 2020 中国形象海外调查结果，美食、武术和中医是外国受众对中国印象最深刻的形象体现。其中，美食（饮食）是人类不可或缺的一项生理需求，具有文化人类学视角研究下的相关特质，也符合马林诺夫斯基对文化功能的阐释。正是受这种国内外相通行为的产生特征与现实折现，由中国中央电视台制作的大型市场化纪录片《舌尖上的中国2》才能够在国际舞台火爆蔓延。《舌尖上的中国2》是通过纪录片来彰显和提升国家软实力的一次成功尝试，其不仅呈现了中国人文生活的真实影像，更在一定程度上折射了时代背景下的社会现实及价值取向，以高语境的传播手段，向海外受众呈现了一个全面、真实、立体同时又具有共同空间属性的中国社会故事。

2. 文化人类学的优势

由于当前媒体信息大爆炸、全球信息高度网络化，受众接纳政治宣传的兴趣普遍不高，因此，想要提高中国故事的国际传播能力和效果，就需要借鉴国际政治普遍采用的软传播、软话题植入方式，在文化人类学维度加持下，为中国故事赋予新的共同空间和共同价值。其中，"软传播"意识形态色彩得到隐藏，且多以娱乐、休闲、文艺和文化传播等形式出现，具有天然的感染力和渗透力。[③] 这种传播方式常常会嵌入社会、文化、娱乐等话题内容中，真情、巧妙地将中国故事传递到海外受众面前，讲出中国价值。

---

① ［美］迈克尔·波特.国家竞争优势［M］.李明轩，邱如美，译.北京：中信出版社，2007：61，66，115.

② 李宇.对外传播工作切忌内宣化［J］.对外传播，2021（01）.

③ 明安香.国家形象的际传播：硬传播和软传播［A］//第六届亚洲传媒论——国家形象传播论文集［C］.2008.

（1）软话题

"在内容的具体呈现上，主流价值传播要获得价值认同必须创造一个能容纳传者与受者共同在场、符号能见的场景。国家层面的宏大叙事与认知主体微小生命场境之间无缝连接，对于认知主体个体才有说服力。"[①] 因此，文化人类学视角下的中国故事常常设置政治属性偏弱的软性议题，利用民间话语完成叙事，使得传播实践的逻辑起点靠近受众、"回到中国"，能够"实现内容作为媒介化载体的话语融通"[②]，进而"贴近国际表达"[③]，扩大故事影响力。

（2）软植入

对外讲述中国故事本质上是一种以文化为主体的跨文化传播，因此在向海外受众输出中国故事时，传播主体需要"选取合适的角度和合适的讲述者"，[④] 进而引发外国受众情感和情绪上的共鸣，提高国际传播质量。文化人类学维度加持的中国故事，通常会批判"他性"思维，强调"我性"形象。[⑤] 因此，在国际场域讲述中国故事时，传播主体需要活用新媒体媒介，善用中国特色话语符号，以便在无形之中将主要观点植入到海外受众的知识结构模块中，影响外国接受主体对相关中国故事的知觉、转化与判断。

（三）政党视角与文化人类学结合的具体表现

"中国故事不仅指一个个具体的故事，也指融入故事的价值观；不仅指零散的叙事故事，也指连篇的历史故事；不仅指优秀的传统文化，也指马克思主义和中国化马克思主义理论；不仅指中国历史上的灿烂文明，也指新中国

① 杨静岚，欧阳宏生．具身认知视域下的主流价值传播创新［J］．湖南师范大学社会科学学报，2021（03）．

② 周敏，郅慧．共振、融通、调试：媒介化视阈下国际传播能力体系构建与创新［J］．对外传播，2021（08）．

③ 陈映锜．牢牢把握讲好中国故事的话语权和主导权［J］．当代传播，2022（01）．

④ 周敏，郅慧．共振、融通、调试：媒介化视阈下国际传播能力体系构建与创新［J］．对外传播，2021（08）．

⑤ 王晓丽，张振卿．国家形象视域下讲好中国故事的双重价值意蕴［J］．青海社会科学，2022（01）．

的伟大实践。"① 正因如此，想要完全脱离政党视角推进中国故事出海是完全没有可能的。传播主体只有将政党视角的故事置于文化人类学维度之下、将二者紧密结合，才能不断调节信息流进流出的"逆差"、持续消弭中国真实形象和西方主观印象的"反差"、努力改善软实力和硬实力的"落差"，进而有效提高中国故事在国际场域内部的传播效果。一般来讲，由政党视角和文化人类学视角协同加持的中国故事能够同时满足人类在生理、心理等多个层面的"需求需要"和"功能需要"，具体表现在以下几个层面：

1. 文化生理：满足海外受众现实生活需求

在开放多元的网络互动过程中，处于传播链条终端的接受主体日益成为媒介信息的"掌控者"②，此时，"文化的存在就在于满足人的需要"。在这种背景下，中国故事想要获得更好的出海效果，就必须围绕受众主体现实生活的多种需求，不断提示高质量认知和价值体验③，以充分满足海外受众的欲望层生理需要。食物，作为人类生活中最重要、最不可或缺的生理必需品，其衍生文化元素也渐渐成为推动传播主体立足政党视角讲好中国故事的潜力和动力。以中华美食为主要内容的纪录片《舌尖上的中国 2》便巧妙利用软话题和软植入传播手段，向海外受众展示了中国政治开明、经济发展、社会和谐、人民幸福的发展现状，既避免了单纯政党视角的"离身"和枯燥，又将各类信息植入受众轻体验之中，潜移默化地完成了政治故事讲述。《华尔街日报》称这种基于文化人类学维度的政党视角"不甚隐晦地包含了政治宣传元素"④。

2. 文化娱乐：促进精神释放和心理满足

---

① 王晓丽，张振卿.国家形象视域下讲好中国故事的双重价值意蕴［J］.青海社会科学，2022（01）.

② 欧阳宏生.认知传播学［M］.北京：科学出版社，2021：105.

③ 杨静岚，欧阳宏生.具身认知视域下的主流价值传播创新［J］.湖南师范大学社会科学学报，2021（03）.

④ 河清.舌尖里竟也能挑出政治骨头［Z］.2014-05-09［2022-07-29］.http://opinion.people.com.cn/n/2014/0509/c1003-24996364.html.

　　"精神生活的追求是物质生活得到满足的今天的必然要求。"①新媒体时代，伴随媒介技术的发展，受众越来越注重情绪表达和价值提升。在这个过程里，受众为了满足自身不断提高的心理需求，往往将生理性的文化要素融入个体审美追求，并产生相应的娱乐活动，用以映射具身性的文化实践。以《舌尖上的中国2》为例，传播主体巧妙利用视听策略，全方位展现了中国场域内的美食、美味、美器与美境，反映了中国人民对食物雕、形、器、境的审美追求，也呈现了中国人民丰富生理外延的食俗乐趣。事实上，对于协同文化人类学视角与政党视角的中国故事而言，强调文化元素中具有娱乐属性的内容，能够进一步实现情感共振，改善中国话语体系的讲述方式、提高中国故事的传播音量，行之有效地"搭建起中国人民同各国人民有效互动交流的桥梁"，使中国故事更加契合国际表达，更加生动、更加形象，也更加符合习近平总书记强调的"可爱"特质。

　　3.文化交往：强调社会化互动属性

　　新媒体时代，参与和互动是"使用与满足"的趋势，社交属性是新媒体媒介的核心。在对外讲述中国故事时，注重互动性情感语言的形构，可以有效贯通"理性认知"与"审美认知"，促进东西方受众走向文化交往的"和谐"状态。②但是，在这个过程里，文化交往的可能性很大程度取决于作为沟通之中介的翻译艺术，如果语言不通，或者翻译出现偏差，极易导致海外受众片面理解中国故事内涵，进而削减中国故事社会化属性，影响中国国家形象的自我塑造。因此，传播主体在进行中国故事国际传播时，需要将"过程性"语言向"指涉性"语言靠近，并通过故事语言与叙事符号的对应，构建出能够满足海内外受众群体平等交流、沉浸社交的开放传播场域。

---

① 林志添，贾振振.文化娱乐活动对农村老年人精神健康影响研究［J］.大众文艺，2020（19）.
② 吴子林.文化交往或对话可能吗——论东西方文化的合创共生［J］.人文杂志，2021（08）.

三、从单纯精英路线到普通民众路线的拓展

受知识储备、前构认知、数字鸿沟等因素影响，人们对于媒体的选择和所处社会网络环境的感知各不相同，每个个体在社交网络中的影响力水平也大相径庭。因此，人群会在不同层面开始分化，导致社会精英与普通民众在此期间呈现出明显的圈层化倾向①。一般而言，精英包括了社会上相对于一般大众具有影响力的任何阶层，普通民众则代指没有任何特权或官权的普通公民。②在传播发生期间，有针对性地区分精英群与普通民众、实现精英路线与平民路线的协同传播，是助力缩小文化折扣带来传播力不足问题的重要手段之一。

（一）精英路线下的海外传播

2019 年，The Sutton Trust and the Social Mobility Commission 通过调研发现精英阶层与广大民众在意见上是脱节的。③这从侧面表明，单纯精英路线会限制中国故事在国际舞台的传播效果，进而影响国外普通民众对于中国内涵的准确理解。其实早在 2015 年，中国德高也联合赢道顾问，发布了一份贴合中国语境的精英报告。报告指出，当前环境下，以权力、财富、名气等世俗观点去定义精英，可能会对社会价值的引导产生不可预估的负面影响。真正意义上的精英往往具有四个深层特质：一是具备一定文化知识水平；二是拥有中产及以上现实财富；三是在某些领域形成业务优势或作出突出贡献；四是社会公共事务上有所建树。④正因如此，精英路线下的中国故事多将视点瞄向政治、经济、学术等领域，形成"故事主体精英文化为主""内容指向高雅、专业""传播效果受到限制"等多个方面的传播特征。

---

① 彭兰.网络传播与社会人群的分化［J］.上海师范大学学报，2011（02）.

② 秦德君.精英背后的精神特质［Z］.2014-09-23［2022-07-31］.http://theory.rmlt.com.cn/2014/0923/321935.shtml.

③ 2019 英国精英报告［R］.转引自 https://linstitute.net/archives/232246.

④ 德高中国精英报告［R］.转引自 http://www.docin.com/touch/detail.do?id=1992097463.

1. 精英路线的内涵

帕累托（Vilfredo Pareto）认为，精英指最强有力、最生气勃勃和最精明能干的人。[①] 中国古代，以读书识理为主要表现的精英文化始终占有绝对支配地位，故而当时精英故事的本质就是皇家贵族与文人雅士的个体传奇或群像记录。到了今天，精英视角定义的中国故事受新媒体环境和全球化背景影响，其内核逐渐脱离历史语境，泛化形成了以党政精英故事、经济精英故事、知识精英故事为代表的新式中国故事类型。[②]

（1）党政精英故事

现实政治生活中，总有一部分人在影响众人决策中拥有更大权力、发挥更大作用，这部分人被称作政治精英。[③] 中国语境下，掌握实际权力的官员和在各个领域发光发热的共产党员是政治精英阶层的主要构成，党政精英故事则以在政治生活中作出巨大贡献和突出表现的共产党员、基层干部等作为叙事主体，通过呈现他们在不同领域的英雄化事迹，表达更基本、更广泛、更深厚的政治文化自信。如电视剧《功勋》就以"一体两面"的叙事手法将八位共和国勋章获得者的工作、生活状态尽数彰显，在向海外受众讲述中国英雄故事的同时也将党政精英视角巧妙植入到传播流程中，达到了"润物细无声"的效果[④]。

（2）经济精英故事

经济精英，也称商界精英，通常指那些占有大量经济资源首先致富的经济能人，在他们的资源权力结构中，物质财富占据无可撼动的主导地位。[⑤] 中国语境下，经济精英介于精英再生产与精英循环之间，主要包括中大型民

---

① ［意］帕累托.精英的兴衰［M］.刘北成，译.上海：上海人民出版社，2003：14.
② 吴忠民.精英群体的基本特征及其他［J］.中共中央党校学报，2008（02）.
③ 储建国.中国政治精英产生方式［Z］.人民论坛，2014（9下）.
④ 观察者网独家视频.讲好中国政治故事，这八个人就是最好的例子［Z］.2021-10-15［2022-08-01］. https://baijiahao.baidu.com/s?id=1713665995594889432&wfr=spider&for=pc.
⑤ 资料来源：MBA智库，引自 https://wiki.mbalib.com/wiki/%E7%BB%8F%E6%B5%8E%E7%B2%BE% E8%8B%B1.

营企业的业主及高层管理人员、中大型国有企业高层管理人员，以及市场经济密切相关的一些群体中的高层人员。[①]通常情况下，经济精英故事会围绕企业家、金融家、证券代理人、经济学家、乡村农业大户等特定主体在社会经济、自然经济、边缘经济等领域的作为，从不同视角审视和解读经济精英在国家形象塑造上的潜在作用。如华为创始人任正非就在对外拓展市场的过程中，用技术和产品潜移默化地向海外受众讲述了中国手机品牌从设备通信商发展成为行业领头羊的励志精英故事。

（3）知识精英故事

知识精英，有别于具有较高文化水平的普通知识分子，多指那些保持意志独立、灵魂自由，不受政治权力影响、不受物质诱惑蒙蔽、不受主流意见奴役，并充满社会服务精神和社会责任感的脑力劳动者。[②]中国语境下，知识精英层的故事多以获得领域成就的高校教授、科研机构高级研究员，以及民间研究者为叙事核心。通过对他们"崇尚知识、挑战权威、倡导自由、推动社会进步"价值观的宣传与展现，能够很好地向海外受众传达中国精英圈层尊重社会治理、追求公平正义的现实特征[③]。

2. 精英路线传播概况

由于精英视角下的国际传播在党政、经济和知识三大层面具有充分内涵指征，因此目前相关中国故事在对外讲述过程里不断深化精英圈层的"前卫性"特质、"深刻性"特质以及"先锋性"特质，形成了"故事主体精英文化为主""内容指向高雅、专业""传播效果受到限制"等多个方面的传播特征。

（1）深刻：故事主体精英文化为主

精英路线下的中国故事具有深刻性特征，故事主体基本以精英个体或者精英群体为主。因此，从精英视角出发生产出来的中国故事，很多时候会被

---

① 吴忠民. 精英群体的基本特征及其他［J］. 中共中央党校学报，2008（02）.

② 周益清. 真正的知识精英［Z］.2021-11-11［2022-08-02］，转引自 https://mp.weixin.qq.com/s/ibOsE4WoVDMYpNOZl2wghg.

③ 德高中国精英报告［R］. 转引自 http://www.docin.com/touch/detail.do?id=1992097463.

赋予深刻的价值观念或者指涉意义，用来传达隐晦的主观思想、既有立场，以及既定态度。当前国际环境中，中国传统古典文化因其表征文艺、内涵深刻，备受外国精英群体喜爱。据报道，2018 年美国总统特朗普访华期间，使用平板电脑展示了其外孙女阿拉贝拉用中文演唱歌曲、背诵《三字经》和古诗的视频，并对中国古典诗词文化赞不绝口；美国量子基金创始人罗杰斯更是从小培养他的大女儿学习中文，背诵古诗，其女五年级时就能流利背诵北宋哲学家邵雍的《山村咏怀》，并且口音标准、字正腔圆，这足以表明古诗词这一传统中国故事对于外国精英群体的巨大引力。

（2）前卫：内容指向高雅、专业

由于精英视角的中国故事以国外精英圈层为潜在受众群，因此精英路线下的中国故事往往具有前卫性特征，内容议题多集中在高雅文化和专业领域的前沿之上。一方面，"高雅"与"通俗"一直都是中国审美文化中最为重要的美学范畴，高雅和通俗之间的界限也常因时代的不同而发生变化。当前中国语境下，旗袍、国画、书法、茶道等审美艺术在社会的不断发展中渐渐偏向"高雅"层次，以精致、典雅、规范的含义，[①]向国际展现中国的时代风貌和历史风情。[②] 中国书法代表人物之一的贾广法就曾凭借强大的实力登上美国《时代》周刊封面，让更多外国人了解到了中国文化软实力以及中国书法深层的底蕴与魅力。另一方面，中国各个领域的理论前沿与突破性实践也在不断向国外受众传达"中国精英助力中国发展"的核心理念，向世界讲述中国在航天航空、深海探索、智能化设备等层面的努力与成就，充分展现国家的强大实力。

（3）先锋：传播效果受到限制

精英路线下的中国故事具有先锋性特征，其核心主题多围绕超越现实一

---

① 叶洁楠，海涛．艺术的雅俗共赏 舞阳农民画赏析［J］．艺术科技，2020（23）．
② 余宛琳，徐雷．风格学理论视野下的中国山水画作品研究——以吴冠中画作为例［J］．美术教育研究，2020（16）．

般生活的场景展开。因此，该类故事在对外传播时往往会受到语境、翻译等问题的限制。并且，无论哪个国家或地区，社会上的大多数一般都是平民或者普通百姓，如果过于偏向精英视角，会导致传递的信息远离大众生活，不易引起共鸣，并在一定程度制约传播效果，影响中国故事出海和国家形象自塑进程。如中国传统古诗词在海外普通民众间的传唱度较精英阶层而言，明显略逊一筹。与此同时，很多外国人都是通过文化节才接触到中国传统诗词文化，并且仅图一乐，这从侧面说明单靠精英路线，确实很难将优良中国故事全面、立体地呈现到海外受众眼前，亟须与平民路线结合起来，实现中国故事传播矩阵的全覆盖与多维度构架。

（二）平民路线下的海外传播

受众会因意识形态、价值、品位与生活风格的不同而分化。① 这种分化使人们在信息环境和意见气候的接触方面有更多的偏向性，并反过来强化不同人群于意见、态度、行动甚至价值观层面的个体化差异。② 因此，为了提高国际传播的辐射效果、缩小文化折扣带来的负面影响，中国故事需要在精英路线的基础上，好好利用平民路线的优势，实现精英路线与平民路线的协同传播，推动中国故事高效出海。

1. 平民路线的内涵

1988 年，霍金斯（Colin Hoskins）和米卢斯（R. Mirus）在论文《美国主导电视节目国际市场的原因》中指出，任何文化产品的内容都源于某种文化，因此对于那些生活在此种文化之中以及对此种文化比较熟悉的受众而言，具有很大的吸引力。而对那些不熟悉此种文化的人来说，吸引力则会大大降低。③ 由于精英群体与普通民众在知识储备、前构认知、语言习惯、生活背景等层面有着显著差距，二者间的文化背景与审美习惯也具有显著差

① ［西］曼纽尔·卡斯特尔. 网络社会的崛起［M］. 夏铸九，等，译. 北京：社会科学文献出版社，2006：320.
② 彭兰. 网络传播与社会人群的分化［J］. 上海师范大学学报，2011（02）.
③ 郭镇之. 中外广播电视史（第三版）［M］. 上海：复旦大学出版社，2016.

别。因此，站在普通民众视角传播中国故事，能够有效改善海外受众认知不协调问题，进一步扩大中国故事的辐射范围，在不断缩小文化折扣的过程中贴近中国现实实际、贴近海外大众需求、贴近他国受众思维[①]。

（1）贴近中国现实实际

贴近中国现实实际的核心，就是在国际平台讲述中国故事时，要从中国的现实取材，从中国的实际出发，坚持面向生活、深入生活，[②] 既讲好的中国故事，也讲坏的中国故事，尽可能地弱化故事中的党政属性、经济属性和知识属性，通过合理、适当的传播策略向海外受众传达一个真实、立体、全面的"可爱"中国。在这个过程里，如果海外普通民众发现中国故事过于神化、脱离平民视角，或者远离自己的实际生活场景，就会阻碍中国故事的及时触达，不利于中国国家形象的自塑和话语权的构建。

（2）贴近海外大众需求

贴近海外大众需求的核心，就是在宣传原则到效果原则的转变和政党视角到文化人类学维度加持的过程中，不断满足外国普通受众感知中国真实面貌、获取中国实际信息的需求，即在对外传播时将中国一般民众作为故事主体，利用大众化、生活化、趣味化的片段场景向海外受众讲述"何谓中国？中国如何？"的中国故事。根据众多学者研究，国外普通老百姓对华不甚了解通常都是西方精英故意制造的局面，他们利用媒体操控和学术传播，制造了如今西方人的对华固有认知。这就使得那些受本国媒体和意见领袖影响的普通民众在"使用与满足"的过程里对中国故事产生误读、曲解，限制了中国在国际传播中的话语能力和自塑能力。因此，通过平民路线讲述中国故事不仅能够贴近海外大众需求，还能"用事实说话"，在一定程度上消弭国际社会看待中国的刻板印象。

（3）贴近他国受众思维

① 徐福山.文化折扣与文化产品"走出去"的路径选择［N］.光明日报，2015-04-06.
② 蒋宝仙.党报要打好亲民牌［J］.新闻实践（电子版），2003-12-01.

　　贴近他国受众思维的核心，就是基于国外普通受众的思维习惯和语言特征，因地制宜推动中国文化在国际舞台实现行之有效的传播。在这个过程里，传播主体不仅在内容创作上进行创造性转化、创新性发展，更在传播媒介上紧跟技术革新的步伐，将传统文化、民俗文化、大众文化与现代技术紧密结合，将本土化与国际化结合，以降低"文化折扣"，增强文化的国际吸引力，努力助推文化传播从"走出去"向"走进去"纵深发展[①]。

　　2. 平民路线的优势

　　人类学家林顿（Ralph Linton）把文化传播分为三个阶段。第一阶段是接触与显现阶段，这一阶段中国故事在国际舞台显现并被海外受众注意，平民路线具有大众性优势；第二阶段是选择阶段，这一阶段海外受众会基于信息刺激性程度和主体接受性状态，对显现出来的中国故事元素进行批评、选择，决定采纳或回绝[②]；第三阶段是采纳交融阶段，这一阶段国外受众会根据自我认知的知觉、态度，把能够激起认知共鸣的中国故事元素交融于本国文化体系之中，平民路线具有贴近性优势[③]。

　　（1）接触与显现阶段：大众性

　　传播的第一阶段是接触与显现阶段，外来文化会显现并被人注意。在此期间，中国故事对外传播时只有那些符合大众媒介调性、贴合普通用户圈子的生活化内容才会引起更多海外受众的重视和关注，才能更好地借大众文化之力抵扣文化折扣带来的传播隔阂。根据前人研究，那些受本国媒体和意见领袖影响的一般都是普通民众，如果一味偏向精英路线，那么大部分外国受众将脱离真实立体的中国故事，受到噪音干扰，形成认知上的偏差和误读，阻碍中国故事的有效传播。但当传播主体深入到平民视角，用普通民众路线对外讲述中国故事，传播主体就能行之有效地改变这种局面，进而促进海外

① 孙晓美，赵维平. 短视频助力中国文化从走出去到走进去［N］. 中国社会科学报，2021-12-03.
② 彭聃龄，张必隐. 认知心理学［M］. 杭州：浙江教育出版社，2004.
③ 李芹主编. 社会学概论［M］. 济南：山东人民出版社，2012.

受众重新认知中国故事内涵，消弭刻板印象。

（2）选择阶段：趣味性

传播的第二阶段是选择阶段，海外受众对显现出来的文化元素进行批评、选择，决定采纳或回绝。这一阶段的中国故事为了提升情感共振的幅度、弱化跨文化语境等历史传统问题，往往通过强调传播内容的趣味性来拉近彼此距离，优化国际传播效果。如《国家大剧院之声》就以国际化视角精选在国家大剧院上演的中外经典音乐，既呈现了西方听众耳熟能详的世界经典交响乐作品，又精选一批彰显中国艺术审美旨趣的中国音乐作品，通过中国音乐家向海外受众讲述中国音乐故事，展现中国声音文化魅力，利用软传播的方式提高了中国故事的国际传播效果。

（3）采纳交融阶段：贴近性

传播的第三阶段是采纳交融阶段，这一阶段国外受众会根据自我认知的知觉、态度，把能够激起认知共鸣的中国故事元素交融于本国文化体系之中。由于普通民众视角下的中国故事具有贴近国际现实实际、贴近海外大众需求、贴近他国受众思维的内涵指征，因此，平民路线下的中国故事往往能够通过共同空间激起海外受众心灵上的共鸣与情感上的共振，进而促进海外受众理解中国，接近中国，改善中国在国际传播场域中的不利地位。像TikTok 就通过大众与分众策略很好地关照到了普通民众，日益成为海外年轻群体获取信息、释放压力、满足娱乐需求的重要渠道和外国主流媒体进行深度融合的显要工具，充分满足了智能传播时代海外受众在跨国化、社交化、情感化等层面的切实需求。

（三）精英路线与平民路线的协同传播

尽管普通民众路线下的海外传播具有诸多传播优势，精英路线与平民路线协同传播才是当前中国官方与民间向外讲述中国故事的最佳策略。中国故事对外传播既需要生动鲜活的大众文化传播，也需要高雅内容和具有深度的价值理念传播。两种传播方式虽不能相互替代，但能相互支撑，协同提高中国故事的出海能力。二者的协同具体表现在以下四个方面：

1. 贴近海外受众习惯

在智能传播时代，跨国化、社交化、情感化成为传播的新趋势，传播主体只有传播海外受众喜闻乐见的中国故事，才能全方位贴近海外受众，不断提高中国故事的国际表现力。艺术作为全世界通用的审美语言之一，能够很好地为国内外受众搭建起情感共振和社会化互动的理想桥梁，并且促进双方心灵的共通，达到削弱差异化语境、弱化传播隔阂的目的。2022年6月1日，国家大剧院首档海外广播专题节目在美国芝加哥古典音乐电台正式开播，该系列节目通过中央广播电视总台 CGTN Radio 网站和多个海外落地频率面向全球播出，向世界听众展示了新时代中国音乐的精神气象，用艺术和软主题向海外受众讲述了立体的中国音乐故事。除此之外，腾讯音乐也在民间立场上为中国音乐故事出海做出贡献，与其签约的独立音乐人可以自动或手动将自己的音乐作品发布到 Youtube 等海外主流音乐平台，实现音乐本体和文化故事的海外扩散，完成了精英路线与平民视角的糅合。

2. 扩大故事辐射范围

李子柒、"阿木爷爷"等草根网络红人在海外成功"出圈"，充分印证了中国多姿多彩的文化对全球网民的巨大引力。因此，为了进一步提高中国故事的触达率和辐射范围，传播主体应该在精力和资源有限的前提下转换传播视角，借力打力，将更多关注点集中到广大发展中国家和欠发达地区，通过支持这些发展中国家和欠发达地区的媒体发展，在国际宣传领域实现"农村包围城市"的壮举，更多维度地扩大中国故事在全球场域内的辐射范围和有效影响力。

3. 转变内容表达方式

为了提高中国故事海外传播的受信率与接受度，传播主体需要在实现精英圈层与平民圈层分流与平衡后，将视角放到中国故事的内容属性上，不仅仅讲好的故事。世间之事既有"正能量"又有"负能量"，只讲"正能量"不符合事物的客观发展，因此，在对外讲故事时要"两面提示"才显得真实，才能获取海外受众的信任，进而实现中国故事的有效传播。[①]电视剧《人民的名义》以从政人员的腐败和阴暗面作为故事主题，借助电视剧载体向海外受众讲述中国法治故事，在避免过度政治化的同时为故事内容注入生动、有趣的活力，是兼顾海外精英与普通民众的重要方式。对于这部现象级反腐剧集，一些外媒甚至称该剧堪比美国的《纸牌屋》，BBC也高频发布文章介绍它的主要内容，在海外掀起收视热潮。在BBC看来，对腐败案件"大尺度"的呈现以及对检察机关官员的正面塑造是这部剧成功的两大主因。这从侧面反映出对外传播中国故事时，既谈好的方面，也谈教训和面临的问题，有时也能收获奇效。

4. 深化中国故事内涵

兰德尔曾经说过，情感能够联系社会团结与个人行动。[②]传播主体想要深化中国故事内涵，就得提高中国故事在国际舞台的吸引力和感染力。传者可在协同精英路线与平民路线的叙事视角时，将视点集中到雅俗共赏的文化上，巧妙利用诸如三星堆、兵马俑、唐三彩、长城等符码向海外受众讲述"可上可下"的中国历史故事。《国家宝藏》以跨媒介的方式传播文化经典，既照看到历史与现实的跨界，也照看到文本与影像的互文，有严密的逻辑、真挚的情感、动人的内容和沉浸的效果，既符合精英层的胃口，也能适应普通民众的审美趣味。节目开播仅一周，央视网海外社交平台账号上的《国家宝藏》总浏览量就已突破1200万次，互动人次超过百万。这从侧面表明，精英路线与平民路线的协同传播确实能够满足海外受众实际需求，提高中国故事出海能力。

---

① 简军波.如何讲好中国故事,传播好中国声音?［Z］22021-06-02［2022-08-05］.https://zhuanlan.zhihu.com/p/377288609?utm_source=wechat_session&utm_medium=social&utm_oi=1298503682947514368&utm_campaign=shareopn&utm_id=0.

② ［美］兰德尔·柯林斯.互动仪式链［M］.林聚任,等,译.北京:商务印书馆,2012.

第二节　渠道的整合

随着 5G 通信技术和网络互联技术的发展，新媒体整合传播成为对外讲述中国故事的必然趋势，且不可逆转。在"整合营销之父"舒尔茨（Don E. Schultz）的观点中，有三大传播层次可与中国故事国际传播产生关联，分别是认知的整合、形象的整合与功能的整合。[①] 认知的整合主要体现在中国故事的传播主体上，即在国际场域中应该充分重视自媒体的作用并加以利用，通过关键接触点完成内容整合与资源整合的勾连；形象的整合主要体现在中国故事的传播媒介上，即在新媒体国际矩阵中应该确保传播内容与媒介调性的一致性，通过顺应媒介风口的转向，提高多媒体的协同传播能力；功能的整合主要体现在中国故事的传播内容上，即在外国版中国故事与中国版中国故事相持阶段，应该尽可能地发掘时代趋势，抓住长视频这一传播热点，因地制宜构造具有中国特色的故事场域，主动推动中国故事在国际舞台实现媒介生态的转型。

一、新媒体平台

任何媒介技术的迭代发展，都会带来媒介形态、内容样态乃至信息生态的颠覆性变革。[②] 因此，新媒体本质上就是相对传统媒体而言的一种融合文本、图像、视频、音频等多种表达形式[③]的互动式数字化复合媒体。[④] 在

① 李妍菲. 唐·E·舒尔茨的理论回顾［J］. 企业管理，2020（10）.
② 戴骋. 新媒体时代中视频传播的动因、特征及路径［J］. 中国传媒科技，2022（07）.
③ 郑春平，张瑜. 场景 话语 互动：短视频产品年轻态传播范式创新［J］. 传媒观察，2022（03）.
④ 曹鹏飞. 新媒体是什么［Z］. 2014-06-25［2022-08-08］. http://cpc.people.com.cn/n/2014/0625/c68742-25195789.html.

"万物皆媒"的国际媒介生态中，能够助力中国故事对外传播的新媒体平台大致包含两种类型：一种是基于媒体时代变革的科技新媒体，如在国际场域占据主流地位的推特（Twitter）、脸谱（Facebook）、优兔（Youtube）和狄铎（TikTok）等；① 另一种是基于信息容器变化的时代新媒体，② 如区别于传统视听平台的游戏（Game）③、漫画（Comic）④、虚拟偶像（Virtual idols）⑤、虚拟数字人（Virtual digital human）、数字藏品（Digital collection）等⑥。

其实早在上个世纪，麦克卢汉（Marshall McLuhan）就预感到不同媒介之间能够相互碰撞和交往融合，于是提出一个名为"媒介杂交"（Media Hybridizations）的理论，指出媒介既可以在整合过程里相互协作，也能在"捕食者—猎物"这一关系链条下有机融合。因此，传播主体在国际舞台讲述中国故事时，应该充分关照不同新媒体的有效整合，有准备地迎接新媒介对于中国故事海外传播的机遇与挑战。

（一）中国故事新媒体传播现状

当前，在县级融媒体建设工作的推动下，国内新媒体传播矩阵发展相对成熟，中国故事在国内的传播效果明显优于国外。虽然国际舞台上中国故事"官方运营和市场化运营"并存，但由于对外传播主体受到限制、民间立场略有不足，中国故事的传者容量和辐射范围往往受到局限，导致中国故事的发布总量和爆款数量不成正比，造成中国故事在国际传播中出现局部失语的现象。

---

①② 半撇私塾.什么是新媒体？［Z］.2020-06-09［2022-08-08］.https://www.zhihu.com/answer/1272630502.
③ 令狐尧羽.从"改编"到"结合"：新媒体环境下电影与电子游戏的融合发展［J］.科技传播，2022（11）.
④ 尚咪.以 CGTN 为例看新媒体时代漫画评论的国际传播［J］.声屏世界，2022（08）.
⑤ 喻国明，杨名宜.虚拟偶像：一种自带关系属性的新型传播媒介［J］.新闻与写作，2020（10）.
⑥ 中国 1775 万件数字藏品分析报告（2022）［R］.零壹智库，2022-08-05［2022-08-09］，https://www.01caijing.com/article/326130.htm.

1. 发布量与爆款不成正比

根据新榜发布的《2021新媒体内容生态数据报告》，视频时间长度、社交关系链逻辑、富媒体传播形态、泛知识生态内容等是爆款内容的创作趋势。[①] 虽然作为中国故事核心叙事主体的政府和媒体在国际传播场域内充分利用了海外传播渠道，也丰富了对外传播手段，但在西强东弱的国际舆论格局下，中国故事的完整社交关系链条被切断，难以让传受双方在新媒体建构的语境下通过内容这个交往符号完成信息交换、实现双向互动、获得内在满足，这也就导致源自官方立场的中国话语、中国故事以及中国声音很难在国际舞台实现有效传播。[②] 与此同时，作为中国故事"少数派"叙事主体的企业、社群或个人对于中国故事国际传播的热情和参与度又相对较低，使得那些能够真正引起海外受众"共情""共振"的生活化内容大量缺失，诱发了中国故事发布总量与爆款数量不成正比的状况。像李子柒发布的古风美食[③] Vlog 就是因为从普通民众视角出发，用三到五分钟的最佳时长迎合了外国人对"慢节奏生活"的向往，满足了海外受众对中国这一神秘东方古国的好奇心，这才获得大量海外受众的订阅与关注，并一步一步成为全球爆款；又如华谊兄弟韩国制作的三分钟短片《如何让一个人留在成都》就是因为导演在讲述泛知识型中国城市故事的同时立足于他国个体的视角与思维，又充分关照到了国外受众的社交关系链逻辑、给予了海外受众充足且丰满的社交谈资，这才获得"影像天府·短视频创摄大赛"一等奖，并在国际新媒体平台获得千万浏览量的优异成绩。

2. 官方和商业化运营并存

---

① 2021新媒体内容生态数据报告［R］.2022-01-20［2022-08-09］. NEWRANK，新榜服务微信公众号.

② 郑保卫，王青.当前我国国际传播的现状、问题及对策［J］.传媒观点，2021（08）.

③ 高琴.李子柒野食短视频的内容生产和传播策略探析［J］.河北民族师范学院学报，2019（03）.

新时代中国国际传播的逻辑核心是"全球中国"的认知视角[1]，因此，为了推动中国故事国际传播策略由"完美中国"转向"完整中国"，由"虚拟中国"转向"真实中国"，再由"被动他塑"转向"主动自塑"，作为国内主要信息传播者的主流媒体和关键信息控制者的政府机构一跃成为中国故事国际传播的叙事主体，通过一系列国际新媒体实践突出中国故事"立足自己，借鉴国外""挖掘历史，把握当代""关心中国，面向未来"的特点，[2]强调中国故事"以文载道、以文传声、以文化人"的效用。[3]同时，进入21世纪以来，跨国企业日益成为国际传播的重要主体，中国企业在海外新媒体平台的传播策略与传播表现也在一定程度上形塑了中国形象，影响了中国企业故事和中国品牌故事的对外传播。由国资委新闻中心每月主导发布的《中国企业新媒体指数榜》[4]显示，中国企业500强都在努力顺应时代潮流、不断累积新媒体运营经验，能够在适当的时机积极出海，高效利用各类国际新媒体平台，讲好中国企业故事和中国品牌故事，促进中国故事从"宏观叙事"向"具体趣味"的战略转型[5]。

3. 对外传播主体受到限制

我国在中国故事国际传播的过程中，多强调传播内容的宣传教育功能，因此传播主体多以政府和媒体为主，其他主体参与度相对偏低，使得大多数中国故事宣传色彩浓郁、舆论引导不利。[6]在这种传者数量和传播内容受到局限、民间立场相对偏小的情况下，中国故事开始在国际舞台遭遇传受双方错位、落地效率偏低、"有理说不出，说了传不开"等效果困境，于一定程度限制了中国故事对外传播的效果。例如，有调查发现，我国中央企业在

① 武汉大学媒体发展研究中心.新时代中国国际传播：新基点、新逻辑、新路径［Z］.2021-07-08［2022-08-09］. https://mp.weixin.qq.com/s/hNeiL8KDwyrHbM3d9CPIrw.

②⑤ 张恒军，张毓强.共生新图景：中华文化国际传播新进路［J］.对外传播，2022（06）.

③ 求是网.习近平：讲好中国故事，传播好中国声音［Z］.2021-06-02［2022-08-09］.https://mp.weixin.qq.com/s/PM8iP2vqlb9U66xIiutPKg.

④ 参考来源：国资小新，微信公众号。

⑥ 郑保卫，王青.当前我国国际传播的现状、问题及对策［J］.传媒观点，2021（08）.

国际传播时就存在"会做不会说""学做学着说"和"敢做不敢说"三个现状,[①] 未能充分调动企业、智库、高校、民间组织、社会团体公民个人等多方力量,影响到了我国主流媒体和政府官方在国际上的传播力、影响力与引领力[②]。

(二)中国故事新媒体传播方向

当前国际传播场域内,新媒体具有即时性、互动性、开放性和移动性等特征,不仅打破传统"面对面交流"的社会交往模式、提高了传播效率,还在超越时空的前提下为海外受众和国内受众开辟了多元化的交流空间,彻底改变了传统媒体"中心化"和"权威化"等单向直线性特征,为中国故事国际传播渠道的整合提供了便捷,也制造了契机。[③] 基于此,中国故事在新媒体上的传播策略可从以下几个方面着手深入:

1. 活用社会化媒介

社会化和互动性是新媒体的显著特征。新媒体能够构建一个公共虚拟空间,促进中国版中国故事与外国版中国故事的交流、争鸣或融合。因此,在中国故事国际传播的过程中活用社会化媒介,能够进一步打造辐射海外的全球华文资讯传播共同体,用创新方式聚合海内外华媒华人延展传播能力,以共情带动共振,扩大中国故事向心力、凝聚力和感染力,"发挥华侨、华人、华裔的作用促进有效传播"。[④] 如中国中央广播电视总台、人民日报、中新社、新华社等权威主流媒体就在推特(Twitter)、脸谱(Facebook)、优兔(Youtube)等国际社会化媒体上持续发力,通过一系列数字社交渠道的积极拓展,收获大批华侨、华人、华裔的认可与认同,成功跻身国际一流媒体前

---

① 聚焦国际传播蓝皮书:中国国际传播发展报告(2015)[R].中华人民共和国国务院新闻办公室,2015-11-25[2022-08-10],引自 http://www.scio.gov.cn/zhzc/10/Document/1456754/1456754.htm.

② 郑保卫,王青.当前我国国际传播的现状、问题及对策[J].传媒观点,2021(08).

③ 孙永鲁.新媒体时代思想政治教育传播学创新研究[M].北京:新华出版社,2021.

④ 秦琪吉.新媒体时代中国 IP 如何做好国际传播[J].当代广西,2022(12).

列，提高了中国版中国故事的影响力，推动了国际传播格局的转变[①]。

2. 重视移动端潜力

国际传播要立足实际，正确把握渠道整合创新的方法和手段。中国国际广播电台自主开发的 China 系列 App 不仅实现了多语言阅读（移动新闻客户端 ChinaNews）、多语言收听（移动音频客户端 ChinaRadio）和多语言收视（移动视频客户端 ChinaTV），也实现了基于移动互联网和前沿技术的国际传播，为海外用户了解中国提供了直观化、贴近化、互动化的全媒体服务。[②]另外，当前国际格局下，全球使用率最高的 Facebook、YouTube、Whatsapp、Instagram、FB Messenger、Wechat 和 TikTok 等新媒体平台[③]都以智能便携设备作为传播容器，因此，传播主体在对外讲述中国故事的过程中，应该高度重视移动端潜力，通过拓展新媒体矩阵顺应媒介风口的转向。

3. 拓展新媒体矩阵

如今，跨平台建立内容矩阵已不再局限于官方媒体、短视频机构（MCN）和关键意见领袖（KOL）群体，越来越多的企业和个人也在这一过程中紧跟时代潮流，借力中国优秀文化讲述中国故事、传递中国声音，围绕元宇宙概念与虚拟人、互动视频等新兴媒介内容，发力创意，展现中国智慧，在国际场域中打造具有中国特色的融媒体矩阵。后疫情时代，中国故事在国际传播的过程里始终保持"民族平等共存""文化多元共生"和强调"亲和力与实效性"的总基调。在此背景下，传播主体应该积极利用游戏、数字藏品等基于信息容器变化的时代新媒体，不断提升自我媒介素养，通过适应科技赋能的人机互联传播格局、贴近叙事赋能的全球视角主流话语、突破数

① 胡正荣，黄楚新，吴信训.新媒体蓝皮书：中国新媒体发展报告（2022）［R］.北京：社会科学文献出版社，2022.

② 中国新闻事业发展报告（2017年）［R］.中华全国新闻工作者协会，2018-06-20［2022-08-11］，引自 http://www.cac.gov.cn/2018-06/20/c_1123007697.htm.

③ 参考来源：DATAREPORTAL 官网，DATAREPORTAL 是咨询公司 Kepios 旗下调查机构，所有报告、分析都由 Simmon Kemp 和 Kepios 制作，并受到 Hootsuite 和 WeAreSociol 等权威机构的支持。

据赋能的传播矩阵算法茧房和转化空间赋能的国际传播网络有效拓展新媒体矩阵，提高中国故事辐射范围和传播效果①。

4.顺应媒介风口转向

一方面，传播主体应该顺应时代潮流，合理利用"长短视频互补关系"，在着力短视频平台的同时尽可能地把握长视频叙事特点，多维满足不同用户在不同场景下的需求，构建出符合中国国情的长视频故事场域，提高中国故事出海能力。②另一方面，传播主体需要深耕时代前沿，紧贴传播热点，用中视频这一"视觉媒介突破"去拓宽中国故事表达渠道，以在探索兼具内容深度和信息情趣的内容样态过程中，进一步推动"泛知识、泛生活、泛兴趣"类中国故事的生产与传播，提高中国故事在海外Z世代群体中的影响力③。

二、长视频

当今世界正处于视觉主导的图像时代，"视频+"已成为传播常态。随着"虚拟文化"迅速崛起④，纪录片、电影、电视剧、动漫、视觉互动游戏（Interactive game）、网络直播、短片视频（Instant Music Video）等基于视频生产完成信息交互的视觉媒介逐渐成为文学生产场域中的新式物质基础，受文化认同的影响广泛呈现"赢者为输"⑤的场域逻辑。⑥这在很大程度为传播者利用长视频"记事、表意"层面功能进行图像叙事时的视觉阐释埋下隐患⑦，极易造成"文本"与"图像"的对立，影响特定信息的实际流动效果。⑧但在

---

① 张卓.智能传播时代我国国际传播探究［J］.传媒，2022（05）.
② 小强传播.长短视频之争［Z］.2022-07-31［2022-08-11］.https://mp.weixin.qq.com/s/r7AhwVZBHL3YWXjIh03GaA.
③ 中视频2021发展趋势报告［R］.西瓜视频，2022-01-10［2022-8-12］，引自https://m.gmw.cn/baijia/2022-01/10/35437933.html.
④ 孔令洁.虚拟的视觉文化时代——浅析电脑游戏的互动及感官作用［J］.参花，2014（09）.
⑤ 在布尔迪厄看来，文化场域里的"赢者输"（winner loses）逻辑到经济世界里就会倒转为"输者赢"。
⑥ 徐巍.图像时代的文学场域研究［J］.中州学刊，2013（05）.
⑦ ［英］罗伯特·莱顿.艺术人类学［M］.李东晔，王红，译.桂林：广西师范大学出版社，2009：59-61.
⑧ 李东红，魏金济."图像文本"研究范式的多学科讨论［J］.思想战线，2022（04）.

这个过程中，作为视听产品之一的长视频基于图像叙事的情感力量，为广大海外受众营造了一个新型"物理空间"，不仅融合了"学术圈""艺术圈"和"大众文化圈"，在媒体竞争、内容生态以及影像历史方面发挥巨大作用[①]，也在一定程度上平衡了精英与平民、国家与社会的虚实关系，加速了中国故事在国际传播领域中的渠道整合。

一般认为，长视频以PGC（Professionally-generated Content，专业生产内容）和OGC（Occupationally-generated Content，职业生产内容）为主要内容生产手段[②]，时间长度在30分钟以上，具备信息完整、团队专业、体量丰富、时间较长等显在特点，可以景观化地复现史料价值，更好地反映中国故事所蕴含的社会价值和事实观点，促进中国故事基于特定时间、空间、行为以及心理完成更为垂直化的场景传播[③]。

（一）长视频中的故事场域

"无视频，不生活"。多模态的视频，不仅可以满足海外受众对中国文化的好奇心，更能充分调动海外受众对中国某种生活形态的向往，促进他们在认知层形成共鸣，态度层实现共情，行动层产生共振。[④] 但与此同时，长视频不适合碎片化的消费场景，也没能适应国际传播的算法引导机制，这在无形之中拉高了长视频媒介的使用成本和时间成本，容易造成受众的大面积流失。对此，传播主体需要精准把握长视频中的故事场域内涵，借助其非线性、综合性、融合性、速效性、互联性与全球性特质，助力中国故事拥有更高品质的内容和更加灵活的观看方式，进而在话语偏向、时空偏向、结构偏向与价值偏向中推进故事叙事与视频传播的有效融合[⑤]。

[①②] 李舒，陈菁瑶.5G时代长视频的价值与机遇［J］.中国记者，2020（06）.

[③] 孙铭泽.UGC短视频内容质量把关研究——以腾讯视频娱乐领域为例［D］.大连：大连理工大学，2021.

[④] 王晓红.短视频与国际传播：意义生成的新机制［Z］.国际传播理论与研究方法暑期学校，昆明：云南大学，2022-08-13［2022-08-14］.

[⑤] 姜天骄.长视频平台突围靠什么［N］.经济日报，2022-08-26（10）.

1. 故事叙事与视频传播

一方面，传播技术的革新驱动了媒介形态的更迭，新媒介的出现又催生并应用新的叙事方式。[①] 电子传播时代，视频传播以电视节目和银幕电影为主要形态，长视频主导了这一时期的图像叙事；网络传播时代，视频传播开始更高频率地将传媒媒介偏向新媒体，深耕内容质量的长视频、吸引用户"注意力经济"的中视频，以及主打"舆论自由市场"的短视频，渐渐呈现三足鼎立的局面，成为中国故事开垦国际传播潜力的价值洼地。与此同时，"中国"及其"故事"成为一种相对复杂的世界性叙事，不能简单对应到任何一种传播渠道中去。于是，传播主体想要找到最适宜的国际传播方式，务必立足视频传播的本质，并在此基础上充分重视视频内容的叙事手段和叙事技巧，利用视频中的时间与空间策略巧妙促成跨文化文本的有效叙事。

另一方面，长视频叙事结构完整、信息承载量大，叙事立场隐蔽、价值输出率高，叙事载体多元、传播语境灵活，可以行之有效地借助素材文本展现一个相对真实的拟态中国，并引导受众通过故事主题、故事情节和故事事件等元素来认识这个世界、接近这个世界、改造这个世界，推动长视频在"视频传播"和"故事叙事"的双重影响下，渐渐成为讲好中国故事、传播好中国声音的有力手段。在这期间，长视频还利用具象化的传播模式获得了良好的国际传播效果，突破了文化差异和语言限制，在跨区域、跨文化、跨情境的传播中构建起了行之有效的故事场域。

2. 故事场域的内涵

一般来说，长视频中的故事场域是双向的，其表层含义立足于故事发生的场景，深层含义倚靠行动者的逻辑定位，并据此形成四种"融合型"逻辑构架，包括经济资本逻辑、文化资本逻辑、科学资本逻辑和宗教资本逻辑。其中，"场"是一个以时空为变量的物理量，是物质在弥散空间存在的基本形

[①] 陈波. "新基建"背景下中视频的内涵特征与传播偏向［J］. 中国传媒科技，2022（07）.

式。[①] 长视频在视觉传播期间会基于时间和空间的变化，形成不同指向的故事场，影响传播主体的编码效果和接受主体的解码效果，模糊现实空间与虚拟空间的释码边界。而"域"，则是一个具有边缘性的空间概念，既可指物理空间，也能形容心理空间，多用以界定人的实践活动与精神活动，能为中国故事的国际传播注入域性特质，推动"我者"与"他者"、中国与外国、精英与平民、政治与生活等多个"信息域"的内部有机融合。[②] 正因如此，由场和域共同构成的"场域"既有"场"的时空偏向，又有"域"的场景融合，导致长视频中的中国故事既形成了关注场景资源与行动者逻辑的主场域，又形成了重视我者构建与他者构建关系的亚场域，成为全知视角和外视角下传播主体依靠知识、价值观、流行文化等象征资本构成符合互动习性和文化重要性偏向的重要手段[③]。

（1）主场域：场景资源与行动者逻辑

皮埃尔·布尔迪厄（Pierre Bourdieu）把场域定义为不同客体位置间客观关系的一层网络或一个架构，认为场域既是空间，也是定位。[④] 在故事场域中，不同传播主体拥有不同的身份定位，遵循不同的传播原则，使用不同的传播技术，形成不同的传播特点。与此同时，接受主体也立足不同的文化语境，养成不同的交流习惯，有着不同的价值取向，形成不同的信息需求。于是，特定层面、特定内涵的中国故事在长视频中突破原有资源和规则的界定，基于场景和行动者的逻辑变化出现隐性的时空偏向。在这个过程中，行动者占据主导地位，是推进空间、场景和氛围统一结合的关键，与故事场域的"媒介时间偏向"紧密相关；而场景资源作为中国故事的外显载体，是故

① 韩波，胡祥云，Adam Schultz，等．复杂场源形态的海洋可控源电磁三维正演［J］．地球物理学报，2015，58（03）．
② 高楠．文学的传播场域［J］．中国文学批评，2021（01）．
③ "赢者输"与"输者赢"［Z］．2002-08-05［2022-08-29］．中国中央电视台：https://www.cctv.com/tvguide/biandao/20020805/38.html.
④ 翁冰莹．布尔迪厄文艺场域理论研究［M］．厦门：厦门大学出版社，2019：1-229.

事场域出现"媒介空间偏向"的实际根源①。

（2）亚场域：我者场域与他者场域

相较于传统传播形态，视频化的中国故事往往更富感染力，也更能引起海外受众共鸣，其具象化的视听传播很容易跨越文化"藩篱"，让海外受众真正理解、看清并认同中国。② 如今，中国故事的内蕴场域已经演变成为一种由各种客观社会关系交织而成的社会空间③，能够行之有效地推动中国故事完成沉浸式传播，为受众"肉身""精神"的双向在场提供充足交互空间。④ 因此，国际传播不能止于"信息抵达"，而应以海外受众经过"选择性注意、选择性理解和选择性记忆"⑤后的认知变化作为检验传播实效的关键指标。⑥ 如此一来，故事中的有限生产场域就能与大规模生产场域有机融合⑦，不断推动虚拟故事场域与客观现实场域弥合边界，实现故事文本对真实中国的场域还原。其中，我者场域主导的有限生产场域追求符号资本积累⑧，是中国故事基于同根叙事与共融传播统合传播主体"创造性空间"与海外受众"精神世界"的重要载体⑨；他者场域主导的大规模生产场域立足全球化思维，是中国故事基于信息"逆差"与自塑"失语"背景，努力吸纳海外传播主体活用"国际语境及他者视角"，通过"身体在场"带动其他海外受众完成"心理在场"，改善他们所持刻板印象和不利偏见的有

① ［加］哈罗德·伊尼斯.传播的偏向［M］.何道宽，译.北京：中国人民大学出版社，2003：27-28.
② 蒋俏蕾.跨文化传播中讲好中国故事的短视频叙事探索——李子柒短视频海外走红的启示［Z］.2021-02-08［2022-08-24］.光明网：https://m.gmw.cn/baijia/2021-02/08/34609161.html.
③ 盛河峰.美食视频的呈现与场域的构建——以哔哩哔哩平台UP主为例［J］.传媒论坛，2021（20）.
④ 喻发胜，张玥.沉浸式传播：感官共振、形象还原与在场参与［J］.南昌大学学报（人文社会科学版），2020（02）.
⑤ 林之达.传播心理学新探［M］.北京：北京大学出版社，2004：248-254.
⑥ 毕永光.打破场域区隔，聚焦向心力的对台传播策略思考——以福建对台传播为例［J］.东南传播，2022（04）.
⑦ 在皮埃尔·布尔迪厄的观点中，文化场域包括两个亚场域——有限生产场域和大规模生产场域。
⑧ 刘颖.中国文学译介出版的生产场域与译介模式——以《文心雕龙》英译为中心的考察［J］.出版广角，2019（14）.
⑨ 谭宇菲，靳宇豪.媒介场域内文化共同体的同根叙事与共融传播——以纪录片《无穷之路》为例［J］.当代传播，2022（04）.

效手段①。

（二）长视频故事场域的构建策略

　　长视频是一种特殊的图式网络文本。参考尼娜·韦克福德（Nina Wakeford）、安纳达·米特拉（Anada Mitra）和埃利西亚·科恩（Elicia Cohen）分析文本网络后概括的新媒体传播特性，认为长视频所构建的故事场域具备非线性与综合性特征，能够超脱传播预设，多渠道整合中国故事的内蕴价值；具备融合性与速效性特征，能够巧妙消解国际舆论场中抹黑中国的流言、谣言和谎言；具备互联性与全球性特征，能够超越时空限制，助力海外受众"在场"接触中国故事所存物理空间。② 基于以上几个显在特点，传播主体在长视频平台构建利于中国故事对外传播故事场域的时候，既要精准把握、及时调整中国故事场域中的时空偏向；也要善于借助全媒体的力量，从根本上赋予中国故事新意和活力、情感与温度，在故事讲述者与受众之间生成互动、实现对话、促成理解、建构共识。由于"传播和传播媒介都具有偏向性"，因此，在进行中国故事对外传播时，传播主体还要根据长视频的媒介特征选取恰当的故事场域，通过话语偏向、时空偏向、感官偏向和价值偏向精准构建符合国际传播特质的故事场域③。

　　1.话语偏向：口语符号与书面符号

　　现代社会，时空概念被撕裂，文化层面的符号偏向逐渐成为影响国际传播效果的"情感动力源"。哈罗德·伊尼斯（Harold Adams Innis）曾在分析媒介偏向性时将话语符号分为口语符号和书面符号两类——处于"口语传统"语境中的传播者会以过去为中心，注重传统特质的信息，因而占据支配地位的媒介系统会更多地偏向时间；而处于"书面传统"语境中的传播者以现在和将来为中心，因而占支配地位的媒介系统会更多地偏向空间。因此，在构

---

① 吕璟，潘知常.跨文化传播中的"身体在场"：中国形象的场域建构［J］.南京社会科学，2022（08）.
② ［英］冈特利特.网络研究——数字化时代媒介研究的重新定向［M］.彭兰，译.北京：新华出版社，2004：56.
③ ［加］哈罗德·伊尼斯.传播的偏向［M］.何道宽，译.北京：中国传媒大学出版社，2018：71.

建长视频故事场域之前，传播主体务必立足实际，充分考察传播受体所在语境的话语偏向，用最适宜、最有效的话语符号巧妙设置故事文本，进一步推动两个亚场域的有机融合。有声书（声音，口语传统偏向）*Tales of China* 便是在尊重北美用户话语习惯（俚语，口语语境偏向）、选择北美本土教师朗读配音（地方性语调，口语区域偏向）的基础上成功出海，成为"中国第一套带有蓝思指数的英文本中国传统故事有声书"①。

2. 时空偏向：物场融合与物场平衡

长视频中的中国故事一般通过电视、计算机、智能移动终端等"易于运输"的现代电子媒介加以呈现，就这一表面现象来看的话，长视频应是属于偏向空间的那类媒介。与此同时，空间也是故事场域进行叙事表意的核心载体。它能借助空镜头和全景镜头构建出潜藏巨大文化力量的场域物场，促进中国故事与海外受众需求、体验进行有效结合，从侧面提高中国故事的"送达效果"，让海外受众获得一种沉浸式的传播氛围，与特定空间发生关系、产生关联。因此，用长视频对外讲述中国故事时，传播主体需要切实立足空间维度，用媒介融合意识突破数字鸿沟与信息鸿沟，助力虚实场域边界的消解；同时，也要切实立足时间维度，以一种能赋予海外受众"共时参与感"和"无变奏体验"（Unbiased Cognition）的内容生产倾向，让"此时此地的我"与"远距现场"（Distant Locas）完成介导（mediated）连接②。

3. 感官偏向：视觉优先与听觉优先

如今，人、媒介、环境已然融为一体，传播的空间概念也扩展到人类世界的整个环境。参照依尼斯的泛媒介观，视频载体也成为一种现实的媒介，具备引领主体回到"生活世界"、直面主体间性的功能性特征，是传者从结

---

① 青揽家长地带.用世界听得懂的语言讲述美丽中国故事［Z］.2022-08-27［2022-08-27］.新浪网：http://k.sina.com.cn/article_5669734118_151f146e601900y4p7.html.

② S.Y.Zhao, The Internet and the transformations of the reality of everyday life:Toward a new analytic stance in sociology［J］.Sociological Inquiry, 2006（4）：458-474.

构层（感官层）构建故事场域的必要基础。^① 因此，诸如 YouTube（优兔，俗称油管）和 Netflix（奈飞，俗称网飞）等支持发布、流通长视频的国际平台都可作为传播主体构建故事场域的有效载体。同时，按照媒介环境学派的观点，技术和媒介的形式会决定故事的内容，影响并制约中国故事的场域构建。^② 这就要求传播主体要在对外传播前仔细斟酌长视频的感官偏向，用符合场域调性的视听偏向去打破不同场域间的"他者"区隔。另外，值得注意的是，视频长度也会影响故事场域的感官功能，限制受众对视听偏向的选择。因此，传播主体应该在避免"故事内容浅层化、审美感官感性化"的基础上创造更高的时间阈值，以便在平衡主场域和亚场域关系的过程中行之有效地塑造好长视频所需、能用、可传的故事场域^③。

4. 价值偏向：虚拟价值与现实价值

一方面，媒介融合的趋势模糊了媒介的偏向，打破了功能壁垒，导致媒介不断在平衡—打破平衡—补救平衡的循环中"无声"发展。一般来说，长视频的故事场域越偏向时间越利于宣传教化，越偏向空间越利于彰显文化自信。在这一过程中，传播主体需要兼顾二者优势，从各个方面协同提高中国故事整体出海能力，不能简单设置故事场域的价值偏向。另一方面，"融合时空"主导的国际传播令故事场域的边界不仅"消解"在各个媒介之间，更"消解"在时间与空间之间。^④ 此时，空间对于时间的挤压愈益显著，极易基于泛在连接的物理空间、精神空间和智能空间造成"群体极化"、诱发网络民粹主义。^⑤ 于是，能够连接所有媒介形态，具备价值引领和价值导向作用，实现故事内容无时不在、无处不在、无所不能的沉浸传播（Immersive Communication）模式应运而生，成为传播主体基于价值偏向构建中国故事传

① 樊小玲. 媒介的主体性偏向与超越性弥合：媒介变迁的另一种逻辑［J］. 东岳论丛，2021（12）.
② 商娜红，刘婷. 北美媒介环境学派：范式、理论及反思［J］. 新闻大学，2013（01）.
③ 张荡. 智媒体短视频场域下的审美消减省思［J］. 东南传播，2020（04）.
④ 李沁. 泛在时代的"传播的偏向"及其文明特征［J］. 国际新闻界，2015（05）.
⑤ 王奎，胡树祥. 网络民粹主义辨析［J］. 教学与研究，2020（05）.

播场域的关键和契机[①]。

三、自媒体

"自媒体"被西方世界称作 We Media，最早由美国网络新闻学开创者——丹·吉尔默（Dan Gillmor）在个人博客撰文指出。[②] 2001 年 9 月 28 日，丹·吉尔默基于自身"博客新闻"的报道经验，明确指出新闻媒体 3.0 时代[③]，即以博客为趋势的个人媒体或自媒体（We Media）时代已经到来，这一言论直接成为自媒体研究的开端。[④] 2003 年，谢恩·鲍曼（Shayne Bowman）和克里斯·威利斯（Chris Willis）基于丹·吉尔默的研究与尼葛洛庞帝（Negroponte）"我的日报"（The Daily We）观点，在名为《我们即媒介：受众如何塑造未来的新闻与信息》一文中，首次明确提出"自媒体"的定义："We Media 是普通大众经由数字科技强化、与全球知识体系相连之后，一种开始理解普通大众如何提供与分享他们本身的事实、他们本身的新闻的途径。"[⑤] 2004 年，丹·吉尔默继续发扬 We Media 概念，在《我们即媒体：民治民享的草根新闻》中对"自媒体"的概念进行了深化和拓展，指出那些自愿在视频或论坛网站上提供及时"新闻报道"的个体或组织就是正统意义上的"私媒体"和"自媒体"。[⑥] 2005 年，"自媒体"概念正式传入中国，并随着技术、视野的不断开拓，逐渐成为中国"万物皆媒"时代的生态代言。

① 李沁 . 泛在时代的"传播的偏向"及其文明特征［J］. 国际新闻界，2015（05）.

② 杨莉 . 中医海外自媒体传播现状与对策——基于 YouTube 的实证分析［J］. 新闻传播，2019（05）.

③ 丹·吉尔默将媒体分为三个层级。第一级是以传统媒体或旧媒体（Old Media）为主的新闻媒体 1.0 时代；第二级是以跨媒体或新媒体（New Media）为主的新闻媒体 2.0 时代；第三级是以博客等个人媒体或自媒体（We Media）为主的新闻媒体 3.0 时代。

④ 原文载于：http://weblog.siliconvalley.com/column/dangillmor/.

⑤ S.Bowman, C.Willis. We Media:How Audiences Are Shaping the Future of News and Information［R］. Sep.21, 2003, www.hypergene.net/wemedia/weblog.php?id=P42.

⑥ D.Gillmor. We the Media:Grassroots Journalism by the People, for the People［M］.Sebastopol, CA;O'Reilly Media, 2004, p.1–336.

目前，国际场域内的主流自媒体平台主要包括 Facebook、Instagram、Twitter、Youtbe、Tiktok、Whatsapp、Telegram、Line 和 Snapchat 等。虽然从传统意义上来看，自媒体并不符合中国对外传播战略的风格特点和策略方式。[①]但由于自媒体具有及时性、便捷性、灵活性、多样性、分享性等特征，中国自媒体用户在国际传播过程中拥有巨大潜力，并逐渐分化形成五种主要类型，分别对应新闻自媒体、生活自媒体、教育自媒体、三农自媒体和经融自媒体，在特定范围内呈现出主体多元、内容多样、信息精简、互动性强等特征，为中国整体在国际舞台"讲好中国故事，传播好中国声音"作出巨大贡献。与此同时，这种重视海外传播民间立场的国际传播偏向，也在一定程度上弥补了官方立场的遗漏与缺陷，提高了中国故事以受众为导向的精准传播能力和多级出海效率。

（一）中国故事自媒体传播的潜力

新媒体语境下，自媒体用一种潜移默化的方式代替了传统宣传。不同于政府机构和主流媒体的传统党政视角，自媒体在中国故事出海传播过程中，全方位地展现出了中国的另一面，其平民化的叙事路线也超越了文化便捷，消解了受众对于官方宣传意识形态的抵抗，使得海外受众更易接受和认可传播场域内的中国文化，提高了国际传播效果。整体而言，中国故事利用自媒体出海实现国际传播可以彰显民间立场，体现底层思维；丰富自塑手段，增强自塑信念；提高用户黏性，延伸覆盖范围；改善舆论水平，扩大传播影响。

1.彰显民间立场，体现底层思维

互联网为群体传播提供了新型"物理空间"，为普通民众接触自媒体媒介创造了契机，使得一般传播主体利用自媒体对外讲述中国故事成为可能。[②]于是，在由"我"到"我们"的国际传播实践中，互联网一跃成为国际传播

---

① James. 李子柒热的冷思考：如何理解自媒体的对外传播［Z］.2020-07-29［2022-08-13］，https://mp.weixin.qq.com/s/4GlYjUShT6ulTtvbgKDiqg.
② 隋岩.群体传播：互联网的本质［Z］.国际传播理论与研究方法暑期学校，昆明：云南大学，2022-08-13［2022-08-14］.

的主阵地和新战场，促进中国故事自媒体传播在由"政府、媒体为主"转为"个人、企业为主"的生态格局中，充分彰显民间立场，高度体现底层思维。

2. 丰富自塑手段，增强自塑信念

对外讲述中国故事往往涉及四个功能。第一个功能是"讲事实"，即向世界呈现一个真实的中国；第二个功能是"讲形象"，即以生动的语言讲述中国故事；第三个功能是"讲情感"，即要打造感人至深的共情语境；第四个功能是"讲道理"，即强化"说理"的理念和力道。[①] 虽然这四大功能由政府、媒体把关后能够更好地传播中国文化、改善中国形象，但在凸显"算法偏见"的国际场域中，平民化、个体化的中国故事往往拥有更优异的"社交手势"[②]，能够通过贴近海外受众生活的展示与互动，不断丰富生产、传播中国故事的有效方式，进而增强自塑国家形象的信念与信心[③]。

3. 提高用户黏性，延伸覆盖范围

自媒体具有显著的平民化、个性化、简单化和去中心化表征，能够充分激发受众文化想象欲望，满足用户文化猎奇需求，并在促进受众价值"共通""共振""共享"和引导跨文化传播策略实现战略性转向的过程中，提高中国故事既有受众黏性、吸引潜在海外受众关注，多维、多级、多点延伸国际传播覆盖范围，嵌入社会、文化、娱乐等话题内容中，真情、巧妙地将中国故事传递到海外受众面前，讲出中国价值，强化中国故事出海能力。

4. 改善舆论水平，扩大传播影响

当下，全球传播仍旧受到西方世界主导，但随着中国不断提升综合国力、不断改善国际地位，国际传播生态已经开始呈现"东升西降"的趋势。[④]

---

① 刘涛.中国叙事体系构建的符号系统及其数字实践［Z］.国际传播理论与研究方法暑期学校,昆明:云南大学,2022-08-17［2022-08-17］.
② 社交手势主要形容用户信息偏好,包括历史点赞、收藏、评论、转发记录等.
③ 邢丽菊,赵婧.新媒体与中国国家形象的国际传播［J］.现代国际关系,2021（11）.
④ 胡正荣.全球化、全媒体时代的国际传播能力体系建设［Z］.国际传播理论与研究方法暑期学校,昆明:云南大学,2022-08-18［2022-08-18］.

这个过程里，海外国家"高度"重视"民主"，于是以民间立场和底层思维为特征的自媒体账号往往可信性更高、说服力更强，成为外国受众接触中国故事、了解中国发展、把握中国形象的关键节点。这也从侧面说明自媒体能在一定程度上消弭外国受众看待中国的刻板印象，于提高国际话语权的同时更进一步改善中国传播的国际舆论水平、扩大中国故事的传播影响。

（二）中国故事自媒体海外传播现状

2020 年，基于赘婿流爽文小说拍摄的"歪嘴龙王"短视频广告火爆全网，并且一度化身文化输出和风格创新的载体，在国际舞台引发热潮。不仅有大量外国自媒体个人和团队翻拍相关剧情、置于 Facebook、YouTube 等主流平台进行传播，更有部分游戏厂商将之融入游戏宣传片中，利用"叫什么""手眼通天""良配""Loser""别后悔"等关键词完成引流，实现了玩家数量的扩增。这从侧面表明，利用自媒体传播中国故事能够充分引起外国用户关注，并在一定程度上提高中国故事的出海效果。与此同时，中国故事的传播主体在国际场域受到多方限制，形成了以受众为中心、职业化、高门槛、多话语圈、高低语境并存的自媒体国际传播生态。

1. 职业化与高门槛

不同种类、不同方式的网络视听内容正成为讲好中国故事、做好国际传播的重要力量。为了提高传播效率、突破文化和语言层面的障碍，自媒体海外传播通常需要专门人员或商业化团队协同运营，以便帮助传播主体利用 PUGC 和 AIGC 等新兴内容生产模式助推中国故事在"形态层""语义层""传播层""文化层"等多个维度的有效传播。[①] 李子柒在 YouTube 平台大获成功，一方面取决于自身视频内容的优质和运镜技巧的纯熟，另一方面也离不开葡萄子传媒集团（WebTVAsia）对其账号的运营和推广。截至 2019 年，葡萄子传媒集团旗下李子柒、深夜徐老师、SNH48、一条、盗月社、原来是西门大

---

① 刘涛.中国叙事体系构建的符号系统及其数字实践［Z］.国际传播理论与研究方法暑期学校，昆明：云南大学，2022-08-17［2022-08-18］.

嫂、大胃 mini 等账号累计获得 4.3 亿全球订阅量和 53 亿全球全网月均播放量。① 这从侧面表明，职业化自媒体相较独立运营的个人自媒体账号而言拥有更大的传播潜力，但这也拉高了国际传播的准入门槛，降低了普通民众对外讲述中国故事的积极性。

2. 形成多层次话语圈

随着全球化进程的推进和新媒体产业的发展，中国跨文化传播活动日益频繁，对外传播的主体也逐渐变得多元化起来，越来越多的非政府组织和自媒体个人承担起了对外传播的坚定使命，"官民结合"成为中国故事国际传播的新样态，形成了"多层次、多主体、内外结合、协同传播"的叙事格局。米歇尔·福柯（Michel Foucault）曾在《性史》中指出，"话语② 既可以是权力的一种手段和效果，也可以是一个障碍、一个绊脚石、一个反抗点和一个对立策略的起点。"在如今的国际传播格局下，文化"话语圈子"是中国提升中华文化海外认同感、完善中国故事借船出海体系的首要策略。这种"官民结合"的自媒体布局既能提高中国政府和主流媒体在海外媒介上的话语权，也能有效解决部分传播主体错误使用叙事话语"诱发传播隔阂、限制中国故事出海效果"等问题。

3. 高语境编码与低语境编码并存

爱德华·霍尔（Edward T·Hall）将文化分为高语境（high context）和低语境（low context）两个大类。低语境文化中，传受双方往往通过言语本身的力量来完成交流、获取信息，而高语境文化中，传播主体和接受主体常常"寓观点于材料之中"，利用社会环境或传播情境完成信息传递。③ 自媒体出现以来，"人人都有麦克风"。不同的传播主体因自身价值观、知识储备和表达方式的不同，逐渐分化形成高、低语境两种特征的内容生产偏好，与古代诗词创

① 香雪兰 .「李子柒」们的海外合作运营公司怎样看待 MCN？［Z］.2020-03-12［2022-08-16］, https://www.163.com/dy/article/F7HIV9UH0517CTDU.html.
② 这里的话语是建构个体认识现实方式的系统和结构，不是语言与现实的关系。
③ E.T. Hall. Beyond Culture［M］. New York:Anchor, Garden City, 1976.

作中"豪放""婉约"两大流派有异曲同工之妙。当前,中国故事国际传播过程里,以外交部、政府和主流媒体为代表的传播主体常常直抒胸臆,用高语境的外显信息和言语编码凸显核心价值、展现态度立场;而以普通个体、企业、一般公众人物为代表的传播主体则多使用低语境的含蓄暗码和非语言符号拉近海外受众距离,在潜移默化中实现中国故事在国际舞台的"共情""共振"。

(三)中国故事的自媒体突围

注意力经济下,自媒体为海内外受众带来了更加多样化的思考空间和更为丰富的信息交递渠道。[①] 为了有效应对自媒体在中国故事国际传播过程中的现存问题和可能遭遇的困境,中国方面可从国际视野、传播媒介和传播主体几个层级进行突围,推动中国故事完成国际传播渠道的整合。

1. 国际视野的突围

当前国际社会化媒介上,以中国传统价值观和传统文化为基础的软性内容是中国自媒体对外讲述中国故事的重要载体,这符合国际世界对中国"充满魅力古老东方大国"这一虚拟形象的期待。如今,随着媒介生态的递变和开放媒体的演进,中国故事的国际传播开始受到新空间、新场景和媒介接触新变化的制约。此时,传播主体需要立足现实、放眼世界,摒弃分歧、正视比较,通过深化"他者"与"我者"的内涵进一步加强中国与世界的联系,在跨文化传播中不断明晰国内外传播格局的"同"与"不同",进而更加精准地把握国际传播环境,实现多元语境下中国故事国际视野的突围。

2. 传播媒介的突围

不同的媒介具有不同的特质,在各大海外社交平台精准布局、全面覆盖是中国故事扩大影响力与公信力,提升传播力和引导力的有效手段。在这个过程里,传播主体不应只将视点局限于 Facebook、Instagram、Twitter、

---

① 游昌乔. 自媒体如何讲好中国故事[J]. 传媒,2021(22).

Youtbe、Tiktok、Whatsapp、Telegram、Line 和 Snapchat 等基于媒体时代变革的自媒体平台上，更应关注到漫画、虚拟偶像、游戏等基于信息容器变化的自媒体上，实现不同维度的传播媒介突围。近年来，互动阅读颇受年轻人和 Z 世代欢迎，其作为游戏 + 影视的结合体，逐渐成为国际传播中极具发展潜力的新兴媒介之一。橙光游戏（Orange light game）以"让世界看到你的想象力"为宣传语，依靠 UGC 内容生产形态形成了"工具—内容—平台—IP"为核心的循环传播模式，同时借助"股份制工作室"制度鼓励作者进行更加专业的内容生产。[①] 在这里，用户可以自由创作属于自己的作品，也能通过互动游戏体验他人创意。不少海外博主甚至被这种游戏模式所吸引，通过游戏录屏或视频直播的方式向粉丝分享游戏体验，潜移默化地构建了一个可供中国文化与海外文化融通、交流的共通空间，为中国故事国际传播提供了新视野与新渠道。

3. 传播主体的突围

新时代中国国际传播的逻辑核心是"全球中国"。[②] 中国故事利用自媒体进行国际传播，需要合理利用自身特色开展人文交流，进行特色传播，即既要涉及中国民间，也要涵盖外国民间；既要关注中国本土传播主体，也要善于发现海外有意向传播中国故事、修复中国国际形象的个人或社群。因此，中国可在提高全民媒介素养、扩大中国故事民间传播潜力的基础上积极联系海外自媒体用户，尽可能多地借外国人之口来讲述中国故事，用契合外国受众兴趣偏好、符合海外受众认知特点的内容和方式来提高中国故事的自塑能力，进而在完成他塑表达正向发展的过程里促进传播主体的有效突围。2017年4月，印度国宝级影星阿米尔·汗在四川成都开启了他的"中国体验之旅"。活动结束后，阿米尔·汗在社交媒体上发文称"如果你去世之前想去天堂看

① 曹书圆.网络时代下文字剧情类互动游戏传播策略研究——以"橙光游戏"为例［J］.今传媒，2020（12）.
② 武汉大学媒体发展研究中心.新时代中国国际传播：新基点、新逻辑、新路径［Z］.2021-07-08［2022-08-18］，https://mp.weixin.qq.com/s/hNeiL8KDwyrHbM3d9CPIrw.

看，那就来成都吧"。借助自身强大的影响力，阿米尔·汗成功凭借"他者"身份向海外受众讲述了中国故事，向世界传播了中国文化。

4. 情感传递的突围

用自媒体讲好中国故事、传播好中国声音，除了要注重细节处理之外，还应认识到情感传递的重要性，力图"以文载道，以情动人"，通过姿态的调整和原则的转变行之有效地将普通中国人形象展示给外国受众，精准及时地将平凡中国故事传达给海外"听众"，在国际场域内建立一个真实、生动、立体、全面、可信、可爱、可敬的中国对外形象。

第三节　调整与国外用户的沟通姿态

口语传播时代，"平行传播"[①]与"上下传播"[②]并存，受众以"信息信任者"的身份登上历史舞台；文字传播时代，信息传播方式单一、信息承载内容受限，受众以"信息学习者"的身份局限在贵族阶级和统治阶层；印刷传播时代，传播渠道的更新使得信息大规模复制成为可能，受众以"信息享用者"的身份成为社会学和心理学的研究焦点；电子传播时代，媒介实现了视觉与听觉的双重突破，受众以"信息选择者"的身份主动接触海量信息，扩大了信息辐射空间；网络传播时代，大众媒介与新媒介广泛融合，受众以"信息掌控者"的身份获得超越时空的自主话语权。这时，第四媒体的兴起使得受众逐渐具备广泛性、混杂性和隐蔽性特征。于是，海外受众作为"中国故事"国际传播的接受主体，往往在解码和译码的流程中以"潜在传播者"的

---

① 平行传播多指拥有平等地位的个体与个体间的人际传播。
② 上下传播多指信息从统治阶级流向平民阶级的传播。

主体身份影响着关键信息的二次传播。① 因此，及时、精准调整传播主体与国外用户的沟通姿态，能够有效改善当下中国故事、中国声音以及中国话语在国际场域得不到有效传播等问题。

通常情况下，情感化沟通、认同型内容和产品性思维是传播主体调整对外沟通姿态的三个基本方法。在这个过程里，作为影响中国故事国际传播能力关键要素的叙事技巧和叙事策略，能够在多样化的内容生产结构中从多个角度破解国际传播的"噪音"，推动"短平快"传播模式完成多元实践。② 20世纪后期，阿姆斯特丹文化研究学派（Amsterdamse School）领袖人物米克·巴尔（Mieke Bal）在《叙述学：叙事理论导论》一书中将叙事行为分为素材（Fabula）、文本（Narrative Text）、故事（Story）三个维度。③ 其中，素材强调语境，是传播主体用沟通取代传递，实现中国故事由"汇报"转向"认同"的动机；文本依赖于特定媒介、声音或艺术文本，是传播主体升华主体身份、强化信息操控能力，实现中国故事由"宣传"转为"产品"的需要④；故事重在形式而非内容的构建，是传播主体摒弃炫耀式沟通手段，实现中国故事情感化传播的必要经验。⑤ 基于此，传播主体在中国故事国际传播的过程中，应该有意识地将情感化沟通、认同型内容和产品性思维结合在一起，以便更好凸显"时代记录者"与"时代建设者"⑥身份，进而在"以大局为导向"的基础上紧扣时代脉搏，讲好中国故事。

---

① 欧阳宏生.认知传播学［M］.北京：科学出版社，2021：105-106.
② 邢丽菊，赵婧.新媒体与中国国家形象的国际传播［J］.现代国际关系，2021（11）.
③ ［荷］米克·巴尔.叙述学：叙事理论导论［M］.谭君强，译.北京：中国社会科学出版社，2003：5-9.
④ ［荷］米克·巴尔.叙述学：叙事理论导论［M］.谭君强，译.北京：中国社会科学出版社，2003：3.
⑤ 唐伟胜.国外叙事学研究范式的转移——兼评国内叙事学研究现状［J］.四川外国语学报，2003（02）.
⑥ 欧阳宏生.认知传播学［M］.北京：科学出版社，2021：136.

一、情感化沟通代替炫耀式沟通

大众传播与融合传播是国际传播的时代主题，这种强调个体认知循环、刺激受众具身实践的传播生态，使得情感化沟通潜移默化地植入到语言、文字、声音和图像之中，导致传播主体与媒介用户的沟通更多地关注"故事"内容设计，而非"故事"内容本身。受此影响，中国故事在国际传播中需要合理利用自塑与他塑的相互关系，努力改善传播内容的偏向性、宏观性和单向性弊端，通过全面立体、关注个体、强调互动的故事化情感叙事，实现传播主体与海外受众从炫耀型沟通到情感型沟通的转变。

（一）炫耀式沟通

一般意义下，某一个体或群体向他人展示自有"本领、功劳、地位或者势力"等优势的显摆行为被称作"炫耀"，以"炫耀"为叙事导向和最终目的的传播行为则称"炫耀式沟通"。全球化进程下，中国官方为了消解西方不实言论、正面应对"他强我弱"这一不利舆论格局，往往立足党政视角，遵循"宣传性原则"，用炫耀式的传播手段与叙事技巧同海外受众进行交流与沟通。虽然此举能在一定程度上戳破抹黑中国的谎言，但也在潜移默化间降低了中国故事的感召力、减少了中国形象的亲和力、缩小了中国话语的说服力，不利于中国故事与海外受众同频共振，不利于中国国际形象的深层修复。在此背景下，传播主体亟须优化故事外显形式、调整国际传播策略，并在这个过程中巧妙利用情感化的沟通模式强化海外受众的情感体验、情感想象以及情感享受，多维实现中国版中国故事由信息宣传到信息传播的转变。

1.炫耀式沟通的内涵

一般来说，发达国家在国际传播中更占优势。于是，中国为了提高自身国际地位和国际话语权，往往通过频繁展示软硬实力、不断强调国家发展来向外国受众讲述中国故事、传播中国声音。在这个过程里，炫耀式沟通逐渐成为传播主体与国外用户进行实时沟通的主要姿态，并侧重于重复叙事、正面叙事以及宏大叙事。

（1）重复叙事

关于"故事"叙事，热拉尔·热奈特（Gérard Genette）曾在《叙事话语》一书中根据故事发生的频率将故事话语分为单一叙事、重复叙事和反复叙事三个大类。单一叙事语境下，故事话语与"故事发生"（即事件出现的次数）对等；重复叙事语境下，故事话语会围绕同一"故事发生"进行多次叙述；反复叙事语境下，故事话语会在单次叙述中涵盖多次"故事发生"。[1] 当前中国故事的国际传播，主要以中国政府和国内主流媒体的"重复叙事"为主。政府和媒体为了对外营造"文明进步""民主法治""改革创新""对外开放""爱好和平"的中国国际形象[2]，都倾向于借助具有跨时代意义、拥有阶段性价值或者保有较大影响力的某一个或某几个特殊中国故事展示中国实力进步、强调中国社会发展。这个过程中，乡村振兴、脱贫攻坚、全面小康、尖端科技等议题成为中国故事最常见的内容，并在全媒体赋能的基础上向世界展示了一个真实、立体、全面的多维中国。2022 年北京冬季奥运会期间，中国政府和国内主流媒体就基于 Twitter、YouTube、Facebook 等社会化新媒体，以及海外电视台、海外报纸等传统传播媒介，数次围绕奥运开幕和直播期间运用到的技术向世界讲述了中国科技实力蓬勃发展的国家故事。通过这种炫耀式的"重复叙事"，中国政府与主流媒体在一定范围内获得了国际地位与国际话语权的"双丰收"。

（2）正面叙事

中国政府和主流媒体为了正面应对国际上的污名化言论，往往重宣传、轻传播，更多地将报道视点集中到国际领域的政府机构、政治人物和时事政

治之上，并对中国相关事件、主体持以积极、正面的态度、立场。这种"报喜不报忧"的叙事手段，会在一定程度上降低中国故事海外传播的受信率与接受度，不利于"真实、全面、立体""可爱、可信、可敬"中国大国形象的塑造与传播。

（3）宏大叙事

中国故事是传播者运用各种语言符号"编织"的文本产物，也是受众通过选择性接触在头脑中建立起来的意义空间。[①] 传播实践中，以中国政府和国内主流媒体为主的中国故事讲述者为了深层次地描摹风土人情、凸显国家态度，往往侧重宏大叙事、忽略个体叙事，导致故事中的文本"编织"不可避免地与空泛、空洞、不真实、低辨识度等不利标签相挂钩，造成跨地域、跨文化传播障碍和隔阂的产生，同时也限制了海外受众在认知上的共鸣、态度上的共情，以及行动上的共振，拉窄了国内外受众的共通意义空间、削弱了中国故事的"出海"效果。

2.炫耀式沟通的特征

基于传播主体侧重重复叙事、正面叙事和宏大叙事的故事内涵，炫耀式沟通模式通常具备偏向性、单向性和宏观性三大主要特征，制约着中国故事在国际场域中的落地效果。

（1）偏向性

重复叙事导致炫耀式沟通具有显著的偏向性特征。这种围绕单个事件进行多次陈述的对外沟通方式，虽然能够准确架构舆论核心、强调意见价值，但在构建"于中国有利"的舆论话语空间时，往往会弱化中国政府和主流媒体在国际上的可信性和话语权，制约传受双方的互动与沟通，限制中国声音的扩散。这也是中国故事在国际传播中格局视野狭窄、资源整合不足的主要原因[②]。

---

① ［法］罗兰·巴特.从作品到文本［J］.杨扬，译.文艺理论研究，1988（05）.
② 周敏，郅慧.共振、融通、调试：媒介化视阈下国际传播能力体系构建与创新［J］.对外传播，2021（08）.

（2）单向性

正面叙事重效果、轻传播，导致传播主体与接受主体的双向互动受到限制，使得"单向性"成为传播主体进行炫耀式沟通的主要特征之一。所谓"单向"（one way communication），就是中国故事在国际传播的过程中为了保证信息及时出海、内容精准落地、"把关"效果更好、"噪音"干扰更小，常常忽略传播交互和反馈这一"通变"环节，导致海外受众与传播主体间的关系渐渐演变为"传者单方给予"和"受者被动接受"的单向直线型关系，促使客观存在的"真实"与有效展演的"真相"被割裂开来，不利于中国故事的有效传播。

（3）宏观性

宏大叙事具有很强的整体性特征，长此以往容易窄化传播者的研点与视点，削弱中国故事的信息含量和内容丰富程度。保加利亚文学家茨维坦·托多洛夫（Tzvetan Todorov）曾在《文学叙述的范畴》一文中指出，故事在展现某种现实的同时，也一并与现实生活中的人物混合在一起。[①] 虽然中国故事是一种抽象性的"故事梗概"，会在国际传播时被海外受众抽象地感知与概括，但不容否认的是，宏大叙事会强化中国故事的"非对称性"[②]、弱化中国故事的"可转换性"[③]，导致中国故事"表达的意义倾向"偏离个体化视角，不利于传播主体与国外用户的实时沟通，制约中国故事情感传播路径的形成[④]。

（二）情感化沟通

情感化沟通通过贴近现实、贴近生活的情感化传播渠道，把人类共通情感悄无声息地注入到媒介当中，并在这一过程里帮助受众完成特定情感的体

---

① T. Todorov, Les catégories du récit littéraire [J]. Communications, 1996（08）.

② B. H. Smith, Narrative Versions，Narrative Theories [J]. Critical Inquiry Autumn, 1980.

③ S. Chatman, Story and Discourse: Narrative Structure in Fiction and Film [M]. New York:Cornell UP, 1978, p.19.

④ 伏飞雄.事件与叙述：叙述分层与经典叙述学概念框架反思 [J].英美文学研究论丛, 2021（02）.

验、想象与享受，促使他们自觉接受故事叙述①，从根本上建立起一种深远持久的"仪式"关系，进而达到传受双方情感和意义共享的目的。② 情感，是舆情产生和发展的内核性因素③；故事，是按照一定时间顺序和特定逻辑顺序有序排列在一起的事件意义集合。④ 正因如此，情感传播与中国故事有机结合，既是现实所需，也是时代所向。当前中国与世界的联系日益紧密，理性传播与情感传播的二维对立局面被逐渐解构。⑤ 于是，社会生活中的每个日常个体都具备了赋予中国故事情感和温度的巨大潜力。这一点，不仅体现在叙事主体上，更体现在传播主体上。受此影响，情感主导的对外传播模式以"叙事转向、媒介多样、独树一帜"为主要内涵，通过小切口议题引起情感共鸣，通过多元化载体完成情感强化，通过具有中国特色的故事内容实现情感代理，形成了寓理于情、以情动人、内化情境三个层面的"出海"优势。

1. 情感化沟通的内涵与意义

情感化沟通以"共情"为前提。根据玛丽劳尔·瑞安（Marie-Laure Ryan）的观点，任何个体的共情体验都不外乎"对环境的共情""对时间的共情"以及"对故事和情境的共情"。⑥ 中国故事在国际传播中以激发海外受众情感体验、增进海外受众情感认同为主要目的，显然属于最后一

---

① 李伟代，刘星河.远方的家：故事化叙事视域下的情感传播［J］.电视研究，2015（06）.

② 蒋晓丽，何飞.互动仪式理论视域下网络话题事件的情感传播研究［J］.湘潭大学学报（哲学社会科学版），2016（02）.

③ 彭广林.潜舆论·舆情主体·综合治理：网络舆情研究的情感社会学转向［J］.湖南师范大学社会科学学报，2020（05）.

④ 冯尚钺.煽情是怎样打动我们的——对《中国好声音》的叙事分析［J］.媒介研究（电子版），https://rirt.cuc.edu.cn/2014/1121/c3801a94095/page.htm.

⑤ 高旻祈.主流媒体短视频内容生产中的情感传播机制研究——以央视频抖音号为例［J］.媒体融合新观察，2022（03）.

⑥ Marie-Laure Ryan, Jan-Nol Thon, Storyworlds across Media:Toward a Media-Conscious Narratology［J］.Enthymema, 2014.

种共情类型。^① 当下，大多传播主体在进行内容生产时都会有意无意将中国故事的文本性（textuality）和情境域（contextuality）结合起来^②，改变了传统媒介传播过程中的"唯信息论"和"唯客观论"。受此影响，情感沟通的对外传播模式主要以"叙事转向、媒介多样、独树一帜"为深层要义。

（1）小切口：情感共鸣

人民网曾在国际社交平台报道《泉州兄弟同患尿毒症：哥哥将妈妈的肾让给弟弟》一文，利用亲人和生死的情感对照在英国舆论场引发巨大反响。在技术赋权的当代，情感化沟通以受众内在情感诉求为切入点^③，通过社交媒体等新媒介的动态表达影响着个体的传播行为。^④ 中国故事想要实现情绪功能从"满足"到"驱动"的转变，就务必通过小切口、生活化、个性化的叙事视角充分调动海外受众主观情绪，借助人、事、情的融合促进情感共鸣^⑤，完成中国故事全维度的叙事转向。

（2）多元化：情感强化

情感化沟通重视"参与的话语场域"^⑥，可以有效解决炫耀式沟通"单向传播"的问题，提升海外受众对于中国故事的信任感、认同感和忠诚度。^⑦ 在媒介"多样化"和"去中心化"特征愈益明显的当下，中国故事想要更加高效地达到"情理交融"的境界，实现传播主体与海外受众的"双在场"，就务必优化基于媒体时代变革的科技新媒体矩阵，拓展基于信息容器变化的时代新媒体矩阵，通过个体、集体双重传播场域的协同构建，完成多元情感的

① 张志安，黄剑超. 融合环境下的党媒情感传播模式：策略、动因和影响［J］. 新闻与写作，2019（03）.
② 马杰伟，张潇潇. 媒体现代：传播学与社会学的对话［M］. 上海：复旦大学出版社，2011：1-307.
③ 张志安，黄剑超. 融合环境下的党媒情感传播模式：策略、动因和影响［J］. 新闻与写作，2019（03）.
④ 付森会. 社交媒体中的友谊：相似性机制与情感传播逻辑［J］. 福建师范大学学报（哲学社会科学版），2020（02）.
⑤⑥ 朱晓东. 论情感传播在主流媒体舆论引导中的重要作用［J］. 新闻论坛，2022（03）.
⑦ 冯馨瑶，靖鸣. 出版直播营销3.0：体验、情感、沉浸［J］. 出版广角，2020（12）.

统合与强化。

（3）中国特色：情感代理

随着社交媒体颠覆原有价值创造规律，受众阅读信息的方式也从曾经的被动接收转变为当下的主动筛选。为了提高中国故事的吸引力和感染力，传播主体需要在内容生产环节脱离个人经验，将具有中国特色的故事主题、故事主体、故事场域，以及故事内容与信息的"客观性"进行合理混合，使中国故事在内容设置层面实现从"信息传递"到"信息叙事"[①]，从内容倚重到内外兼修的转变。[②] 熊猫，作为中国特有物种，常常和吉祥物（萌物）共同形成一定的象征意义。2022年北京冬奥会期间，极具中国特色的吉祥物冰墩墩就长时间霸榜海外社交媒体热搜，更有数百万海外消费者涌入中国淘宝搜索"冰墩墩""冬奥会"等热词，足以证明"梦中情墩"的魅力。事实上，吉祥物在表达文化理念的同时也深度表征了中国的国家形象，深刻讲述了中国国家故事。与此同时，吉祥物还通过颇具中国民族特色与地域特色的文化形象符号，倡导友谊、团结、公平的国际形象符号，以及彰显国家经济发展面貌和科技社会水平的国家实力符号，将个体情感与客观现实联系在了一起，完成了情感代理。

2. 情感化沟通的优势

中国传统文论强调"文以意为主"和"文以传意"，这一传播习惯也延续到了当下。[③] 受此影响，中国故事在与国外受众进行情感化沟通时，往往寓理于情、以情动人、内化情境，形成了说教性更弱、亲近性更强、互动性更优等显在特点。

（1）寓理于情：说教性更弱

---

① 谢世琦，赵登文，李佳楠.情感传播视域下党媒视频内容生产研究——以抖音号"长城新媒体"为例［J］.传播与版权，2022（08）.

② 隗静秋.新消费时代下图书营销：情感链接、价值输出与品牌塑造［J］.编辑之友，2022（08）.

③ 李桂奎."熟玩本文，深绎本意"——中国传统文学读解理论的本体性及其现代阐释［J］.学术月刊，2018（12）.

2015 年 4 月 22 日，习近平总书记在参加万隆会议 60 周年纪念活动时与印尼官员合照自拍，被大印尼行动党副主席晒上社交媒体后，受到外国网友一致赞美；2014 年 10 月，李克强总理访问德国期间，和总理默克尔共逛超市、争相结账，向世界展示了中国人的"豪爽"性格 ① ……这些突破常规的外交手段不仅拉近了海内外民众的距离感，更在补充官方外交立场的基础上实现了"润物细无声"的传播效果。在故事中，事件往往以一种区别于先后时间顺序的次序得到安排，并以特定方式得到描述。② 长期以来，"加强国际传播，讲好中国故事"作为我国战略层面的工作部署和安排，常常借助政府和媒体两大传播主体强化中国故事的说教性，不利于促进人际互动和群体互动，也不利于实现情感共享和意义共享。③ 在这个过程里，情感化沟通从各个层面创新了话语表达，很好地解决了中国故事"说教性"偏强等问题。于是，以中国政府和国内主流媒体为代表的传播主体开始关注语言修辞，尝试巧妙"造梗"，运用"接地气"的话语表达和"非常规"的行为模式改变过往留给海外受众的"冰冷形象"，并在寓理于情、情理交融的努力下，缩小传受双方的阻距感 ④ 。

（2）以情动人：亲近性更强

情感化沟通能够进一步平衡宏大叙事与个体叙事的比重，帮助中国故事更好地适应国际传播语境，充分调动海外受众情绪，在营造良好共通意义空间的基础上进一步推动传播实践的逻辑起点靠近国际、"回到中国"。将情感融入传播，不仅能提高中国故事的影响力，也能扩大海外受众的范围、增强

---

① 潘珊菊 . 盘点中国非常规外交：让国家交往更接地气［EB/OL］.2015-05-25［2022-08-25］，https://www.chinanews.com.cn/gn/2015/05-25/7297582.shtml.

② M. Bal, Narratology:Introduction to the Theory of Narrative［M］. 2nded. Toronto:U of Toronto P, 1997, p.197.

③ 任孟山，陈强 . "五位一体"与"中国版中国故事"：中国国际传播的象征框架［J］.现代出版，2022（03）.

④ 朱晓东 . 论情感传播在主流媒体舆论引导中的重要作用［J］.新闻论坛，2022（03）：104.

国际传播的效果。① 如今，跨国婚姻作为一种超越国界的婚姻关系，已经成为国际常态，韩国甚至将跨国婚姻纳入到重塑国家形象的课题之中。外文出版社国际传播专家大卫·弗格森更是通过跨国婚姻感受到了有别于西方媒体塑造的真实中国，于是他在翻译《习近平谈治国理政》、润色政府白皮书等工作中以"他者"的身份向世界讲述了更为正确的中国故事，传播了更为准确的中国声音，并深刻影响到自己的儿子，使其立志成为一名优秀的中国故事传播者。事实上，跨国婚姻能够很好地过滤掉虚假、错误的信息，"以点带点"帮助他国人群形成正确认知，提高中国故事海外传播的到达率、有效性和真实性。

（3）内化情境：互动性更优

近年来，演员、歌手、魔术师与运动员等公众人物逐渐成为提高中国故事互动能力、内化海外受众传播情境的重要主体。足球运动员武磊通过西班牙足球甲级联赛（La Liga）向世界讲述了中国蓬勃发展的体育故事；华裔魔术师申林（Shin Lim）、中国魔术师刘国楠（Conan Liu）等人在美国达人秀、欧美电视综艺 Fool Us 等节目上通过贯通中西文化的魔术表演，向世界讲述了中国自由开放的文艺故事。纵而观之，他们无一不在讲述中国故事的过程中关注到了受众的内化情境，强调了彼此情感的互动属性。根据前人研究，情感化沟通更多地关注受众内在接受心理的营造。② 一般来说，个体的自我认同会在不断的社会互动中加以形成和发展。③ 在此期间，情感化沟通会通过与海外受众建立一种持续、长久的情感关系，完成对受众现实感和体验感的双重强化。④ 在如今的国际传播场域中，受众越来越重视故事的抽象"意

---

① 高昊珩．主流媒体短视频内容生产中的情感传播机制研究——以央视频抖音号为例［J］．媒体融合新观察，2022（03）．
② 朱晓东．论情感传播在主流媒体舆论引导中的重要作用［J］．新闻论坛，2022（03）．
③ 麦尚文，杨朝露．从议题互动到场景融合：网络直播的舆论功能与生态重构［J］．福建师范大学学报（哲学社会科学版），2020（03）．
④ 薛佳宁．电影沉浸性体验的发展研究［D］．南京：南京艺术学院，2019：22．

义"，于是，情感化互动愈益成为中国故事吸引海外受众的关键变量，并在各个阶段影响传播主体与海外受众的交流与沟通。[①] 通常情况下，情感化沟通以视听为主要媒介形态，需要利用故事内核的接近性和亲近性巧妙达成移情效果。如此一来，中国故事便具备更多的互动空间，能够帮助海外受众先验地构造出情感语境，扩展中国故事的"意蕴"。

二、认同型模式代替汇报型模式

中国故事本质就是以某种方式对中国素材进行加工后的描述。[②] 那些被加工的素材受新兴传播媒介的影响，能让海外受众在"共情"接触信息的过程中真切感觉到素材所能引起的情绪变化，于是，中国故事开始重视语境在国际传播中的作用，并逐渐将之视为转换沟通方式、调整传播姿态的关键路径。[③] 一般来说，汇报型模式是基于点线叙事的线性国际传播模式[④]，多与"叙事的素材"挂钩；认同型模式是基于双向互动的循环式国际传播模式，多与"现实的素材"挂钩。[⑤] 为了实现中国故事从"汇报"到"认同"的转变，传播主体需要努力用系统化的沟通去代替简单化的传递，在消弭汇报型模式高陈述倾向、低情感导向、有偏差趋向等弊端的同时，充分发挥认同型模式在素材个性化、素材情感化、素材可参与性等几个方面的优势，不断优化中国故事叙事技巧，助力中国故事高效"出海"、精准"落地"。

（一）汇报型模式

中国权威主流媒体在国际新媒体平台发布新闻报道的社会化行为就是最常见的汇报型传播方式。通常情况下，汇报型中国故事会受到传播主体与接

---

① 朱晓东.论情感传播在主流媒体舆论引导中的重要作用［J］.新闻论坛，2022（03）.
② ［荷］米克·巴尔.叙述学：叙事理论导论［M］.谭君强，译.北京：中国社会科学出版社，2003：3.
③ 贾云鹏，刘雅昕.基于情感传播的游戏反馈机制——虚拟现实电影中的交互［J］.当代电影，2022（08）.
④ 闫郡虎.电子游戏的叙事模式研究［D］.重庆：重庆大学，2014：33-39.
⑤ M. Bal, Narratology:Introduction to the Theory of Narrative［M］. 2nded. Toronto U of Toronto P, 1997, p.197.

受主体双向构造的认知经验影响，并受到国际传播信息"效能"的制约。[①]
于是，传播主体在向海外受众"汇报"中国故事时，会有意无意将明示结论
的高陈述倾向、诉诸理性的低感官导向、"一面提示"的有偏差趋向注入自我
话语表达，从点线型叙事、宣传型叙事，以及结构化叙事三个层面影响中国
故事国际传播的效能与效果。

1. 汇报型模式的内涵

传播效果体现传播价值。在利用汇报型模式讲述中国故事时，传播主体
往往通过点线型叙事、宣传型叙事和结构化叙事来完成信息视听的包装以及
话语表达的探索。于是，中国故事经过不同海外受众接触、阅读、认知、解
释后，被赋予了不同的外指与内征。

（1）点线型叙事

点线型叙事是从线性叙事模式中衍生而来的叙事模式。[②] 在这种叙事模
式的加持下，中国故事的内隐素材和外显事件会被分解、再构为一条新的叙
事线索，最大化地将传播主体想要表达的观点和想要传递的价值观输送到海
外受众面前，促进不同叙事片段的有机连接。[③] 但与此同时，点线型叙事侧
重单向、直线的信息传播，容易导致海外受众在接触中国故事的过程中产生
无力感、抗拒感和阻距感，不仅限制交互反馈，还会潜移默化降低受众积极
情绪效果、增加受众消极情绪效果。

（2）宣传型叙事

当前国际场域中，政治和经济的交互作用日渐加深，也日趋紧密。[④] 受
此影响，宣传型叙事顺其自然成为政府、媒体等官方传播主体利用"我者"
话语构建"中国视角"的有力手段。宣传型叙事以"抵制种族歧视和意识形

① 刘卫东.传受双方的约定与最佳传播效能——关于传播的内在机制问题 [J].现代传播, 1995 (06).
② 闫郡虎.电子游戏的叙事模式研究 [D].重庆：重庆大学, 2014: 33-39.
③ 贾云鹏, 刘雅昕.基于情感传播的游戏反馈机制——虚拟现实电影中的交互 [J].当代电影, 2022
（08）.
④ 毛德松.当代"国际经济政治化"简析 [J].世界经济与政治, 1998（10）.

态偏见"为理念,以"降低负面影响、提高整体好感度"为目标,以"遏制污名化言论、提高舆论反击能力"为导向,以"国际交流与国际交锋并举"为担当。① 虽然宣传型叙事能在一定程度上改变"大国弱语"、消除"他国误解"、彰显"大国形象",但在这个过程里,海外受众始终以"旁观者"的身份出现在传播链条上,缺乏"叙事性",不利于"故事"素材的主动体验,制约中国故事的国际认同②。

（3）结构化叙事

汇报型中国故事多与"叙事的素材"挂钩,其中出现的楷模、情境、情节会过滤掉叙事素材的"杂质",并在超越受众日常生活体验的基础上按照固定模式"安排"个体社会生活,影响受众对于中国故事的认知与判断。③ 这种结构化的叙事倾向一方面凝练了中国故事的传播内容,提高了中国故事"集中阐述"的能力;另一方面却制约了"文化碎片""现实符号"和"律动情感"的象征化整合,压抑了传播创意,消磨了海外受众主动接触中国故事的积极性。一年一度的央视春晚自开放全球直播以来,利用全媒体矩阵向海外受众传达了中国民族精神、展示了中国传统文化、搬演了中国现代发展。④ 但在这个过程中,模式化的节目类型让海外受众产生了审美疲劳,以弘扬主旋律为主的演绎主题将春晚塑造成为象征团圆、和谐与繁荣的汇报式文化符号,制约了传播主体更进一步推进中国故事价值观国际认同的目标⑤。

2. 汇报型模式的特征

① 2021届世界互联网大会乌镇峰会.全球抗疫与国际传播〔Z〕.2021-09-26〔2022-08-28〕,浙江:嘉兴.

② 马志霞.新时代中国价值观国际传播的逻辑思考〔J〕.思想理论教育,2019（01）.

③〔法〕亨利·列菲伏尔.日常生活批判（第一卷）〔M〕.叶齐茂,倪晓晖,译.北京:社会科学文献出版社,2018:20-21.

④ 李广强.中国春节文化的国际传播——以中央广播电视总台春晚"走出去"为例〔J〕.国际传播,2021（06）.

⑤ 汪健.主文化与亚文化的碰撞与平衡——以2022年中国春晚和美国超级碗为例〔J〕.西部学刊,2022（07）.

由于传播主体利用汇报型模式向海外受众讲述中国故事、传播中国声音期间会通过点线型叙事、宣传型叙事和结构化叙事完成故事素材的二次叙述，因此，汇报型的中国故事通常会"明示结论"，以高陈述倾向正面回应西方污名化言论；"诉诸理性"，在侧重逻辑、忽视感官导向的过程里刻板传递中国价值；"一面提示"，借助有偏差的传播趋向提高中国故事的集中宣教能力。

（1）高陈述倾向："明示结论"

西方普通公众以形象思维和归纳法作为信息接受习惯，他们更喜欢从客观事实的陈述中自己寻找线索，得出目标结论。[①] 然而，大部分传播主体在进行中国故事国际传播时，都倾向于将叙事素材和观念价值进行直接对应，以"明示结论"的传播技巧和严肃庄重的叙事风格完成信息沟通。这种高陈述倾向对海外受众来说，很大程度越过了"主动思考"的环节，是一种"被动的接受"[②]，模糊了素材内隐的"突然"与"应然"，不利于传受双方的情感融通[③]。

（2）低感官导向："诉诸理性"

"新的时代背景下，加强和改进国际传播工作，形成客观性认识、本质性理解与自觉性认同是提升中国价值观念国际认同度的必然逻辑"。[④] 于是，受批判性思维影响，作为传播主力的政府和媒体会在进行中国故事素材筛选时有偏向地将体系层、感官层与社交层的感性素材转化为拥有告知意义和劝说意义的理性素材，在避免"信息过剩"[⑤]的同时帮助海外受众走出非正确认知

① 段鹏.国家形象建构中的传播策略［M］.北京：中国传媒大学出版社，2007：60.
② ［法］亨利·列斐伏尔.日常生活批判（第一卷）［M］.叶齐茂，倪晓晖，译，北京：社会科学文献出版社，2018：98.
③ ［英］约翰·斯道雷.文化理论与大众文化导论［M］.常江，译，北京：北京大学出版社，2010：4.
④ 曹威威.后疫情时代中国价值观念国际认同的三重逻辑［Z］.2022-01-26［2022-08-28］.光明网，https://m.gmw.cn/baijia/2022-01/26/35474754.html.
⑤ 闫秀玲.诉诸理性与诉诸感性——浅谈打造双通道传播模式［J］.青年记者，2008（18）.

与"非理性批判"。①但是侧重理性的中国故事不以情感为基础，不以"沟通"为纽带，不利于海外受众基于特定感官导向展开高浓度的人际互动及群体互动，极易催化刻板印象的形成。

（3）有偏差趋向："一面提示"

在德国剧作家贝托尔特·布莱希特（Bertolt Brecht）看来，世界上并不存在对受众立场、观点毫无影响的戏剧和演出。同样地，中国故事的叙事偏向也会在很大程度上影响海外受众看待中国的态度与立场。当下，中国国际传播人才结构较为单一、传播主体格局视野有限，这就导致中国故事对外挖掘信息、掌握一手材料的能力受到限制，只能将传播重心放在本国素材之上，从而形成信息沟通的落差。于是，处于国际传播场域内的中国故事，仅能呈现于己有利的判断材料，通过有偏差趋向的"一面提示"完成"说服性传播"②。

（二）认同型模式

在心理学领域，认同（identification）是作为表示"自我"个体与"他者"群体关系的"自我归属感"和"共同体想象"③。在国际传播领域，"认同"则是接受主体（受众）基于传播内容（中国故事）与传播主体（传者）形成特殊互动关系的触发器。一般来说，认同型传播模式能够基于"听到—听清—听懂"中国声音和"看见—看全—看透"中国形象这两条素材叙事逻辑，完成中国故事从"能被海外受众认知"到"能被国际社会认可"，再从"能被国际社会认可"到"能被接受主体认同"的解释性进路。如此一来，传播主体便可通过有效加工的优先介入、关注差异的主动介入，以及再造素材的循环介入促进海外受众从事实、情感和价值三个维度真正理解、认同中国

① 范明.走出非理性批判：论群体传播叙事的情感说服［J］.现代传播，2022（04）.
② 王敏.领导人卡通形象体现的政治传播变革［J］.今传媒（学术版），2014（05）.
③ 张锦鹏.中华民族文化认同之管见［J］.云南社会科学，2018（06）.

故事的深层要义，完成新时代中国国际话语体系的精准构建①。

1. 认同型模式的内涵与意义

"承认"是认同型模式的传播基础，只有中国故事呈现的事实、价值、情感被海外受众认识并承认，才有可能促进中国故事被海外受众理解与认同。20世纪末期，法兰克福学派第三代代表人物阿克塞尔·霍耐特（Axel Honneth）在《为承认而斗争》一书中对"承认"的概念、特征等进行了详细阐述。在他看来，承认涵盖"他者"与"我者"两个层面，即进行中国故事国际传播时，传播主体需要兼顾他者与自我的平衡，在"平等主义"的基础上关注海内外差异，并通过素材的循环再造完成特定信息的有效加工。

（1）优先介入：有效加工

"中国梦"，作为构建中华文化核心价值、树立中国民族团结形象、增强中国国际话语权的"意义共同体"，自提出开始便受到世界的广泛关注。②传播主体想要行之有效地在国际舞台展演"中国梦"、提高中国梦的"亲和力""感召力""影响力"，"优先介入"必不可少。③ 2012年，习近平总书记出访美国期间向世界生动陈述了中国福州的"鼓岭故事"。在此之前，他为了淡化中国梦的"政治宣示性表述"，不仅提前衡量了信息的可传播性，还仔细评估了海外受众的思维习惯，很好地传播了中国社会和人民的一体"中国梦"，全方位阐释了"中国梦"的实践内涵。④ 传播主体作为流动信息的塑造者、传播者、导向者和把关者，是引发中国故事国际传播行为发生的源泉。在这个过程里，传播主体想要形成更为有效的国际传播效果，就需要以传播为导向，"先认知，再传播"，通过能动的"提前认知"介入到客观世界中去，

① 章晓英.玩转融媒体的CGTN，是如何进行国际传播的［Z］.2017-12-27［2022-08-28］，环球网微信公众平台.

② 张开，张飞越.全球传播视域下的文化强国与"中国梦"［J］.现代传播，2013（08）.

③ 曾毅.把中国梦传播好 阐释好 解读好［N］.光明日报，2013-08-16（003）.

④ 张君，陈麦池，朱晓红，胡桂丽.中国梦的世界认同与国际传播纵论［J］.西安石油大学学报，2009（01）.

从根本上为中国故事注入高主旨的生机与活力，营造适宜的传播氛围。在此影响下，中国故事的议程设置作用会得到强化，赋予素材更多的内涵价值，从源头上促进中国故事贴近海外受众的思维习惯和行为偏好。

（2）主动介入：关注差异

2018年，喜茶入驻新加坡，利用新加坡用户常用社交媒体进行宣传推广，仅三天就突破"两千杯"的销售总量，此后，喜茶又获国际奢侈巨头LVMH集团投资，截至2020年12月，在全球61个城市开出659家门店[①]；同年，蜜雪冰城也以"Mixue"为名入驻越南，快速打开海外下沉市场，截至2022年6月，在以东南亚为主的全球范围内开出1000家以上的有效门店。[②]在中国茶饮主动出海讲述中国品牌故事的过程里，传播主体不仅关注到了海内外国家传播语境的差异，也充分发挥了传播主体在时间和信息上的先在优势。这种经过认知加工后的有意传播，一方面适应了国际格局的新变化和新动态，另一方面也强化了中国故事被海外受众接受和认同的认知功能。[③]于是，在以认同为主导的传播模式下，海外受众获得了比汇报型中国故事更深层次的情感体验，实现了国际社会共识与共通意义空间的塑造。

（3）循环介入：素材再造

认知是认同的起点。任何传播行为发生前，传播主体都会经历"观察—聚焦—重构—表达—参与—再造"的素材流动过程。[④]早期关于F1车手周冠宇的报道，中国传播者多从"中国人"这一叙事主题出发去寻找故事素材，没能有效消解那些持有"周冠宇是因为金钱才成为F1车手"观点的外国人的歧视与偏见。当发现这种汇报式的国际传播效果不佳后，那些传播主体开始尝试调整与国外受众交流、沟通的姿态，循序渐进地将素材内核从"中国人"

① Eva专栏.了不起的喜茶［Z］.2021-10-15［2022-08-28］，https://zhuanlan.zhihu.com/p/421730415.
② FoodBud.蜜雪冰城海外门店规模突破1000家 中国茶饮品牌卷到海外去了［Z］.2022-06-16［2022-08-28］，雪球：https://xueqiu.com/6499371024/222762888.
③ 欧阳宏生.认知传播学［M］.北京：科学出版社，2021：72.
④ 欧阳宏生.认知传播学［M］.北京：科学出版社，2021：74-77.

调整为"中国人的故事",让更多不明状况的外国人认识并承认周冠宇"凭实力成为国际 F1 车手"的身份。由于认同型中国故事多与"现实的素材"挂钩,因此,传播主体在对外讲述中国故事的过程中,会不断根据差异化的叙事视点及时调整素材呈现,通过循环介入有效整合文本、素材和故事的相互关系,促进中国故事的叙事策略从"全面铺开"转向"重点突破"。

2. 认同型模式的优势

海外受众通过有效认知对中国故事产生有效认同。在这个过程中,由心理"魔箱"和大脑"黑箱"组成的个体心理系统发挥了巨大作用。受此影响,中国故事因事实认同具备了素材个性化特征,因价值认同具备了素材情感化特征,因情感认同具备了素材可参与性特征。

(1)素材个性化:事实认同

新媒体时代,"人人都有麦克风"。受"信源可信性"的影响,多样、多元、多渠道的汇报型中国故事难以通过简单的事实陈述得到海外受众认同。而在认同型传播模式下,中国故事的现实素材被赋予显著的"个性化"特质,能够有效避免"文化融合区"与"文化冲突区"的对立。[①] 此时,传播主体便可化传递为沟通,借助"融合思维"的力量满足海外受众对事实性素材的内驱需求,实现中国故事在"自塑"与"他塑"间的平衡与协同[②]。长时间以来,定居挪威的中国厨师马列不仅用精湛的厨艺俘获了挪威首相的"外国胃"、消弭了"文化冲突",更通过传统地道的"中国味"详细、具体地向海外受众讲述了餐桌上的中国故事,用"可见、可感、可接触"的"杭帮菜系"向海外受众展示了真实、可爱的中国形象[③]。

(2)素材情感化:价值认同

美国媒介和文化研究学者亨利·詹金斯(Henry Jenkins)在《融合文化》

① 张恒军,张毓强.共生新图景:中华文化国际传播新进路[J].对外传播,2022(06).
② 章晓英.玩转融媒体的 CGTN,是如何进行国际传播的[Z].2017-12-27[2022-08-28],环球网微信公众平台.
③ 贾平凡.传播中华文化,海外侨胞探新路(侨界关注)[N].人民日报海外版,2022-06-23(06).

（Convergence Culture）一书中借法国虚拟哲学家莱维（Paul Pierre Lévy）的观点，指出"网络社群中出现的大规模信息采集、处理活动"是人们基于"共通价值"①和"主客互动"②趋近共同目标的"集体智慧"。这种重视感情投入和以心换心的"集体智慧"以情感融通为基础，通过有针对性的中国价值观阐释助力中国故事从"能被海外受众认知"到"能被国际社会认可"，再从"能被国际社会认可"到"能被接受主体认同"。其间，文化遗产作为我国提升文化软实力、拓展文化传播渠道的重要载体，成为海外受众认识中国遗产价值的重要节点。③于是，具有先锋意识的中国文物学会会长、故宫学院院长单霁翔就领衔黄觉、马伯骞、阎鹤祥等人组成"布鞋男团"，通过节目《万里走单骑——遗产里的中国》开启了中国世界文化遗产的寻访体验之旅。这个节目从不同人的视角解读世界遗产，用多变的故事唤起受众"共通价值"，还用生活化片段促进受众获得"共情"体验，帮助他们精准接触真实中国。于是，在内蕴情感的加持下，该节目凭借"联通圈层""雅俗共赏"④的显在特质得到联合国教科文组织的高度认可，依靠"文化＋综艺"的创新模式获得多语种版权输出，在实证中华五千年灿烂文明的同时深刻讲述着"文化遗产里的中国故事"和中国语境下的文物价值⑤。

（3）素材可参与性：情感认同

通常情况下，可见、可感、可接触，可知、可受、可参与的故事素材才能有效促进中国故事发挥正向情感功能。⑥也就是说，中国故事只有注重共通情感的建立和维护，才能进一步"增信释疑、凝心聚力"，塑成蕴含情感传

---

① 张恒军，张毓强.共生新图景：中华文化国际传播新进路［J］.对外传播，2022（06）.
② 王昊.赛博空间中的自由概念辨析——基于哲学与法学视角的比较［J］.理论界，2011（08）.
③ 陈平.我国文化遗产价值的海外传播［Z］.2022-06-29［2022-08-28］，中国社会科学网：http://ex.cssn.cn/zt/rwln/xwpl/sdbd/202206/t20220629_5414630.shtml.
④ 冷淞，郭菁.电视文艺节目的黄金十年［N］.人民日报海外版，2022-08-19（07）.
⑤ 蒋丽君.讲好中国故事的思考与实践［J］.出版参考，2021（09）.
⑥ 王斌.数字平台背景下情感传播的成因、风险及反思［J］.电子科技大学学报（社科版），2019（03）.

播逻辑的信息传播景观。① 于是，认同型中国故事开始通过建立感情愿望、创造感情接触、加大感情投入来消解汇报型中国故事的国际传播弊端，以期在情感认同的基础上获得国际世界的认可与认同。② 重庆、西安、上海等"中国城市故事"在国际平台成功"出圈"，并被广泛应用到他国电影、游戏中去，便是传播主体利用多元符号刺激接受主体接触中华文化、认知多彩中国、获得"情感认同"的参与典范。当然，这里的"参与"并不等同于"互动"，而是传播主体借用文化和社会规范的双重影响塑造而成的行为模式，往往更少受到传播主体的影响，更多受到接受主体的控制，能够有效推进中国故事的二次传播③。

三、产品性思维代替宣传性思维

一方面，思维作为传播主体认知、判断、重构信息的底层逻辑，从传播开始到传播结束都对中国故事的文本生产具有重要影响。在心理学中，"思维"是一种辅助个体认识世界的人内传播，通常发生在主体"改造世界"行为之前。传播主体想要更好、更优、更有效地对外讲述中国故事，就需要尽可能地培养和应用具有指导性、发散性和穿透性特征的思维模式，进而在国际场域中摆脱"宣传事故"④，真正打破固化、持久的信息"隔音墙"，提高中国故事文本的感染力、影响力和说服力。

另一方面，"故事"本质上是传者根据事实信息对素材文本进行调整之后的内容再现⑤，因此，文本极其倚赖特定媒介、特定声音或者特定艺术文

① 付森会.社交媒体中的友谊：相似性机制与情感传播逻辑［J］.福建师范大学学报（哲学社会科学版），2020（02）.
② 章晓英.玩转融媒体的 CGTN，是如何进行国际传播的［Z］.2017-12-27［2022-08-28］，环球网微信公众平台.
③ ［美］亨利·詹金斯.融合文化 新媒体和旧媒体的冲突地带［M］.杜永明，译.北京：商务印书馆，2012：1-445.
④ 朱晨凯.好的宣传，需要穿透式思维［N］.2020-01-16［2022-08-29］.宁波日报，转引自中国宁波网：http://www.cnnb.com.cn/ll/system/2020/01/16/030118336.shtml.
⑤ 盛芳.数字媒体时代正面宣传情感化传播现象研究［J］.新闻世界，2022（01）.

本。在这个过程里，传播主体想要带动中国故事完成从量到质的蜕变，不仅需要"宣传出去"，还需要"争取过来"。^① 这时，传播主体需要在把持"二次""正面""分层"叙事和"传播""传递""传承"功能的基础上，最大程度规避宣传性思维政治属性过浓、意识形态过重、宣教倾向过于明显等弊端，用产品性思维代替宣传性思维，进一步激活传播主体的积极性和创造力，让他们敢想、敢闯、敢试、敢干，能够有效应对国际国内纷繁复杂的传播格局，推动中国故事获得更好的对外传播效果^②。

（一）宣传性思维

对外传播中，宣传性思维往往立足故事、重视文本，并基于宣传的功能性特征设计叙事语言，用正确的政治方向、正确的舆论导向和正确的价值取向刺激海外受众主动接触中国、了解中国、理解中国。与此同时，由于宣传性中国故事以中国政府和国内主流媒体为主导，其他主体参与度较低，于是，宣传性思维主导的中国故事开始以正面叙事、二次叙事和分层叙事作为主要内涵，导致中国故事被简单复制、"广而告之"，成为一种忽略海外受众感知、态度与行为的宣传工具，缩小了中国故事的共情共振能力，不利于中国故事整合国际传播渠道、优化国际传播原则，更不利于中国故事摆脱炫耀式沟通、汇报型内容以及宣传性思维的三重桎梏^③。

1.宣传性思维的内涵

加拿大政治经济学家哈罗德·伊尼斯曾在《帝国与传播》的绪论中说："在政治的组织和实施中，传播占有关键的一席。"确实，传播会影响政治；但反过来，政治也会影响传播。宣传性思维作为中国政府和主流媒体应对西方文化霸权的指导思想，通常遵循由内而外的传播逻辑，重视中国故事外流前的把关环节。在这个流程中，官方立场主导了中国故事的国际传播，赋予了中

---

① 曲鹏飞.新时代提升中国国际传播能力的内涵与路径 [J].中国井冈山干部学院学报，2022（04）.
② 徐锋，夏振彬.敢闯敢试敢干要找到还"饥饿"的地方 [N].广州日报，2019-08-26（21）.
③ 陈若雪.商标广告宣传功能内涵研究 [J].法学研究，2017（10）.

国故事较为强烈的政治属性。于是，二次叙事、正面叙事、分层叙事成为传播主体基于宣传性思维对外讲述中国故事的主要内涵。

（1）二次叙事

二次叙事既是重视"文本编译"的建构性再叙事[①]，也是传播主体对片段化、碎片化的故事素材进行有效处理后，选用有别于原始文本的全新话语去描述、陈述、阐述预期观点和预想价值的文本提示方式。[②] 在光学研究领域，科学家们曾用"双缝干涉"实验（Double-slit Experiment）证明了光的波粒二象性，发现"结果的理论预测"具有基础极限，"测量会影响结果"。[③]后来，这种打破物理规律的现象被引入其他学科，形成了"观察者效应"——意识的出现会改变物质的表现形式，其他主体的介入会影响被观察者的行为。在宣传性中国故事的国际传播链条中，传播主体就是一种"意识"的参照，故事文本便是"物质"的外在表现。这时，中国故事的素材会因为传播主体的介入受到一定程度的影响，导致信息传播到海外受众面前时大概率脱离原有事件意义，转而具备传播主体二次叙事所赋予文本的全新意义。

（2）正面叙事

宣传性思维通常以"自我解释"式的正面叙事来陈述客观事实、弥合认知鸿沟。一般情况下，只有已完成的行动才能被传播主体感知，那些非进行中的行动会受传播噪音干扰，致使中国故事缺乏体验感、真实感和即时感，影响"宣传性思维"功能的正常发挥，导致文本"个性"的相对瓦解。[④] 于是，传播主体为了能在满足海外受众"求知需要"的同时有效避免信息流动出现大面积偏差，会有意识地将解释性的主观话语嵌入中国故事文本，通过

---

① 陶丹丹．"一带一路"国际新闻英汉编译中的叙事建构［J］．东南传播，2019（12）．

② 伏飞雄．事件与叙述：叙述分层与经典叙述学概念框架反思［J］．英美文学研究论丛，2021（02）．

③ P. Mittelstaedt, A. Prieur and R. Schieder, Unsharp particle-wave duality in a photon split-beam experiment［J］.Foundations of Physics, 1987（17）：891-903.

④ ［奥］阿尔弗雷德·舒茨．社会世界的意义构成［M］．游宗祺，译，北京：商务印书馆，2012：83.

"完美社会"和"理想主义"的传播范式完成中国故事的正面叙事①。

（3）分层叙事

受众会借由文本体验对中国故事的意义结构进行重组、对中国故事的叙事片段进行重新解释，这会导致社会世界的整体指征展现在全然不同的观点之中，影响外国受众真正走近中国、理解中国。② 这就要求中国故事所蕴含的外宣文本内容要精、形式要活、手段要新、渠道要多。③ 于是，在宣传性思维的影响下，分层叙事成为传播主体对外讲述中国故事的主要手段，更为直观、形象、深入、准确地还原了中国故事的深层内涵，刺激了海外受众基于多重主题获取"故事"沉浸体验的主动性④。

2.宣传性思维的功能

"中国传统政治实践因其独立的进程，形成了自身独特而自洽的政治传播智慧。"⑤"政"，多指一个国家的权力、制度、秩序和法令；"治"，多指一个国家社会稳定、人民安康的实际状态。⑥ 只有"政"和"治"的方向都被把准，中国故事才能在国际舞台上行之有效地消解掉那些刻意指责中国的污名化言论。受此影响，宣传性思维主导的中国故事多以中国政府和主流媒体作为国际传播的主力，强化了中国故事的"传播"功能、"传递"功能，以及"传承"功能，从多个层面提高了中国故事的宣传教育效果。

（1）"传播"：正确的政治方向

宣传性思维主导的中国故事以传播价值理念与党政动态为基本原则，引导传播主体为中国故事导入正确的政治方向。但在这个过程里，传播主体不敢或不善于"讲真话"，容易顾此失彼，忽略中国故事的"文化折扣"，进而

① 张恒军，张毓强.共生新图景：中华文化国际传播新进路［J］.对外传播，2022（06）.
② ［奥］阿尔弗雷德·舒茨.社会世界的意义构成［M］.游宗祺，译，北京：商务印书馆，2012：9-11.
③ 和亚宁.加强国际传播建设 着力提升"六种能力"［J］.新闻战线，2021（18）.
④ 许哲煜.故事里的中国"分层模式"叙事建构［J］.电视研究，2021（02）.
⑤⑥ 谢清果，王皓然."内圣外王"与"哲人王"：中西政治传播观念比较分析［J］.新闻大学，2022（07）.

在信息壁垒、文化间性的影响下不断扩大认知鸿沟，引发"逆火效应"①。

（2）"传递"：正确的舆论导向

宣传性思维主导的中国故事以传递正能量与幸福感为基本目标，通过弘扬主旋律促进传播主体为中国故事输入正确的舆论导向。但在这个过程里，技术黑箱带来的算法操纵与"信息茧房"困局，导致缺乏社会化特质的宣传性中国故事得不到有效传播②。于是，传播主体不能及时澄清虚假消息，也不能获得海外受众信任，很容易陷入"无效引导""无效传播"的窘境。

（3）"传承"：正确的价值取向

宣传性思维主导的中国故事以传承社会责任感和文化自觉为基本理念，刺激传播主体为中国故事注入正确的价值取向。价值，是个体形成价值观的关键因素；价值观，则是"一个国家的重要稳定器"③，它不仅能"决定文化性质和方向的最深层次要素"④，还能将中国社会主义核心价值观融入到中国故事中去，让中国价值和中国理念在外国受众群体范围内得到"内化于心，外化于行"的传播效果。

（二）产品性思维

产品性思维是传播主体在数字化时代转变对外传播原则、整合国际传播渠道、调整传受互动姿态的重要知识模块。当然，这个模块并不孤立，反而是传播主体在中国故事国际传播过程里拓展"他塑"主体、优化他塑格局；活用媒介技术，抓住时代契机；扩大传播视野、优化传播矩阵的重要运营手段，能够有效应对宣传性思维带来的不利局面。也正因如此，"以学促传"的产品性思维在潜移默化中为中国故事注入了更多的追踪性、全局性和流行性特征，提高了中国故事国际传播的辐射范围和落地效果。

---

①② 余红，邓琴玲玉. 弥合与创新：智能化国际传播体系构建新路径 [J]. 中国编辑，2022（07）.
③④ 新华网. 习近平：使社会主义核心价值观的影响像空气一样无所不在 [Z].2014-02-25［2022-08-29］，http://www.xinhuanet.com//politics/2014-02/25/c_119499523.htm.

1.产品性思维的内涵及意义

按照产品性思维的逻辑，中国故事是被海外用户消费的文化产品，必须以用户（受众）体验为传播前提，用"共情"引发话题，用话题制造流量，再用流量完成变现，在各个环节影响中国故事的传播实践[①]。受此影响，中国故事已经构成一个完整的文本共同体，传播主体需要努力深入故事内核，找到能被海外受众充分认同的故事素材，为中国故事情感层面的国际传播构建明确的传播目标，促使中国故事不仅说清"是什么"，更说清"为什么"和"怎么样"。

（1）明确的目标

产品性思维需要传播主体构建明确的传播目标，让中国故事"通过交流达到宣传的目的"。[②]一般来说，用产品性思维生产出来的中国故事遵循挖掘人、依靠人、益于人的发展逻辑，能够通过不断调动海外受众积极性、持续满足海外受众切实需求等方法有效提高自我信度，精准构建叙事文本，无限趋近自塑目标，进而提高中国故事国际传播效果。如今，中国会在举行阅兵式的同时面向全球进行直播，以"彰显国家态度、展现中国力量"为目标，满怀自信向海外受众讲述中国军事故事，巧妙完成军事实力的对外宣传。在这个过程中，阅兵式为海外受众提供了一个象征符号的空间，通过"仪式"强化了故事传播的周期性、固定性和表演性特质[③]。

（2）合理的素材

产品性思维需要传播主体选择合适的传播媒介、使用合理的传播素材去指代故事、调整文本。在这个过程中，只要素材能够有效避开明示结论的高陈述倾向、诉诸理性的低感官导向、"一面提示"的有偏差趋向，符合媒介调

① 李玲飞.社交媒体语境下中国电影在 Facebook 上的国际传播研究［J］.中国新闻传播研究，2022（02）.

② 张毓强，潘璟玲.边界扩张与结构调适：关于新时代国际传播实践范畴的讨论［J］.对外传播，2022（07）.

③ 孙星.仪式传播视角下的新中国成立 70 周年国庆阅兵式［J］.传播力研究，2021（32）.

性和特定语境，就能充分激发海外受众从事实、价值、情感三个层面对中国故事产生认同。2022 年初，二次元游戏《原神》（Genshin）凭借全新上线的游戏角色"云堇"（Yun Jin）帮助中国掀起传统戏曲海外热潮，引发外国人对中国传统文化的持续关注，实现了京剧故事在国际平台的有效传播。"云堇"之所以能在外部世界强势落地，一方面得益于游戏发行商选择了合适的传播媒介——"游戏媒介"，让海外受众潜移默化地感受到了"中国之美"[①]；另一方面也在于游戏设计师合理使用京剧元素，合理、巧妙地将特定素材融入到了"游戏角色"这一媒介图像文本当中[②]。

（3）深入的故事

产品性思维需要传播主体"寻找国内外符号互动模式的最大公约数"[③]，让创新编码的文本内涵不流于中国故事表面，反而通过"素材内在"呈现有深度的文本内容，从根本上改善中国故事可能存在的偏向性、宏观性或单向性倾向，避免中国故事陷入炫耀式传播的误区。随着互联网的扩张，动漫成为传播主体在数字化时代讲述中国故事的重要载体，通过对本国文化的朴素表达、对本国文化的创新表达，以及对外国文化的本土表达，增强文化自信、助力文化复兴。[④]《大圣归来》《哪吒之魔童降世》《白蛇》《新神榜》等国漫电影借助品牌化的营销理念和情感化的传播技巧抓住了海外受众娱乐休闲、社会交往、身份认同的心理需求[⑤]，行之有效地将抽象、深入的中国神话故事展现给了外国受众，在避开"议程抵制"的同时，以"传统背景 + 新颖叙事"的文本呈现形式在世界动画舞台上大放异彩。

2. 产品性思维的优势

---

① 刘姝秀.游戏环境下的中国文化输出探索——以《原神》为例［J］.科技传播，2021（08）.

② 李东红，魏金济."图像文本"研究范式的多学科讨论［J］.思想战线，2022（04）.

③ 余红，邓琴玲玉.弥合与创新：智能化国际传播体系构建新路径［J］.中国编辑，2022（07）.

④ 谢瑾.中国电影海外传播的经验分析——以电影《长城》为例［J］.传媒，2019（17）.

⑤ 张莹莹.新媒体语境下国漫电影的品牌化营销策略研究 ——以《哪吒之魔童降世》为个案［J］.环球首映，2022（03）.

产品性思维用明确的目标、合理的素材、深入的故事及时、精准调整传播主体与国外用户的沟通姿态，让中国故事在动静结合中具备追踪性特征，在内外结合中具备全局性特征，在新旧结合中具备流行性特征。但在这个过程中，传播主体务必要注意把握分寸，不能舍本逐末，忽略中国故事的文本内核，要用新理念、新思路、新视野去适应新媒介和新技术，避免产品性思维跟不上时代潮流而走向极端。

（1）动静结合：追踪性

产品性思维重沟通、弱宣传，一般通过多维追踪媒介变化、实时追踪舆情变化、主动追踪语境变化、努力发现"文化冲突区"变化来促成中国故事国际传播的"动静结合"。所谓"动"，就是传播主体会不断调整故事文本，通过适应国际传播的主流调旨引发话题、实现互动；所谓"静"，就是传播主体在追踪到新的故事素材、新的受众特点等必要变化后，会经过冷静思考才有目的、有条理、有逻辑地调整、优化中国故事的文本构建。

（2）内外结合：全局性

产品性思维实际上是中国故事"从对外宣传到国际传播"的演进性产物，能够最大化发挥传播主体统合内外的全局性优势，用宣其内涵、传其精粹的方式优化宣传路径，扩大中国故事的国际认同。[1] 当下的世界是一个整体，中国也是全球的中国。[2] 此时，"外国版中国故事"特别是"西方版中国故事"主导了国际传播场域的中国内容，深刻反映出"他塑"对于中国故事国际传播的巨大潜力。受此影响，中国传播主体可在产品性思维指导下，将我者故事和外国传播主体的他者故事有机结合起来，更加高效、更大范围地向世界传播中国声音。

（3）新旧结合：流行性

---

[1] 张毓强，潘璟玲.边界扩张与结构调适：关于新时代国际传播实践范畴的讨论［J］.对外传播，2022（07）.

[2] 史安斌，盛阳.探究新时代国际传播的方法论创新：基于"全球中国"的概念透视［J］.新闻与传播评论，2021（03）.

产品性思维基于新媒体和新技术，借助符合时代发展趋势的融合理念助力中国故事完成文本的多渠道传播。这种新旧结合的传播思维不仅为传播主体营造出"传统媒介与新媒介齐头并进、过往优势与时代契机有机结合"的传播环境，同时也为中国故事注入了显著且重要的"流行性"特质，利于中国故事在国际舞台的"流量变现"。

参考文献

［1］孙英春. 跨文化传播学［M］. 北京：北京大学出版社，2015.

［2］［美］拉里·A. 萨默瓦，理查德·E. 波特，埃德温·R. 麦克丹尼尔编. 跨文化传播［M］. 闵惠泉，贺文发，徐沛喜，译. 北京：中国人民大学出版社，2013.

［3］段鹏. 国家形象建构中的传播策略［M］. 北京：中国传媒大学出版社，2007.

［4］关世杰. 国际传播学［M］. 北京：北京大学出版社，2004.

［5］刘梦溪. 传统的误读［M］. 北京：人民出版社，1996.

［6］刘小枫. 沉重的肉身——现代性伦理的叙事纬语［M］. 上海：上海人民出版社，1999.

［7］马杰伟，张潇潇. 媒体现代：传播学与社会学的对话［M］. 上海：复旦大学出版社，2011.

［8］欧阳宏生. 认知传播学［M］. 北京：科学出版社，2021.

［9］彭聃龄，张必隐. 认知心理学［M］. 杭州：浙江教育出版社，2004.

［10］彭伟步. 海外华文传媒概论［M］. 广州：暨南大学出版社，2007.

［11］沈苏儒. 对外传播的理论与实践［M］. 北京：五洲传播出版社，2004.

［12］唐宁. 中国电视文献纪录片价值构建研究［M］. 北京：中央文献出版社，2012.

［13］童庆炳. 文学理论教程［M］. 北京：高等教育出版社，1998.

［14］王赓武. 华人与中国：王赓武自选集［M］. 上海：上海人民出版社，2013.

［15］王诺. 欧美生态文学［M］. 北京：北京大学出版社，2011.

［16］王颖. 会展经济与经济发展［M］. 武汉：湖北科学技术出版社，2014.

［17］翁冰莹. 布尔迪厄文艺场域理论研究［M］. 厦门：厦门大学出版社，2019.

［18］杨义. 中国叙事学［M］. 北京：人民出版社，1997.

［19］余华，朱立文. 会展学原理［M］. 北京：机械工业出版社，2008.

［20］赵新利. 萌力量：可爱传播论［M］. 北京：人民日报出版社，2017.

［21］［美］L.A.怀特. 文化的科学——人类与文明研究［M］. 沈原，等，译. 济南：山东人民出版社，1988.

［22］［奥］阿尔弗雷德·舒茨. 社会世界的意义构成［M］. 游宗祺，译. 北京：商务印书馆，2012.

［23］［澳］马克林（Colin Patrick Mackerras）. 我看中国：1949年以来中国在西方的形象［M］. 张勇先，吴迪，译. 北京：中国人民大学出版社，2013.

［24］［法］拉康. 拉康选集［M］. 褚孝泉，译. 上海：上海三联书店，2001.

［25］［荷］米克·巴尔著. 叙述学：叙事理论导论［M］. 谭君强，译. 北京：中国社会科学出版社，2003.

［26］［加］哈罗德·伊尼斯. 传播的偏向［M］. 何道宽，译. 北京：中国人民大学出版社，2018.

［27］［加］马歇尔·麦克卢汉. 理解媒介：论人的延伸［M］. 何道宽，译. 南京：译林出版社，2019.

［28］［美］道格拉斯·凯尔纳. 媒介奇观：当代美国文化透视［M］. 史安斌，译. 北京：清华大学出版社，2003.

［29］［美］杜威. 经验与自然［M］. 傅统先，译. 北京：商务印书馆，
　　　2014.

［30］［美］亨利·詹金斯. 融合文化：新媒体和旧媒体的冲突地带［M］.
　　　杜永明，译. 北京：商务印书馆，2012.

［31］［美］克林斯·布鲁克斯，罗伯特·潘·华伦. 小说鉴巧［M］. 主
　　　万，等，译. 北京：中国青年出版社，1986.

［32］［美］兰德尔·柯林斯. 互动仪式链［M］. 林聚任，等，译. 北
　　　京：商务印书馆，2012.

［33］［美］迈克尔·波特. 国家竞争优势［M］. 李明轩，邱如美，译.
　　　北京：中信出版社，2007.

［34］［美］乔纳森·特纳，简·斯戴兹. 情感社会学［M］. 孙俊才，
　　　文军，译. 上海：上海人民出版社，2007.

［35］［美］唐·E. 舒尔茨等. 整合行销传播［M］. 吴怡国，等，译. 北
　　　京：中国物价出版社，2002.

［36］［美］威廉士·布隆代尔.《华尔街日报》是如何讲故事的［M］. 徐
　　　扬，译. 北京：华夏出版社，2006.

［37］［美］沃尔特·翁. 口语文化与书面文化——词语的技术化［M］.
　　　何道宽，译. 北京：北京大学出版社，2008.

［38］［美］席勒. 大众传播与美利坚帝国［M］. 刘晓红，译. 上海：上
　　　海译文出版社，2006.

［39］［美］约瑟夫·S. 奈. 硬权力与软权力［M］. 约瑟夫·S. 奈，门
　　　洪华，编. 门洪华，译. 北京：北京大学出版社，2005.

［40］［西］曼纽尔·卡斯特尔. 网络社会的崛起［M］. 夏铸九，等，译.
　　　北京：社会科学文献出版社，2006.

［41］［意］帕累托. 精英的兴衰［M］. 刘北成，译. 上海：上海人民出
　　　版社，2003.

［42］［英］布罗尼斯拉夫·马林诺夫斯基. 西太平洋上的航海者［M］. 张云江，译. 北京：中国社会科学出版社，2009.

［43］［英］冈特利特. 网络研究——数字化时代媒介研究的重新定向［M］. 彭兰，译. 北京：新华出版社，2004.

［44］［英］罗伯特·莱顿. 艺术人类学［M］. 李东晔，王红，译. 桂林：广西师范大学出版社，2009.

［45］［英］斯图尔特·霍尔. 表征：文化表象与意指实践［M］. 徐亮，陆兴华，译. 北京：商务印书馆，2003.

［46］［英］约翰·斯道雷. 文化理论与大众文化导论［M］. 常江，译. 北京：北京大学出版社，2010.

［47］常梦轩. BBC涉华纪录片对"文化中国"形象的建构研究——以《中国新年》和《中华的故事》为例［D］. 武汉：湖北大学，2018.

［48］陈冠合. 讲好中国故事的叙事策略研究［D］. 南京：南京大学，2020.

［49］戴长征.《中国日报》国家形象建构研究（1981–2013）［D］. 上海：上海大学，2014.

［50］董海梅. 小说叙述视角论［D］. 西安：西北大学，2010.

［51］窦金启. 镜像中国——新时期中国影视"走出去"盘整与研究［D］. 临汾：山西师范大学，2019.

［52］桂琪玉. 从NHK涉华纪录片看中国国家形象建构［D］. 武汉：中南民族大学，2012.

［53］郭昕. 上海世博会中我国国家形象的对外传播研究［D］. 杭州：浙江大学，2011.

［54］何晓燕. 全球化语境下中国电视剧的跨文化传播研究［D］. 北京：中国艺术研究院，2012.

［55］冀翔. 泰山风物传说研究［D］. 南宁：广西民族大学，2021.

［56］李念念. 动画电影的跨文化传播研究——以《功夫熊猫》系列为例［D］.广州：暨南大学，2016.

［57］刘傲霜. 沉浸式体验视阈下的当代会展设计研究——以"捕获野生熊孩子计划"主题展为例［D］. 武汉：江汉大学，2020.

［58］刘静. 讲好中国故事在传播社会主义核心价值观中的作用［D］. 武汉：华中师范大学，2017.

［59］刘仕铭. 全球本土化视角下抖音海外传播研究——以马来西亚版为例［D］. 广州：广东外语外贸大学，2020.

［60］刘雨菲. 新时代中国共产党对外"讲好中国故事"研究［D］. 杭州：浙江大学，2021.

［61］罗丹丹. 新媒体环境下品牌传播的研究［D］. 重庆：西南大学，2012.

［62］芈韫婧. 中国故事，国际表达：《人民日报》海外版编辑形态研究［D］. 北京：北京外国语大学，2016.

［63］牛旻. 新媒体视域下的现代漫画转型研究［D］. 武汉：湖北大学，2021.

［64］邵燕. 中国家庭伦理电视剧研究［D］. 济南：山东师范大学，2009.

［65］师蔷薇. 习近平"讲好中国故事"思想研究［D］. 太原：太原理工大学，2016.

［66］孙铭泽. UGC短视频内容质量把关研究——以腾讯视频娱乐领域为例［D］. 大连：大连理工大学，2021.

［67］王亚雪. 论跨文化视域下人文纪录片的中国故事讲述［D］. 保定：河北大学，2020.

［68］薛佳宁. 电影沉浸性体验的发展研究［D］. 南京：南京艺术学院，2019.

［69］闫郡虎. 电子游戏的叙事模式研究［D］. 重庆：重庆大学，2014.

［70］印心悦. "美好生活"的中国表达：媒介化视域中的"讲故事"［D］. 合肥：安徽大学，2019.

［71］安利利，王晶莹. 中国形象的"他者"镜像——《华盛顿邮报》涉华报道分析（2015-2019）［J］. 国际传播，2020（04）.

［72］毕永光. 打破场域区隔，聚焦向心力的对台传播策略思考——以福建对台传播为例［J］. 东南传播，2022（04）.

［73］蔡名照. 讲好中国故事传播好中国声音——深入学习贯彻习近平同志在全国宣传思想工作会议上的重要讲话精神［J］. 对外传播，2013（11）.

［74］曹书圆. 网络时代下文字剧情类互动游戏传播策略研究——以"橙光游戏"为例［J］. 今传媒，2020（12）.

［75］陈波. "新基建"背景下中视频的内涵特征与传播偏向［J］. 中国传媒科技，2022（07）.

［76］陈根发. 论宗教宽容的政治化和法律化［J］. 环球法律评论，2007（02）.

［77］陈建樾. 多民族国家和谐社会的构建与民族问题的解决评民族问题的"去政治化"与"文化化"［J］. 世界民族，2005（05）.

［78］陈若雪. 商标广告宣传功能内涵研究［J］. 法学研究，2017（10）.

［79］陈申，薛馨华. 国际汉语教师培养理念解构［J］. 语言教学与研究，2010（05）.

［80］陈诗琦，王添淼. 对外汉语教师职业认同现状调查与分析［J］. 华文教学与研究，2019（04）.

［81］陈先红. 讲好中国故事的元叙事方法论，对外传播［J］. 公关世界，2022（04）.

［82］陈先红，宋发枝. "讲好中国故事"：国家立场、话语策略与传播战略［J］. 现代传播（中国传媒大学学报），2020（01）.

［83］陈先红. 用中国话语讲好中国故事的回顾与前瞻［J］. 对外传播，2017（01）.

［84］陈先红，于运全. 中国好故事评价指标体系的建构［J］. 新闻与写作，2019（07）.

［85］陈献勇，骆梦柯. 双循环格局下会展业与文化产业的融合创新［J］. 沈阳师范大学学报（社会科学版），2022（02）.

［86］陈奕平. 新时代中国发展战略与华侨华人的作用［J］. 八桂侨刊，2019（02）.

［87］陈映锜. 牢牢把握讲好中国故事的话语权和主导权［J］. 当代传播，2022（01）.

［88］程筠瑶. 使用与满足理论在新媒体研究中的应用［J］. 西部广播电视，2022（04）.

［89］崔希亮. 新时代国际中文教育面临新的课题［J］. 云南师范大学学报（哲学社会科学版），2022（05）.

［90］戴骋. 新媒体时代中视频传播的动因、特征及路径［J］. 中国传媒科技，2022（07）.

［91］丁一. 对外传播中国家形象的发展与传播策略［J］. 全媒体探索，2022（03）.

［92］杜康. 主流媒体的国际传播与中国形象建构——以央媒Facebook"十九大"报道为例［J］. 传播力研究，2018（07）.

［93］段鹏，李芊芊. 叙事·主体·空间：虚拟现实技术下沉浸媒介传播机制与效果探究［J］. 现代传播，2019（04）.

［94］范红. 系统重构与形象再塑：中国国际传播新形势、新任务、新战略［J］. 对外传播，2021（07）.

［95］范明. 走出非理性批判：论群体传播叙事的情感说服［J］. 现代传播，2022（04）.

［96］樊小玲. 媒介的主体性偏向与超越性弥合：媒介变迁的另一种逻辑［J］. 东岳论丛，2021（12）.

［97］冯惠玲，胡百精. 对话与双赢：北京奥运语境下的文化中国国家形象传播研究［J］. 电视研究，2008（02）.

［98］冯乐苑. 民族中心主义视域下不一样的"中国人"——《中国人的气质》与《中国人的精神》之比较［J］. 四川文理学院学报，2016（01）.

［99］冯馨瑶，靖鸣. 出版直播营销3.0：体验、情感、沉浸［J］. 出版广角，2020（12）.

［100］伏飞雄. 事件与叙述：叙述分层与经典叙述学概念框架反思［J］. 英美文学研究论丛，2021（02）.

［101］付森会. 社交媒体中的友谊：相似性机制与情感传播逻辑［J］. 福建师范大学学报（哲学社会科学版），2020（02）.

［102］傅诗雨. 基于AISAS模型视角下传统文化类节目的传播策略研究——以河南卫视《唐宫夜宴》节目为例［J］. 传媒论坛，2022（16）.

［103］高金田，孙剑锋. 我国贸易宏观质量综合评价探究［J］. 中国经贸导刊（中），2019（06）.

［104］高楠. 文学的传播场域［J］. 中国文学批评，2021（01）.

［105］高茜. 浅谈传统文化与品牌设计的融合发展——以花西子为例［J］. 西部皮革，2022（04）.

［106］高琴. 李子柒野食短视频的内容生产和传播策略探析［J］. 河北民族师范学院学报，2019（03）.

［107］高宪春. 对外传播中讲好中国故事的"五化"原则［J］. 中国记者，2015（06）.

［108］高晓鹏，邹赞. "木兰传奇"的跨文化改写和域外接受——以真人版《花木兰》为例［J］. 电影文学，2022（08）.

［109］高旻珩. 主流媒体短视频内容生产中的情感传播机制研究——以央视频抖音号为例［J］. 媒体融合新观察，2022（03）.

［110］郭晗. 讲好中国故事构建中国化马克思主义话语权［J］. 吉首大学学报（社会科学版），2019（06）.

［111］郭雅楠. 新闻消费社交化移动化：看什么，怎么看，相信谁?——牛津路透新闻研究院2016年数字新闻研究报告［J］. 新闻记者，2016（07）.

［112］郭镇之. 从云南象群迁徙事件看"可爱中国"的对外传播［J］. 对外传播，2021（07）.

［113］韩波，胡祥云，AdamSchultz，等. 复杂场源形态的海洋可控源电磁三维正演［J］. 地球物理学报，2015（58）.

［114］韩玉花. 西方媒体涉华报道中的议程设置［J］. 重庆交通大学学报（社科版），2007（02）.

［115］何苏六，李智，毕苏羽. 中国题材纪录片的国际化传播现状及发展策略［J］. 中国广播电视学刊，2011（05）.

［116］何亚非. 海外华文媒体与中国梦［J］. 求是，2015（01）.

［117］和亚宁. 加强国际传播建设 着力提升"六种能力"［J］. 新闻战线，2021（18）.

［118］胡岸，陈斌. 国家议题的对外传播效果分析——以"一带一路"在海外社交媒体上的框架分析为例［J］. 编辑之友，2018（12）.

［119］胡岑岑. 个体视角下的短视频叙事与国家形象建构——以北京冬奥会中的短视频为例［J］. 当代电视，2022（04）.

［120］胡正荣，田晓. 新时代中国国际传播话语体系的构建：分层、分类与分群［J］. 中国出版，2021（16）.

［121］隗静秋. 新消费时代下图书营销：情感链接、价值输出与品牌塑造［J］. 编辑之友，2022（08）.

［122］黄旦．"把关人"研究及其演变［J］．国际新闻界，1996（04）．

［123］黄典林，张毓强．国际传播的地方实践：现状、趋势与创新路径［J］．
对外传播，2021（09）．

［124］黄鸣奋．网络间性：蕴含创新契机的学术范畴［J］．福建论坛（人
文社会科学版），2004（04）．

［125］黄钦．参与式传播：新闻传播教育的范式转换及其实践价值［J］．
传媒，2018（16）．

［126］黄也平．软传播：新世纪中国"国家传播"的方式选择［J］．吉林
大学社会科学学报，2013（07）．

［127］计永超，刘莲莲．新闻舆论引导力：理论渊源、现实依据与提升路
径［J］．新闻与传播研究，2016（09）．

［128］贾云鹏，刘雅昕．基于情感传播的游戏反馈机制——虚拟现实电影中
的交互［J］．当代电影，2022（08）．

［129］蒋丽君．讲好中国故事的思考与实践［J］．出版参考，2021（09）．

［130］蒋晓丽，何飞．互动仪式理论视域下网络话题事件的情感传播研
究［J］．湘潭大学学报（哲学社会科学版），2016（02）．

［131］江作苏，李理．传播视野：国家形象的官方民间舆论场互补建构［J］．
华中师范大学学报，2014（06）．

［132］荆江．讲全国各地精彩故事展新时代中国新形象——"2019年度对外
传播十大优秀案例"发布［J］．对外传播，2019（12）．

［133］敬菲菲．中华优秀传统文化纪录片的价值与传播［J］．当代电视，
2019（09）．

［134］孔令洁．虚拟的视觉文化时代——浅析电脑游戏的互动及感官作
用［J］．参花，2014（09）．

［135］拉·巴桑达·索维吉，单万里．纪录电影的起源及演变［J］．世界
电影，1995（01）．

［136］郎琦，张金辉．以中华文化海外传播助推更多中国产品出口［J］．
云南社会科学，2020（01）．

［137］雷建军，杨慧．从NHK《历史秘话》看日本当代商业化纪录片的风格
特点［J］．电视研究，2010（02）．

［138］李东红，魏金济．"图像文本"研究范式的多学科讨论［J］．思想
战线，2022（04）．

［139］李法宝．论《媳妇的美好时代》在非洲的传播［J］．现代视听，
2015（01）．

［140］李广强．中国春节文化的国际传播——以中央广播电视总台春晚"走
出去"为例［J］．国际传播，2021（06）．

［141］李桂奎．"熟玩本文，深绎本意"——中国传统文学读解理论的本体
性及其现代阐释［J］．学术月刊，2018（12）．

［142］李海峰．充分发挥侨务工作在弘扬中华文化中的积极作用［J］．求
是，2012（08）．

［143］李乐，王艺桦．铸牢中华民族共同体意识的符号机制探赜［J］．西
北民族大学学报（哲学社会科学版），2022（02）．

［144］李辽宁．多学科视角下的"去政治化"话语评析——兼论人文社会
科学与政治的关系［J］．海南大学学报（人文社会科学版），2014
（04）．

［145］李玲飞．社交媒体语境下中国电影在Facebook上的国际传播研究［J］．
中国新闻传播研究，2022（02）．

［146］李诺然．华语电影如何讲好中国故事［J］．青年记者，2016（12）．

［147］李沁．泛在时代的"传播的偏向"及其文明特征［J］．国际新闻
界，2015（05）．

［148］李舒，陈菁瑶．5G时代长视频的价值与机遇［J］．中国记者，2020
（06）．

［149］李伟代，刘星河．远方的家：故事化叙事视域下的情感传播［J］．电视研究，2015（06）．

［150］李雪欣，李海鹏．中国品牌定位理论研究综述［J］．辽宁大学学报（哲学社会科学版），2012（03）．

［151］李岩．国家媒体如何应用移动社交媒体提升对外传播能力［J］．传播力研究，2019（36）．

［152］李妍菲．唐·E.舒尔茨的理论回顾［J］．企业管理，2020（10）．

［153］李宇．从CCTV4到CGTN：浅析中国国际电视频道的发展嬗变［J］．对外传播，2017（05）．

［154］李宇．对外传播工作切忌内宣化［J］．对外传播，2020（01）．

［155］李宇．新形势下对外讲好中国共产党故事的叙事层次与策略［J］．2022（02）．

［156］李智，黄新新．媒体外交视域下日本NHK涉华纪录片话语框架流变研究［J］．视听理论与实践，2022（02）．

［157］梁家胜，董育红．论民间叙事中民间立场的审美表达和多维呈现［J］．青海社会科学，2019（05）．

［158］廖秉宜．北京冬奥会国际传播路径与策略创新［J］．对外传播，2021（11）．

［159］林楠，吴佩婷．伦理叙事激发情感共鸣的机理探究［J］．道德与文明，2019（01）．

［160］林志添，贾振振．文化娱乐活动对农村老年人精神健康影响研究［J］．大众文艺，2020（19）．

［161］令狐尧羽．从"改编"到"结合"：新媒体环境下电影与电子游戏的融合发展［J］．科技传播，2022（11）．

［162］保军．中国特色政党治理的生成逻辑、核心议题与战略前瞻［J］．学习与实践，2022（07）．

［163］刘海明，宋婷．共情传播的量度重大公共卫生事件报道的共振与纠缠［J］．新闻界，2020（10）．

［164］刘立园．扬弃与反思：后中国制造时代的中国工业设计［J］．设计，2016（09）．

［165］刘如良．外宣纪录片传播策略与叙事手段研究［J］．视听，2021（05）．

［166］刘睿姝．"交往行为理论"视域下的跨文化交际［J］．知与行，2020（05）．

［167］刘姝秀．游戏环境下的中国文化输出探索——以《原神》为例［J］．科技传播，2021（08）．

［168］刘帅，李坤，王凌峰．从主流媒体到新型主流媒体：概念内涵及其实践意义［J］．新闻界，2020（08）．

［169］刘涛．何为视觉修辞——图像议题研究的视觉修辞学范式［J］．湖南师范大学社会科学学报，2018（06）．

［170］刘卫东．传受双方的约定与最佳传播效能——关于传播的内在机制问题［J］．现代传播，1995（06）．

［171］刘秀，张健．两级传播论在网络教学中的新解［J］．电化教育研究，2007（02）．

［172］刘扬，杨梓煜．中国国家形象对外传播的精细化发展［J］．对外传播，2021（03）．

［173］刘滢，张毓强．转文化传播：中华文化"走出去"的升级新可能——基于《功夫熊猫》《花木兰》等案例的讨论［J］．对外传播，2021（02）．

［174］刘颖．中国文学译介出版的生产场域与译介模式——以《文心雕龙》英译为中心的考察［J］．出版广角，2019（14）．

［175］栾欣超．政党在构建人类命运共同体中的履责难题与中国方案［J］．

决策与信息，2022（08）.

［176］栾轶玫. 视觉说服与国家形象建构——对外传播中的视听新话语［J］. 新闻与写作，2017（08）.

［177］罗令辉. "讲好中国故事"语境下的对外传播实践路径探析［J］. 国际传播，2021（07）.

［178］罗楠. "歪果仁研究协会"的跨文化传播启示［J］. 新纪实，2021（22）.

［179］罗奕，张小姣. 短视频自媒体跨文化传播的可行路径探究——以 YouTube滇西小哥短视频为例［J］. 传媒，2020（11）.

［180］吕璟，潘知常. 跨文化传播中的"身体在场"：中国形象的场域建构［J］. 南京社会科学，2022（08）.

［181］马新强. 多维视角下的中国文学海外传播策略［J］. 上海翻译，2020（02）.

［182］马永辉. 中英伦理道德思想之比较［J］. 学术交流，2009（04）.

［183］马志霞. 新时代中国价值观国际传播的逻辑思考［J］. 思想理论教育，2019（01）.

［184］麦尚文，杨朝露. 从议题互动到场景融合：网络直播的舆论功能与生态重构［J］. 福建师范大学学报（哲学社会科学版），2020（03）.

［185］满静. 新时代主流社交媒体在国际舆论战中的困境与突围［J］. 声屏世界，2021（07）.

［186］毛德松. 当代"国际经济政治化"简析［J］. 世界经济与政治，1998（10）.

［187］孟天广，宁晶. 互联网"去政治化"的政治后果——基于广义倾向值匹配的实证研究［J］. 探索，2018（03）.

［188］蒙象飞. 文化符号在中国国家形象建构中的有效运用［J］. 社会科学论坛，2014.

［189］明安香. 关于中国国家形象大传播战略的思考［J］. 新闻爱好者，2009（02）.

［190］潘玥，肖琴. 东南亚华人文化的"政治化"探析［J］. 华人华侨历史研究，2021（03）.

［191］裴培. 媒介奇观视域下短视频的建构与传播研究［J］. 西部广播电视，2021（10）.

［192］彭广林. 潜舆论·舆情主体·综合治理：网络舆情研究的情感社会学转向［J］. 湖南师范大学社会科学学报，2020（05）.

［193］彭兰. 网络传播与社会人群的分化［J］. 上海师范大学学报，2011（02）.

［194］秦琪吉. 新媒体时代中国IP如何做好国际传播［J］. 当代广西，2022（12）.

［195］覃玉兰. 传播学视野下生态文学社会功能探讨［J］. 文学教育，2010（08）.

［196］曲鹏飞. 新时代提升中国国际传播能力的内涵与路径［J］. 中国井冈山干部学院学报，2022（04）.

［197］曲莹璞. 联接中外、沟通世界，推动国际传播高质量发展［J］. 新闻战线，2022（05）.

［198］任孟山，陈强. 五位一体与中国版中国故事：中国国际传播的象征框架［J］. 现代出版，2022（03）.

［199］单波，张腾方. 跨文化传播视野中的他者化难题［J］. 学术研究，2016（06）.

［200］商娜红，刘婷. 北美媒介环境学派：范式、理论及反思［J］. 新闻大学，2013（01）.

［201］尚咲. 以CGTN为例看新媒体时代漫画评论的国际传播［J］. 声屏世界，2022.

［202］邵培仁，李梁．媒介即意识形态——论法兰克福学派的媒介控制思想［J］．浙江大学学报，2001（01）．

［203］盛芳．数字媒体时代正面宣传情感化传播现象研究［J］．新闻世界，2022（01）．

［204］盛河峰．美食视频的呈现与场域的构建——以哔哩哔哩平台UP主为例［J］．传媒论坛，2021（20）．

［205］史安斌，盛阳．探究新时代国际传播的方法论创新：基于“全球中国”的概念透视［J］．新闻与传播评论，2021（03）．

［206］史安斌，童桐．“乌卡时代”战略传播的转型与升维［J］．对外传播，2020（06）．

［207］史兴松，程霞．国内教师身份认同研究：回顾与展望［J］．现代教育管理，2020（04）．

［208］司达，国巍．主体性话语的“三位一体”——近10年中国民间纪录片发展特征概述（2010—2020）［J］．云南社会科学，2021（03）．

［209］苏长和．用中国概念讲好中国故事［J］．人民论坛，2012（09）．

［210］孙晶．从工具主义到人本主义：国家治理理念的现代化重塑［J］．理论导刊，2022（01）．

［211］孙星．仪式传播视角下的新中国成立70周年国庆阅兵式［J］．传播力研究，2021（32）．

［212］谭宇菲，靳宇豪．媒介场域内文化共同体的同根叙事与共融传播——以纪录片《无穷之路》为例［J］．当代传播，2022（04）．

［213］谭宇菲，刘红梅．个人视角下短视频拼图式传播对城市形象的构建［J］．当代传播，2019（01）．

［214］唐润华．既要内外有别更要内外一体——对我国对外传播原则的重新审视［J］．新闻与写作，2015（03）．

［215］唐润华，郑敏．文化间性视域下出版业“讲好中国故事”的效果提升

路径［J］. 新闻爱好者，2021（03）.

［216］汤天甜，温曼露. 讲好中国故事：中国文学借船出海的传播策略［J］. 出版广角，2019（14）.

［217］唐伟胜. 国外叙事学研究范式的转移——兼评国内叙事学研究现状［J］. 四川外国语学报，2003（02）.

［218］唐悦. 基于霍尔高低语境理论浅析汉语欧化现象［J］. 海外英语，2016（04）.

［219］陶丹丹. "一带一路"国际新闻英汉编译中的叙事建构［J］. 东南传播，2019（12）.

［220］田金良. 谈虚拟现实对新媒体艺术表达的影响［J］. 传媒论坛，2018.

［221］田龙过. 国际传播视野中的中国设计与"中国制造"［J］. 包装工程，2018（20）.

［222］王斌. 数字平台背景下情感传播的成因、风险及反思［J］. 电子科技大学学报（社科版），2019（03）.

［223］王伯鲁，徐文杨. 海德格尔《追问科学与技术》［J］. 北京科技大学学报，2014（01）.

［224］王才勇. 文化间性问题论要［J］. 江西社会科学，2007（04）.

［225］王国华，高伟，李慧芳. "洋网红"的特征分析、传播作用与治理对策——以新浪微博上十个洋网红为例［J］. 情报杂志，2018（12）.

［226］王昊. 赛博空间中的自由概念辨析——基于哲学与法学视角的比较［J］. 理论界，2011（08）.

［227］王洪，张斌. 用多重视角的影像叙事"讲好中国故事"——以中国纪录片的国际传播为例［J］. 新闻战线，2021（09）.

［228］汪晖，许燕. "去政治化的政治"与大众传媒的公共性——汪晖教授访谈［J］. 甘肃社会科学，2006（04）.

［229］汪健．主文化与亚文化的碰撞与平衡——以2022年中国春晚和美国超级碗为例［J］．西部学刊，2022（07）.

［230］王奎，胡树祥．网络民粹主义辨析［J］．教学与研究，2020（05）.

［231］王林栋．非遗纪录片传播的困境与突破——以B站爆款非遗纪录片为例［J］．出版广角，2021（23）.

［232］王敏．领导人卡通形象体现的政治传播变革［J］．今传媒（学术版），2014（05）.

［233］王庆福，宣莉．生态纪录片的"生态中国"形象建构［J］．电视研究，2018（10）.

［234］王少南．媒介建构社会共识的功能分析［J］．传播力研究，2019（34）.

［235］王笋．《典籍里的中国》的时空构建分析［J］．华夏传播研究，2021（07）.

［236］王晚英．习近平"讲好中国故事"思想的生成逻辑与主要内涵［J］．新闻研究导刊，2019（01）.

［237］王晓丽，张振卿．国家形象视域下讲好中国故事的双重价值意蕴［J］．青海社会科学，2022（01）.

［238］王禹，王卓然．《唐宫夜宴》凭啥打动外国网友［J］．传媒评论，2021（07）.

［239］吴格尔．中国环保纪录片的话语立场与叙事特征［J］．浙江传媒学院学报，2015（06）.

［240］吴思锋．"讲好中国故事"思想观照下中国文化外译研究［J］．文化学刊，2016（12）.

［241］吴贻玉．中国古代文化中环保思想的现代发掘［J］．华东船舶工业学院学报，2001（03）.

［242］吴忠民．精英群体的基本特征及其他［J］．中共中央党校学报，

2008（02）.

［243］吴子林. 文化交往或对话可能吗——论东西方文化的合创共生［J］.
人文杂志，2021（08）.

［244］习近平. 海外侨胞是实现中国梦的重要力量［J］. 中国人才，2014
（15）.

［245］谢瑾. 中国电影海外传播的经验分析——以电影《长城》为例［J］.
传媒，2019（17）.

［246］谢清果，王皓然.“内圣外王”与“哲人王”：中西政治传播观念比
较分析［J］. 新闻大学，2022（07）.

［247］谢世琦，赵登文，李佳楠. 情感传播视域下党媒视频内容生产研
究——以抖音号“长城新媒体”为例［J］. 传播与版权，2022
（08）.

［248］谢文博. 来华留学教育的中国价值观传播探索［J］. 神州学人，
2022（07）.

［249］新华社“舆论引导有效性和影响力研究”课题组. 主流媒体如何增强
舆论引导有效性和影响力之一：主流媒体判断标准和基本评价［J］.
中国记者，2004（01）.

［250］邢丽菊，赵婧. 新媒体与中国国家形象的国际传播［J］. 现代国际
关系，2021（11）.

［251］许海云，贾秀涛. 冷战后欧美反智主义思想及其实践探源［J］. 武
汉科技大学学报（哲学社会科学版），2020（04）.

［252］徐梦娜. 中国文化视角下的科幻世界观——电影《流浪地球》的故事
与情感［J］. 电影新作，2022（02）.

［253］徐明华，李丹妮. 情感畛域的消解与融通：“中国故事”跨文化传播
的沟通介质和认同路径［J］. 现代传播，2019（03）.

［254］许向东，尹艺斐. 原创力、智能化、共融性——海外华文媒体讲好中

国故事的创新路径［J］．新闻爱好者，2022（01）．

［255］徐巍．图像时代的文学场域研究［J］．中州学刊，2013（05）．

［256］许哲煜．故事里的中国"分层模式"叙事建构［J］．电视研究，
　　　　2021（02）．

［257］薛精华，邹贞．中国故事、中国想象与技术美学表达——"中国科幻
　　　　电影如何讲好'中国故事'"学术研讨综述［J］．当代电影，2022
　　　　（07）．

［258］薛可，古家谕，陈炳霖．共情·创新·融合：文化符号与国家话语体
　　　　系构建——基于"冰墩墩"的社交媒体平台内容分析［J］．新闻与
　　　　写作，2022（05）．

［259］颜丹平．加强国际学术交流活动［J］．北京观察，2021（06）．

［260］阎立峰．外宣内外有别原则地理与心灵的辩证法［J］．现代传播，
　　　　2008（04）．

［261］严文斌．融通话语体系讲好中国故事［J］．对外传播，2014（09）．

［262］严文斌．用中国品牌讲好中国故事［J］．中国记者，2015（05）．

［263］闫秀玲．诉诸理性与诉诸感性——浅谈打造双通道传播模式［J］．
　　　　青年记者，2008（18）．

［264］杨福庆．擦亮CGTN品牌讲好中国和世界的故事［J］．国际传播，
　　　　2021（06）．

［265］杨江华．从网络走红到网红经济：生成逻辑与演变过程［J］．社会
　　　　学评论，2018（05）．

［266］杨静岚，欧阳宏生．具身认知视域下的主流价值传播创新［J］．湖
　　　　南师范大学社会科学学报，2021（03）．

［267］杨莉．中医海外自媒体传播现状与对策——基于YouTube的实证分
　　　　析［J］．新闻传播，2019（05）．

［268］杨蓉．"中国形象"的媒体传播与"他者"视域思考［J］．传媒，

2015（04）.

［269］杨薇. 国际传播视域下国际中文教育文化教学的内容选择［J］. 天
　　　津师范大学学报（社会科学版），2022（04）.

［270］姚建彬. 对中国文学海外传播的反思与建议［J］. 外国语文，2020
　　　（04）.

［271］叶洁楠，海涛. 艺术的雅俗共赏舞阳农民画赏析［J］. 艺术科技，
　　　2020（23）.

［272］尹德辉. 新世纪以来国内“图像”研究述评［J］. 文艺争鸣，2010
　　　（05）.

［273］殷雁君，唐卫清. 好奇心理的人群聚集行为仿真［J］. 智能系统学
　　　报，2014（04）.

［274］游昌乔. 自媒体如何讲好中国故事［J］. 传媒，2021（22）.

［275］尤·伊文思，沈善. 对纪录片的几点看法［J］. 电影艺术译丛，
　　　1979（04）.

［276］喻发胜，张玥. 沉浸式传播：感官共振、形象还原与在场参与［J］.
　　　南昌大学学报（人文社会科学版），2020（02）.

［277］喻国明，杨名宜. 虚拟偶像：一种自带关系属性的新型传播媒介［J］.
　　　新闻与写作，2020（10）.

［278］余红，邓琴玲玉. 弥合与创新：智能化国际传播体系构建新路径［J］.
　　　中国编辑，2022（07）.

［279］余惠芬. “第三意义世界”与文化软实力的国际影响［J］. 北京师
　　　范大学学报（社会科学版），2010（03）.

［280］余宛琳，徐雷. 风格学理论视野下的中国山水画作品研究——以吴冠
　　　中画作为例［J］. 美术教育研究，2020（16）.

［281］曾少聪，陈慧萍. 海外华人传播中国形象的理论探析与实践启示［J］.
　　　学术探索，2021（09）.

［282］泓玮. 探析纪录片《发现中国：经济快速发展的背后》的叙事特色［J］. 当代电视，2021（02）.

［283］张荡. 智媒体短视频场域下的审美消减省思［J］. 东南传播，2020（04）.

［284］张冬冬. 华侨华人. 构建人类命运共同体的独特力量［J］. 人民论坛，2018（17）.

［285］张国良，陈青文，姚君喜. 媒介接触与文化认同——以外籍汉语学习者为对象的实证研究［J］. 西南民族大学学报（人文社会科学版），2011（05）.

［286］张恒军，张毓强. 共生新图景：中华文化国际传播新进路［J］. 对外传播，2022（06）.

［287］张洪松. 中国新型政党制度的比较优势［J］. 理论探索，2020（05）.

［288］张建生. 大众传媒的政府立场与民间立场［J］. 兰州商学院学报，2006（02）.

［289］张洁. 流动的博物馆：旅游民俗表演与文化景观的再生产——以贵州丹寨万达小镇"非遗"展演活动为例［J］. 北方民族大学学报，2022（02）.

［290］张锦鹏. 中华民族文化认同之管见［J］. 云南社会科学，2018（06）.

［291］张君，陈麦池，朱晓红，胡桂丽. 中国梦的世界认同与国际传播纵论［J］. 西安石油大学学报，2009（01）.

［292］张开，张飞越. 全球传播视域下的文化强国与"中国梦"［J］. 现代传播，2013（08）.

［293］张毓强，潘璟玲. 边界扩张与结构调适：关于新时代国际传播实践范畴的讨论［J］. 对外传播，2022（07）.

［294］张淑卿. 鲁迅、莫言与麦家：中国文学海外传播启示录［J］. 学术交流，2015（03）.

［295］张维华．新制权理论：制信息权的几个问题［J］．情报杂志，2007
（12）．

［296］张鑫．BBC纪录片中"被割裂"的中国形象［J］．青年记者，2020
（05）．

［297］张莹莹．新媒体语境下国漫电影的品牌化营销策略研究——以《哪吒
之魔童降世》为个案［J］．环球首映，2022（03）．

［298］张志安，黄剑超．融合环境下的党媒情感传播模式：策略、动因和影
响［J］．新闻与写作，2019（03）．

［299］张志安，李辉．海外社交媒体中的公众传播主体、特征及其影响［J］．
对外传播，2020（05）．

［300］张卓．智能传播时代我国国际传播探究［J］．传媒，2022（05）．

［301］赵纪萍．海外学者研究中共党史的历史考察［J］．东岳论丛，2022
（02）．

［302］赵建国．论共情传播［J］．现代传播，2021（06）．

［303］赵树金．跨文化视域下涉华纪录片的价值构建研究——以BBC中国题
材纪录片为例［J］．视听，2019（12）．

［304］赵新利．共情传播视角下可爱中国形象塑造的路径探析［J］．现代
传播，2021（09）．

［305］赵永华．文化认同视角下"一带一路"跨文化传播路径选择［J］．
国际新闻界，2018（12）．

［306］赵永华，孟林山．叙事范式理论视域下讲好中国故事的路径分析［J］．
对外传播，2018（08）．

［307］郑保卫，王青．当前我国国际传播的现状、问题及对策［J］．传媒
观点，2021（08）．

［308］郑灿雷．企业品牌定位的影响因素研究［J］．商场现代化，2014
（02）．

［309］郑春平，张瑜. 场景话语互动：短视频产品年轻态传播范式创新［J］. 传媒观察，2022（03）.

［310］郑若麟. 中国怎么看？——从讲好中国故事到讲好中国观点［J］. 对外传播，2018（11）.

［311］周海燕. 媒介与集体记忆研究：检讨与反思［J］. 新闻与传播研究，2014（09）.

［312］周敏，郅慧. 共振、融通、调试：媒介化视阈下国际传播能力体系构建与创新［J］. 对外传播，2021（08）.

［313］周庆安. 国际传播的中国叙事逻辑和构建优势［J］. 对外传播，2021（07）.

［314］周宪. 视觉文化的转向［J］. 学术研究，2004（02）.

［315］周宣辰，程倩. 情感与互动仪式：网络空间铸牢中华民族共同体意识探析［J］. 云南民族大学学报（哲学社会科学版），2022（04）.

［316］周永生. 出访学者与对外传播［J］. 对外传播，2010（10）.

［317］朱金德，王爱玲. 新媒体背景下中国对外传播的困境与对策研究［J］. 新媒体研究，2019（09）.

［318］朱琪. 国际中文教育中讲好中国故事的内容与方法探讨［J］. 汉字文化，2021（22）.

［319］朱溪，宋毅，《人民日报》在Facebook上的传播特点分析［J］. 国际传播，2014（04）.

［320］朱晓东. 论情感传播在主流媒体舆论引导中的重要作用［J］. 新闻论坛，2022（03）.

［321］［法］罗兰·巴特，杨扬译. 从作品到文本［J］. 文艺理论研究，1988（05）.

［322］2019年中国纪录片产业研究报告［R］. 艾瑞网.

［323］2019英国精英报告［R］.

［324］2021年中国图书海外馆藏影响力报告［R］．中国出版传媒商报．

［325］2021年中国网络文学出海报告［R］．艾瑞网．

［326］德高中国精英报告［R］．德高集团．

［327］华侨华人蓝皮书——华侨华人研究报告2017［R］．华侨大学华侨华人研究院．

［328］新媒体蓝皮书：中国新媒体发展报告（2022）［R］．胡正荣，黄楚新，吴信训．

［329］中国国际传播力系列报告［R］．中国国际传播力研究团队．

［330］中国新闻事业发展报告（2017年）［R］．中华全国新闻工作者协会．

［331］中视频2021发展趋势报告［R］．西瓜视频．

［332］蔡尚伟．刘果．5G时代的文创新场景创想［N］．中国文化报，2019-11-09．

［333］国防大学政治学院．讲好中国特色社会主义的故事［N］．解放军日报，2020-11-09．

［334］韩洁．与党同心与人民同行与时代同频共振［N］．中国文化报，2022-05-26．

［335］何毅亭．中华民族伟大复兴与中国话语的崛起［N］．学习时报，2019-09-27．

［336］姜天骄．长视频平台突围靠什么［N］．经济日报，2022-08-26．

［337］姜智芹．中国文学海外传播研究呈现新趋向［N］．中国社会科学报，2022-04-26．

［338］冷淞，郭菁．电视文艺节目的黄金十年［N］．人民日报海外版，2022-08-19．

［339］黎寒池，谢耘．用好美食文化流量提高国际传播声量［N］．柳州日报，2022-06-01．

［340］李雪钦．艺术·外交［N］．中国艺术报，2011-06-17．

［341］李云雷. 何谓"中国故事"［N］. 人民日报，2014-01-01.

［342］刘玲玲，"法中出版合作更加多元化"［N］. 人民日报，2019-05-10.

［343］孙晓美，赵维平. 短视频助力中国文化从走出去到走进去［N］. 中国社会科学报，2021-12-03.

［344］吴晓波. 互联网=连接+价值观+内容［N］. 三湘都市报，2016-02-21.

［345］谢方. 莫让中国文化魅力打"折扣"［N］. 中国社会科学报，2012-12-05.

［346］徐锋，夏振彬. 敢闯敢试敢干要找到还"饥饿"的地方［N］. 广州日报，2019-08-26.

［347］徐福山. 文化折扣与文化产品"走出去"的路径选择［N］. 光明日报，2015-04-06.

［348］曾毅. 把中国梦传播好阐释好解读好［N］. 光明日报，2013-08-16.

［349］曾毅. 新型政党故事彰显中国优势［N］. 人民日报，2018-03-07.

［350］赵淑萍，吴炜华，王靖雯. 构建中国全媒体传播体系的三个重心［N］. 光明日报，2019-12-03.

［351］加强和改进国际传播工作展示真实立体全面的中国［N］. 人民日报，2021-06-02.

［352］习近平就人民日报海外版创刊30周年作出重要批示用海外乐于接受方式易于理解语言努力做增信释疑凝心聚力桥梁纽带［N］. 人民日报，2015-05-22.